よくわかる！
教職エクササイズ

森田健宏・田爪宏二●監修

4

生徒指導・進路指導

安達未来・森田健宏●編著

ミネルヴァ書房

監修者のことば

今、学校を取り巻く状況が大きく変化し続けています。たとえば、「グローバル化」という言葉がよく聞かれますが、確かに、世界中のさまざまな国の人々が、ビジネスや観光で日本を訪れるようになり、日常生活の中で外国の人々と関わる機会が増えています。

また、世界のさまざまな国で活躍する日本人も増えてきています。そのため、比較的世界で多く使用されている英語を中心に、小学校３年生から外国語活動の授業が行われるようになり、小学校５年生からは教科「外国語」が導入されるようになりました。もちろん、言葉だけでなく、文化や風習についても世界のさまざまな国の人々が、お互いに理解し合えることが大切です。他方で、日本に移住しても日本語を十分に理解できない子どもたちも多く、学校ではそのような子どもたちをどのように指導すればよいか、さまざまな試みが行われています。

このように、新たな時代に教職を目指すみなさんには、これまで学校教育の世界を支えてきた先生方の教育活動に学びつつ、新しい時代の教育ニーズに応えるべく、自ら考え、開拓していく力が求められています。

これからの時代の教育を担う教師に大切な教育課題は、たくさんあります。たとえば、これまで、わが国で進められてきた「知識を多く獲得することを重視した教育」だけでなく、「知識や技能を活用する能力」や、「読解力」、「課題を解決する能力」、さらには社会性、意欲、自己調整能力といった社会の中で適応的に生きていくための情緒面の力を育むことにも積極的に取り組むことが求められています。そのため、「主体的・対話的で深い学び」を促進する教育実践力を身につける必要があります。また、電子黒板やタブレット端末など、ICT の効果的な活用、小学生からのプログラミング教育などへの対応も求められています。

すなわち、教職につく前の学生時代から教師となった後もなお、常に新たな知見を習得しながら、生涯、「教師として学び続ける」姿勢が求められているのだと思ってください。

この「教職エクササイズシリーズ」では、新しい時代のニーズに対応し、学びながら教師としての資質を育むとともに、教師になる夢を実現し、さらに教師になっても、常に振り返りながら新たな知見を生み出し、自身の能力として加えていけるよう、さまざまな工夫を取り入れています。たとえば、教育場面の事例を題材に「ディスカッション課題」を多く取り入れ、実際の教育現場を想定したアクティブラーニング形式の学習が行いやすいように配慮しています。また、教育実践に関わる最新の知見や資料を豊富に掲載し、初学者から現職教員まで参考にできる内容構成にしました。さらに、MEMO 欄やノートテイキングページを用意し、先生の発言や板書、自分の気づきなどを十分に書き込めるようにしています。そして、各講の復習問題には、実際に出題された各都道府県等の教員採用試験の過去問題を掲載し、教師になる夢を叶える準備ができるようにしています。

これらを積極的に活用し、「教師として一生涯使えるテキスト」となることを願って、みなさんにお届けしたいと思います。

監修者　森田健宏（関西外国語大学）
田爪宏二（京都教育大学）

はじめに

皆さんは将来、どんな教師になりたいですか？　これまで出会った先生のなかに、「こんな先生になりたい」とイメージできる先生がいるかもしれません。それでは実際に教師になったとき、皆さんはどんな授業をしていきたいですか？　また学級担任になったとき、どんな学級にしていきたいですか？　どんな学校を作っていきたいですか？

これらの問いの答えをじっくり考えてみてください。答えるのに時間がかかるかもしれません。なかなかイメージできない、と思う人もいるかもしれません。しかし、理想の教師像や理想の学級などをイメージすることは、そのために何が必要かを考えるきっかけになります。本書では、その糸口となる「生徒指導」について学んでいきます。

教育職員免許法に定める科目群のなかでは「生徒指導の理論及び方法」に該当します。生徒指導の意義や原理を理解すること、児童及び生徒全体への生徒指導の進め方を理解すること、そして個別の課題を抱える個々の児童及び生徒を理解し、校内や校外の関係機関等との連携も含めた対応のあり方を理解することが求められます。本書を通してこれらの知識を習得しながら、皆さんがどのように生徒指導を進めて理想の教師になっていくのか、理想の授業、学級、学校を作っていくのかをぜひ考えてみてください。

本書のもう１つのタイトルの「進路指導」は、児童及び生徒の長期的な展望に立った人間形成を目指す教育活動を指します。2019 年度からの新教職課程では、それを包括する「キャリア教育」という観点から、未来志向の新しい考え方を視野に、進路指導及びキャリア教育の意義や原理を理解することが求められています。また、進路指導・キャリア教育の考え方と指導のあり方を理解するとともに、児童及び生徒が抱える個別の進路指導・キャリア教育上の課題に向き合う指導のあり方を理解していくことが求められます。これらをふまえて本書では、AI の発展などこれから想定される未来社会とキャリア教育に焦点があてられています。

本書は生徒指導と進路指導の二部構成になっています。それぞれの導入部分では、現代の学校教育事情と生徒指導、キャリア教育を生かした現代の進路指導のあり方についてまとめています。生徒指導・進路指導に関連する現代ならではの課題を身近に感じ取ってもらいながら、具体的な実践をイメージし、問題意識を育んでほしいと思います。

生徒指導は学習指導と並ぶ重要な教育活動です。生徒指導を通じて、ときには難しい課題に直面して悩んだりすることもあるかもしれません。その一方で、子どもたちと多くの体験を共有しながら、その笑顔にふれ、達成感を得ながら、大変さと同時に教師のやりがいを感じたりもするでしょう。本テキストを読む人の多くが、将来教師になることを目指していると思います。現場に出ていく前に本書を通じて生徒指導を学び、そして現場に出たあとも、生徒指導を通じて「教師は常に成長し続けていく」ということが心に深く刻まれていくことを執筆者一同、願っています。

2020 年 2 月

編者　安達未来（大阪電気通信大学）
森田健宏（関西外国語大学）

CONTENTS

第1講

現代の学校教育事情と生徒指導

理解のポイント

学校教育の現状は、「現代社会を映す鏡」ともいえます。まずは、学校教育を取り巻く社会に関心をもち、今、教育現場で問われていることは何なのか、それが「生徒指導」の視点からどのように関わるかについて、教師の立場を想定しながら自分なりの意見や考えを抱いてみましょう。

1 「生徒指導」について

「生徒指導」という言葉を聞いて、みなさんはどんなことを思い浮かべるでしょうか。校則をもとに児童・生徒を取り締まるような厳しい指導を行ったり、校内の風紀を正したりすることばかりを目的にしているわけではありません。むしろ、そのような指導は生徒指導の一部にすぎず、在校する児童・生徒の誰もが、いきいきと望ましい学校生活を送れるように、さまざまな教育活動の基盤を検討し、具体的な教育実践に生かしていくことをねらいにしているのです。そして、時代の変化に応じて、学校という場も変化し続け、新たな問題と課題が生じています。この解決を目指して、方策を検討するのも「生徒指導」の大切な役割なのです。

それでは、現代の学校教育を取り巻く現状は、どのようなものなのでしょうか。

2 学校教育を取り巻く現状

渡日外国人児童・生徒の指導については第7講で、グローバル教育については第15講でも扱われています。

児童・生徒は、心身ともに成長や変化の著しい時期にいます。特に、身長や体重などの身体的な変化に加え、精神的な変化も大きく、社会性や自分自身の内的な問題など、心理的に不安定な時期ともいえます。たとえば、友人関係・親子関係に悩んだり、葛藤を抱えたりなど、児童・生徒の思い抱く問題は多種多様です。しかし同時に、それらは児童・生徒にとっての成長課題でもあり、悩み、試行錯誤を通じて、さまざまな飛躍の可能性を秘めている時期でもあることを忘れてはいけません。また、前述のとおり、時代の変化とともに新たな課題が現れるのも事実です。

以下に、今日、検討が要されている具体例を紹介していきます。

1 多様化社会

国際化やグローバル化という言葉を耳にしたり、日本で外国の人を見かけたりする機会も多くなってきました。現在、日本では、外国人観光客の増加がみられ、また、外国人労働者の受け入れもすすんでいます。

それに応じて、国内の公立学校に通う渡日外国人の児童・生徒数も増加しています。2016年度の調査で公立小・中・高校に通う外国人の生徒数は約３万4,000人で、この人数は10年前の約1.5倍です。なかには、基礎的な日本語指導が必要な児童・生徒もいます。では、母語が違うことによって学校教育ではどのような問題が起こりうるのでしょうか（図表１－１）。

トランスジェンダーや性に関わる問題について、第6講で詳しく扱われています。

図表１－１　渡日外国人の児童・生徒に関わる課題例

- スムーズな学校生活を送りにくい
- 生徒同士でコミュニケーションがとりにくい
- 休み時間に一人ぼっちになりやすい
- 転入の手続きに戸惑う
- 保護者とのコミュニケーションがとりにくい
- 緊急時に連絡がとりにくい
- 保護者や地域の人との意思疎通が図りにくい

さらに、外国人の児童・生徒のうち、約２割にあたる１万6,000人の生徒がさまざまな理由により就学不明であることもわかっています（文部科学省、2016）。このような実態をふまえ、一部では、それぞれの母語を専門とする教師や支援員を配置するという試みが始められていますが、実際は、まだ十分な支援には至っておらず、各教育現場で手探りの取り組みにならざるを得ません。

こうしたなか、児童・生徒が主体となって外国人の児童・生徒と日本語でコミュニケーションをとったり、積極的に異文化交流をしたりしている学校もあります。たとえば大阪府教育庁では「帰国・渡日児童・生徒学校生活サポート」として、多言語での進路や学校生活に関する情報提供・発信に取り組んでいます。日本語の教育を受ける機会があることは、外国人の児童・生徒が「友だちができた」「学校が楽しくなった」と感じる機会につながります。

現代社会は、国籍や文化の異なる多種多様な人々との共存に向けてすすんでいます。たとえば、国籍だけでなく、多様な性への価値観をもつ人（トランスジェンダーなど）への理解や受け入れ、障害による特別の教育的ニーズを必要とする人への合理的配慮など、すべての人々にとって住みやすい社会の実現は、今後ますます加速していくでしょう。これをユニバーサルデザインといいます。

学校教育においても多様な生徒の受け入れに向けての環境整備を一層すすめ、社会に周知・発信していくことが求められます。具体的には、必要な指導の手引きを作成・配布したり、カウンセリングや各種相談窓口の制度を充実させたり、各関係機関や専門家との連携や情報の共有、研修の強

プラスワン

ユニバーサルデザインとバリアフリーの違い

ユニバーサルデザインとは、国籍・言語・文化や年齢・性別などの違い、障害の有無や能力差などを問わず、すべての人々にとって利用できることを目指した施策を指す。一方バリアフリーとは、社会生活に参加するうえで生活の支障となる物理的な障害や、精神的な障壁を取り除くための施策を指す。意味が似ていて混同しやすいが、バリアフリーはある対象者に対する障壁を取り除くことを指すのに対し、ユニバーサルデザインはすべての人を対象にした公平な利用を指す。

化などがあげられます。このことを**チーム学校***とよんでいます。

重要語句

チーム学校の考え方

教師だけでなく、地域や専門家スタッフなどが一丸となって連携・分担しながら対応していく体制づくりのこと。

ディスカッションしてみよう!

クラスに日本語の教育が必要とされる外国人の児童・生徒がいた場合、日本語に関する支援として、どのような取り組みがあげられるでしょうか。思いつく限りさまざまなアイデアを考案してみましょう。

たとえば・・・

発達障害や特別の教育的ニーズのある児童・生徒の理解と対応については第7講で詳しく扱われています。

2 情報通信技術の発展と使用ルールの教育

ICT（情報通信技術）の急速な発展により、あらゆる情報を簡単に手に入れることが可能になり、利便性が高まるなかで、インターネットなしでは毎日の生活が不便になると思う人は多いのではないでしょうか。実際、緊急時には安否確認などの必要な情報を迅速に共有できたり、支援のツールとして有効に活用されたりすることもあります。一方で、インターネットに関するトラブルは後を絶たず、その結果、子どもたちの心の問題にも影響が及んでいます。

現代は、デジタル・ネイティブの時代であるといわれるように、スマートフォンが子どもたちの身近にあることが当然の環境であれば、所持率や使用率の低年齢化がすすむことも不思議なことではありません。「飲酒や喫煙等の実態調査と生活習慣病予防のための減酒の効果的な介入方法の開発に関する研究」（尾崎ほか、2018）の調査では、１日に３時間以上スマホを使用している、あるいは学校が休みの日は４割以上スマホを使用している中学生が３割程度であることがわかっています。もちろん、その用途はさまざまですので、簡単に問題であると判断することはできません。しかし、中学生のスマホ使用時間の長期化（たとえばネット動画をずっと見たり、オンラインゲームに夢中になったりなど）が、**ネット依存**へのリスクとなることは事実です（図表1－2）。

プラスワン

障害者の権利条約

障害者の尊厳と権利を保障し、権利の実現に向けた措置等について定めた条約。2006年に国連総会で採択され、日本は2014年に批准している。これに関連する日本国内の法成立の流れについても理解しておくとよい。

図表1－2　ネット依存例

- 予定より長時間使用してしまう
- 時間制限ができない
- スマホがないとイライラしてしまう

図表1－3　ネット依存のもたらす弊害

- 生活リズムの悪化
- 勉強時間の減少
- 使い方によって勉強に集中できない
- 成績低下

ネット依存がもたらす弊害はさまざまです。たとえば、オンラインゲームについては、親が知らないところで課金ゲームに夢中になり、トラブルに巻き込まれるなどの問題も発生しています（図表1－3）。

ここでは、弊害の一つとして人間関係のトラブルに巻き込まれるリスクについてみていきましょう。たとえばオンラインゲームはテレビゲームと違って、知らない相手と対戦することができます。ほかにも、ネット上では友人や知人だけでなく、不特定多数の人と容易に関わることができます。同じ趣味や共通の話題で意見交換や情報共有することそのものは、問題ではないでしょう。しかし、ネット上のまったく知らない、あるいは不確かな情報しかわからない他者との長期間かつ複数回にわたるやりとりは、しだいに子どもの警戒感を薄めていきます。安易に個人的な約束を交わしたり面会したりすることで、犯罪や事件に巻き込まれるリスクが高まることを認識する必要があります。

また、なかには、ネット上でのやりとりをストレス発散の一つととらえる子どももいます。自分の感情、怒り、本音などを吐きだすことでストレスを解消するのです。この背景には、直接的な人との付き合いでストレスに対処することが苦手になっていること、ネット上では受容や承認の機会を比較的得やすいことなどが関係しているのかもしれません。教師は、児童・生徒一人ひとりの心の問題に向き合いながらも、日ごろの直接的な関わりでは表面化しにくい点があることに留意する必要があります。

ネットに関するトラブルの防止に向けた情報モラル教育も必要です（図表1－4）。コミュニケーションの一つのツールとしての適切な使い方や活用方法、そして低学年での指導も視野に入れ、自分で良し悪しを判断し使いこなすまでの知識をつけてもらうのです。

ただ利用を制限、禁止するのではなく、それらを上手く使いこなせることができるよう、そして、最終的にトラブルを未然に防止していくのは自分自身だと認識していくための教育といえます。また、大人や周囲の人に使用ルールなどを相談

プラスワン

ネットのリスク対策
ネットパトロールやサイバー対策なども行われているが、すべてのリスクに対応できるわけではない。

図表1－4　情報モラル教育例

- 正しい情報を得るためのネット利用（不確かな情報源）
- ネット上での他者との安易なつながりの危険性
- 情報セキュリティと個人情報の問題
- 利用時間の目安をつくる
- 利用時間を決める

図表1－5　スマートフォンの持ち込みについての指導ガイドライン例

- 登下校時や緊急時など学校が指示したときのみ使用
- 校内での利用制限や使用禁止
- かばんにいれておく、電源はオフにする
- 授業中やながらスマホへのペナルティ
- 学校における保管場所と管理責任
- 保護者との連絡方法についてルールづくり

することの重要性も忘れてはいけません。

近年、これまで原則禁止されていた学校へのスマートフォンの持ち込み容認について議論が広がっています。学習支援機能など、社会的交流としてあって当然という位置づけになりつつあること、さらには、災害時などの緊急時や安全確保のためにも不可欠な存在になっていることを意味しています。これについて、持ち込みの意味を教職員も正しく認識し、たとえば、学校における使用ルールについての指導ガイドラインを作成する必要があります（図表1－5）。

3　ネット普及による新たないじめの形態

2017（平成29）年度の文部科学省の「児童・生徒の問題行動・不登校等生徒指導上の諸課題に関する調査結果」によると、いじめの認知件数は小中高校で近年急激に増加しています。また、小学校での件数が顕著に増加しています。

しかし、この認知件数も氷山の一角にすぎないという見方があることも事実です。特に、近年では、SNSの普及にともない教師や外からは見つけにくくなっているネットいじめとその巧妙さが問題になっています（図表1－6）。

ネットいじめの見えにくさの原因として、

- 加害の意識がなく不特定多数が関わっている
- 加害者と被害者が固定化しづらい
- 誤情報が容易に拡散される
- 匿名性が高い

などがあります。

また、面と向かって言えないことを、ネット上の文字で示し相手を攻撃

いじめや情報モラルについては第5講と、第7講でも扱われています。

図表1-6　いじめの内容（複数回答可）

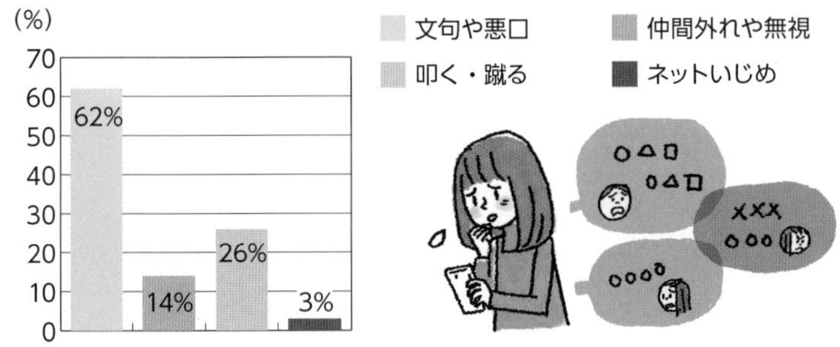

文部科学省「平成29年度児童生徒の問題行動・不登校等生徒指導上の諸課題に関する調査結果について」2018年を一部改変

図表1-7　ネット上でのコミュニケーションの留意点

- 相手の気持ちを考えて発言する・相手の立場に立つ
- 発信した意図が伝わらないことを考慮する
- 誤解を生んでしまうことに注意する
- 人それぞれ気にすることや考え方が違うことに注意する
- 発言や発信の前に客観的に確認する

する（悪口や誹謗中傷）、意図的に誰かの発信した文字をみんなで無視するなどの既読スルーやライン外しなど、ネット上での文字情報を操ることで精神的に被害者を追い込む点もネットいじめの特徴です。これが教師や親からは見えにくいいじめや自殺の問題につながっていきます。

中高生の多くがSNSでの発信に敏感であるなか、場合によっては何気ないちょっとした発言が誰かを傷つけている可能性もあります。あるいは自らの発言に対する反応が、他者からの承認のサインの一つとしてとらえられ、この承認があるかどうかが、加害の動機につながることもあります。

些細なことに思えても、いまやコミュニケーションの一つのツールであることは事実です。直接的ではないネット上でのコミュニケーションにおいても、より人との関わり方に対する配慮を指導することが必要といえるかもしれません（図表1-7）。一方で、SNSの正しい利用がいじめを防止する役割を果たすこともあります。

いじめは以下のような理由で、なかなか相談できないことも多いです。

「心配かけたくない」
「知られたくない」
「話すことでよりいじめがひどくなるのではないか」
「次は自分がターゲットになるのではいか」

直接的に相談しにくいことも、SNSを利用することで気軽に誰かに助けを求めたり相談したりすることができ、いじめの減少につながることもあります。このほかにも、いじめを相談しやすくするためのクラスづくりはさまざまあります（脱傍観者効果*）。

プラスワン

インターネットといじめの定義

2013年に成立した「いじめ防止対策推進法」では、いじめの定義にもインターネットという言葉が明記されている。

重要語句

脱傍観者効果

いじめには、被害者と加害者に加えて、いじめに直接的には関わらないがおもしろがったりはやしたてたりすることでいじめに関わる「観察者」、いじめを知っていながらも見て見ぬふりをしていじめに間接的に関わる「傍観者」が存在する。クラスの一人ひとりがこの「傍観者」にならないようにするための取り組みが、各学校で実施されている。

ここまでみてきたように教師には、いじめの兆候やサインを早くから見逃さないよう児童・生徒への日ごろの観察や理解が求められます。ですがあまりに敏感になることで、クラス全体が萎縮してはいけません。一人ひとりの発言の受け止め方や感覚には個人差があることを念頭に、学校、地域や保護者、関係機関と連携しながら相談窓口を充実させ、専門家による心のケア、命を守る体制などのシステムづくりをとおして、最終的には被害者を孤立させないことが大切です。

4 特別な教科「道徳」と教師の子どもへの評価

いじめの問題やその対策を契機に、個人の心情や気持ちをくみとることの必要性から、2014年に道徳教育が見直され始めました。それまでは教科外活動だった道徳は、2018年より検定教科書を用いて評価が導入されるものとして教科化されたのです。この内容は、日常的な児童・生徒の心身の健全な育成を支える「生徒指導」とも密接な関係があります。

具体的には、これまでの「読む」道徳から、「考えて議論する」道徳に変わり、価値観の画一化や押し付けからは脱却すること、求められるのは答えをだす（よい模範解答や正解を見つけだす）ことではなく、考えを深めて自らが考えたことを他者に伝え議論を交わすことなどが課題とされています。そのためには、答えを誘導するのではなく、考えを深める授業をいかに展開するか、授業づくりや指導法がカギを握ることになります。また、日常の学級で意見を言い合える土台づくりがなされていなければ、活発な意見交換や議論は難しくなります。

「道徳教育」について第3講で詳しく紹介されています。

一方、教師の視点から、道徳の評価について考えていきましょう。各学期の通知表では記述式の評価が求められます。ほかの教科とは違って、筆記試験などによるテストの数値で測定できるものではありません。道徳性や心情を育てられたかという心の成長の姿、いわば内面的な変化を評価することの難しさが問題になります。成長を積極的に認め、励ますことを重視する一方で、それぞれに違った答えがあるため方向性を絞り判断することは難しく、評価には慎重にならざるを得ません。たとえば、成長の具体例を記述しても到達度がわかりにくく、「○○が理解できた」と書いても、それまで理解できていなかったということは明らかでありません。

さらに、積極的な生徒とおとなしい生徒、発言の数は少なくても考えを

道徳の評価

文章に書くことが得意な生徒、など、授業中の発言や態度にも個人差があるため、画一的な評価にならないよう注意が必要です。他者との比較ではなく、個人内での成長に向き合いながら、それぞれの小さな変化を見逃さないようにしなければなりません。

また、評価の記述に客観性をもたせるのは難しく、教師の主観になりがちです。そのため心の成長を見る確かな目がこれまで以上に求められると同時に、教師同士の情報交換が不可欠です。評価方法を模索し、また評価を授業改善につなげるきっかけとすることもできるでしょう。道徳の評価については、ほかの教科学習や生徒指導とともに、長期的に見続けていく必要があることから、年間をとおした評価を実施する必要もあります。

5 部活動指導

道徳性の一つに「規則の尊重」や「集団生活の充実」があります。これについて、ここでは部活動指導について取り上げてみましょう。近年、部活動指導についてその過剰な厳しさが問題視されています（体罰や人格否定にもみえる指示など）。部活動指導の教育目的の一つは部活動を楽しむことにあります。生徒指導の観点からも、集団での規範意識を高めたり、チームで協力し合ったりなどと同時に、楽しく部活動に取り組めることが大切です。一方で、過剰な厳しさの問題の根底には、チームの成果を重視する雰囲気や、理不尽さを感じても怖くて反論できないという威圧的な指導体制を黙認し、遵守しているケースもあります。

部活動指導員について、43頁のコラムで扱われています。

現状の部活動指導にはもちろん温度差があり、この解決には時間が必要です。強豪校としての位置づけやこれまでの実績などから、抜本的な改革には戸惑いを覚える生徒もいるでしょう。学校生活の一つとして部活をどうとらえるべきでしょうか。これには教師の多忙さや業務負担（校務や学級経営、授業準備や教材研究などに加えて、部活動の指導は正課の教育活動ではないのです）も関わってきます。最近では、部活動指導員を外部から招く例もみられます。小学校での特別活動の一環である「クラブ活動」とは異なることから、これからの時代の適切な指導のあり方を検討しておく必要があります（図表1－8）。

「星野くんの二塁打」は道徳教材としても用いられる物語です。子どもの野球大会でのある出来事をテーマにしています。19頁のコラムにのっているので読んでみてください。

図表1－8　部活動指導の改革例

- 部活時間の上限を設定
- 週２日や日曜などの休養日確保
- 朝練の廃止
- 時間にこだわらない自主的で質重視の練習
- 一人ひとりの生徒に応じた指導
- 部活動と学業の両立に配慮した、睡眠・家庭学習時間の確保

ディスカッションしてみよう!

あなたが運動部の顧問になったことをイメージしてください。自分だったらどのような部活動指導を心がけるでしょうか。グループで討論して意見をまとめてみましょう。

たとえば・・・

6 学校の給食事情

「給食は残さないようにしましょう」「食べきらないといけません」という完食指導について、行き過ぎた指導により、不登校、拒食症、PTSDなどの問題が引き起こされるというケースが、最近取り上げられています。この背景にもネットやSNSへの投稿などによる発信のしやすさがあるのかもしれません。

完食指導が起こる理由として、戦後の食糧事情から食の貴重さを伝えるためということもありますが、加えて、現代では身体発達の観点から給食として定められた望ましい栄養量の摂取基準を満たすため、あるいは、残飯を減らすため、などがあるでしょう。これはESD（持続可能な開発のための教育）*とも関わる問題です。

しかし、本来の給食は楽しく食べること、食の重要性や食べる喜びを理解することを基本とします。給食の時間を食への理解を深める授業として活用している学校もあります（図表1－9）。また個々の事情によって一人ひとりの食べる量が違うことから、栄養のバランスを考えながら食べき

重要語句

ESD（Education for Sustainable Development：持続可能な開発のための教育）

持続可能な社会を創造していくことを目指す教育のこと。世界におけるさまざまな地球規模の課題に対し、一人ひとりが自分にできることを考え、実践していくことを身につけ、課題解決に向けた価値観や行動の創発を目指す学習や活動。第15講でも紹介されている。

図表1－9　学校給食で学ぶ食への理解例

- テーブルマナー
- 料理の背景や食文化（地元産品など）
- 栄養バランス
- よく噛んで食べることの大切さ
- 朝食の大切さ

れる量を選ぶバイキング形式を取り入れている学校もあります。

さらに、給食のメニューは時代とともに変化しています。特に、食物アレルギーに留意したり、偏食傾向の強い子どもに対して不足しがちな栄養素を補強したり、また、最近では健康食を重点的に取り入れるケースもあります。今後、外国人の児童・生徒の受け入れが拡大されていけば、当然給食指導のあり方も考えていく機会が増えていくかもしれません。

7　子どもの貧困について

家庭での生活習慣と学校生活との関連は、教育学に限らず、社会学、経済学、政治学、心理学などのさまざまな分野で取り上げられるテーマでもあります。

2017（平成29）年に広島県が実施した「子供の生活に関する実態調査結果」では、所得や家計、子どもの体験や所有物の欠如（博物館・美術館、家族旅行、キャンプ、遊園地に行く、習い事、新しい服や靴、おもちゃを買うなど）をもとに、生活状態について生活困難層と非生活困難層に分類し、生活困難層において図表1－10のような傾向があることを明らかにしています。

放課後一人になりがちな子どもへの支援体制を整備するため、生活支援だけでなく、放課後の学童や児童クラブなどによる学校支援ボランティアや学習支援ボランティア、スクールサポータースタッフなど学習支援事業に取り組む学校や地域もあります。こうしたネットワークづくりにより、

図表1－10　生活困難層の特徴

- 授業の理解度
  「わからない」の割合が３割近い（非生活困難層では１割未満）
- 勉強を教えてもらう人
  「教えてもらえる人がいない」という回答の割合が高い
- 将来の夢
  「就きたい職業がない」という回答の理由として、「難しいと思うから」と回答した割合が高い
- 学校外での勉強時間
  「１時間以上」の割合が低い
- 歯磨き・入浴の頻度
  「毎日」の割合が低い
- 自己肯定感
  「自分のことが好きだ」と回答した割合が低い

プラスワン

学校給食の始まり

学校給食は1889年、貧困児童を対象としたことがその始まりである。その後戦争が始まり、食料不足のために給食が続けられないことも多くなったが、1947年より全国の児童・生徒への学校給食が実施された。

プラスワン

子どもと平日の朝食

同様の調査結果から、平日に朝食をとる頻度について、生活困難層において朝食を毎日とらない子どもの割合が高いこと、一人で朝食をとる割合が高いことがわかっている。そこで子どもたちに対し朝ご飯の無料提供が行われている地域もあり、朝ご飯を食べる楽しみにもつながっている。

大人と積極的に関わる場が提供されることで、教育への姿勢や習慣に影響を与えることが期待されます。また子どもたちだけでなく、保護者に対しても子どもへの関わり方を学ぶ機会の提供として機能します。今後、こうした担い手をいかに増やすかが問われていくでしょう。

さらに、保護者にとって生活困難層への施策や制度については、「相談窓口の存在や利用方法がわからない」「制度を知らない」「利用の仕方がわからない」や、「相談できる場に対する潜在的な需要はあるが利用に抵抗がある」などの声もあり必要な情報発信に加えて必要な家庭に抵抗感なく利用してもらうための配慮などが求められます。

3 本書で学ぶこと

ここまで、第１講では学校教育を取り巻く現状と生徒指導の果たす役割についてみてきました。次の第２講から第９講まで、８つの講にわたって生徒指導についてより詳しい知識をつけながら、理解を深めていくことになります。本巻は、生徒指導と進路指導の二部構成になっています。第 10 講から第 15 講までは進路指導について学んでいきます。ここでは本書の概要を紹介していきます。

① 現代の学校教育事情と生徒指導（第１講）

今、みなさんに学んでいただいている第1講です。この講を通じて、教師を目指すみなさんが何を知っておくべきか、その全体像を理解しておきましょう。

② 生徒指導の意義と原理（第2講）

実際に、生徒指導とはどのように定義されているのでしょうか。生徒指導は、学校教育のすべてに関わっていて、時代や学校の変化、学校を取り巻く現状に応じ、常にその課題の解決策を検討する役割を担っています。そこで第２講では、具体的に生徒指導がどのような考え方のもと、どのように定義されているのか、その意義と原理を理解します。さらに、学校でどのように教育実践に生かしていくべきかを学びます。

③ 教育課程と生徒指導（第3講）

学校における教育活動は教育課程に基づいてすすめられます。生徒指導は教育課程のなかでどのように位置づけられるのでしょうか。そしてさまざまな教育課程において生徒指導はどのような役割を果たしているのでしょうか。各教科活動と生徒指導との関わり、教科外や教育課程外活動と生徒指導との関わりについて学びます。特別活動や部活動、学級活動、学校行事、休み時間などと生徒指導の関わりはイメージしやすいかもしれませんが、教科指導においても生徒指導は大切な役割を果たします。

④ 学校における生徒指導体制の確立と評価（第4講）

生徒指導は、学校全体で取り組む教育活動です。生徒指導をすすめていくために、学校ではどのような生徒指導体制が確立されているのでしょうか。生徒指導体制に求められる考え方や生徒指導の評価について学びます。さらに学校全体の取り組みのなかで生徒指導はどのように位置づけられるかも同時にみていきます。

⑤ 生徒指導に関するさまざまな法や制度と規範意識の育成（第5講）

ここでは、非行、犯罪などに関する法や制度についての基礎的な知識をつけながら、関連する専門機関（家庭裁判所や児童相談所など）とどう関わるのか、生徒指導のもつ役割をみていきます。またこの講では、校則、懲戒(退学や停学など)、出席停止についての正しい知識を身につけます。学校で、そして家庭で規範意識を育むことはどういうことなのでしょうか。時代の変遷も視野に入れながら、第2講から第4講にかけて身につけた生徒指導の知識をもとに、しっかりと考えを深めてほしいと思います。

⑥ 児童・生徒の発達に応じた生徒指導のあり方（第6講）

生徒指導の基本は児童・生徒の理解です。第６講では主に発達心理学をもとに、発達に関わる有名な理論、発達段階における特徴について学びます。校種の違いによる一人ひとりの生徒のさまざまな発達変化に目を向けながら生徒指導を考えていく必要があります。

⑦ 個別の課題を抱える児童・生徒への対応（第7講）

生徒指導は在校するすべての児童・生徒を対象としています。ですが集団を対象とした指導ばかりではなく、個別の課題を抱える生徒を対象に指導することもあります。第７講と第８講では、個別の課題を抱える児童・生徒に対する生徒指導について、それぞれの具体的な手立てを学びます。

⑧ 教育相談と生徒指導（第8講）

教育相談と生徒指導は、とてもよく似ていますが異なる概念です。その違いや共通点を学び、特に教育相談体制の確立、教育相談のすすめ方について理解していきます。

⑨ 学校内および家庭・地域・関係機関との連携（第9講）

学校を取り巻く現状でも述べたとおり、これからの学校教育にはチーム学校という考え方が欠かせなくなるでしょう。学校内だけでなく、家庭・地域・関係機関との連携について具体的な事例をもとに理解していきます。

⑩ キャリア教育を生かした現代の進路指導のあり方（第10講）

ここからは、進路指導についてです。進路指導を考えるうえで「キャリア教育」を理解しておくことが必要不可欠です。「キャリア教育」とは何か、なぜそれが提起されるようになったのか、歴史的な背景とともに学びます。そしてキャリア教育の考えが、現代の進路指導のあり方にどう結び付いているのかを学んでいきましょう。

⑪ 進路指導およびキャリア教育の課程と指導体制（第11講）

この講では、進路指導およびキャリア教育の教育課程の変化について、社会課題を背景にしながら学びます。職業指導から進路指導へ、そしてキャリア教育への転換について、第10講もふまえながら歴史的経過を検討した後、現在の教育課程上のキャリア教育の位置づけを校種別に理解するとともに、その指導体制を学びます。

⑫ 職業理解やキャリア意識を育むカリキュラムの構築（第12講）

進路指導・キャリア教育を実践的にすすめていくための、カリキュラム・マネジメントについて学習します。第11講で学んだように、キャリア教育の視点に立った教育課程をもとに、具体的なカリキュラムを構築していきましょう。児童・生徒がさまざまな職業を理解し、職業を通じて自己理解を深め、そして将来への夢などのキャリア意識を育むことが目的です。また、ここではカリキュラムを作成するときの注意点やポイントなども学びます。

⑬ ガイダンス機能を生かした進路指導・キャリア教育（第13講）

進路指導は、すべての児童・生徒の長期的な人間形成を目指して行われる教育活動です。すべての児童・生徒に対し、ガイダンス機能を生かした指導のあり方を理解していきましょう。生徒指導で学んだPDCAやキャリア発達の考えをふまえたうえで、ガイダンス機能を生かした実際の進路指導・キャリア教育の事例をみていきます。

⑭ 個に応じたキャリア・カウンセリングの考え方と実践（第14講）

ここでは、児童・生徒が抱える、個別の進路指導・キャリア教育上の課題に向き合う指導のあり方を学びます。キャリア・カウンセリングの考え方と実践の基礎をもとに、彼らが直面する課題への向き合い方や、個性を理解したうえで進路選択の支援に向けた活用方法を理解していきましょう。

⑮ これからの社会における児童・生徒のキャリア観の育成（第15講）

最後に、これから想定される社会を生きていく児童・生徒に向けて、何を育むべきなのかを考えます。未来社会に向けてのキャリアプランニングとして、職業の考え方、ライフスタイル、新たなキャリア観をもとに、「生き方の視野」を広げる視点に立った生き方教育です。さらに世界におけるさまざまな地球規模の課題に対し、持続可能な社会の創造を目指す教育が求められるなかで、多様な国籍を越えた「グローバリゼーション」について学び、考えを深めていきましょう。

4 本講のまとめ

以上のように「生徒指導」は学校の教育課程全体を支え、すべての児童・生徒を取り巻く問題に関わる重要な役目を果たしています。この講ででてきたさまざまな学校教育事情すべてにおいて、生徒指導が関わってきます。子どもたちが楽しい学校生活を送るうえでの重要な教師の仕事といえます。次講からは、生徒指導の意義や原理、教育課程と位置づけやその体制、法や制度について、発達に応じた個別の課題への生徒指導などについて詳しく学習していきましょう。

復習や発展的な理解のために

知っておくと役立つ話

星野くんの二塁打

原作は児童文学者の吉田甲子太郎（1894-1957）です。1970年代から、「道徳の時間」の副読本の教材として使われ、道徳教科書にも取り上げられる題材の一つです。

野球の大会、同点の場面で最終回の打席に立った星野くん。監督からは「バントで走者を二塁に送れ」という送りバントのサインがだされます。しかし星野くんは、監督の送りバントのサインを無視し、二塁打を打って、チームは勝利。星野くんは監督から「犠牲の精神がわからない人間は社会をよくできない」と、次の大会でメンバーから外されました。

この問題、みなさんはどうとらえますか。これと似た経験をしたことがある人のなかには、「監督の判断は正しい」「チームの約束を守っていない。結果は偶然だ」ととらえる人もいるでしょう。

以前は、規則の尊重や集団生活の充実をテーマに、集団における規律を遵守することの大切さが重要視されてきました。

しかし、現代では少し違った意見もでてきます。状況によってはパワーハラスメントの一つとしてとらえられることもあります。「監督は大事な場面では選手を呼び、意思を確認するべきだ」「選手のよさを引きだすためには選手の気持ちが１番大事。やらせるだけではだめ。もっと自分の意見をしっかりと主張することが必要だ」などの意見もでてくるでしょう。

時代の変化や風潮も変わってきた現代に、もう１度この問題を考え直してみる必要がありそうです。

『星野くんの二塁打』大日本図書

ちゃんとわかったかな?

復習問題にチャレンジ

類題（福井県　2018年）

平成27年7月改訂「小学校学習指導要領解説　特別の教科　道徳編」の道徳科に関する評価について示した文である。次の（　A　）～（　C　）にあてはまる適切な言葉の組み合わせを、①～⑥から1つ選んで番号で答えなさい。

・数値による評価ではなく、（　A　）であること。
・他の児童との比較による相対評価ではなく、児童生徒がいかに成長したかを積極的に受け止め、励ます（　B　）として行うこと。
・他の児童生徒と比較して（　C　）を決めるような評価はなじまないことに留意する必要があること。

	A	B	C
①	記述式	個人内評価	優劣
②	記述式	観点別評価	優劣
③	記述式	個人内評価	正否
④	口頭	観点別評価	正否
⑤	口頭	個人内評価	正否
⑥	口頭	観点別評価	優劣

理解できたことをまとめておこう！

ノートテイキングページ

学習のヒント：現在の学校教育の現状とそれに生徒指導がどう関わるのかを、ポイントを押さえながらまとめてみましょう。

第2講

生徒指導の意義と原理

理解のポイント

『生徒指導提要』において、「生徒指導とは、一人一人の児童生徒の人格を尊重し、個性の伸長を図りながら、社会的資質や行動力を高めることを目指して行われる教育活動」であり「学習指導と並んで学校教育において重要な意義を持つもの」と記載されています。本講では、生徒指導の意義と原理を理解するとともに、学校ではどのように取り組むべきかを考えましょう。

2010(平成22)年に、文部科学省が完成させた生徒指導に関する学校・教職員向けの基本書が『生徒指導提要』です。

1 生徒指導の意義

1 生徒指導の意義と目的

生徒指導は、学校の教育活動全体を通じて、児童・生徒一人ひとりを健全な人格の持ち主、有能な生活行動者に育てあげることを目指して行います。そのためには、各児童・生徒の自己指導能力と自己指導態度を育み、個性の伸長と社会性を育成することが大切です。すべての児童・生徒が、将来、社会において、それぞれ自己実現ができ自立できるよう指導・支援していくことが求められています。また、時代が大きく変化し、社会の変容も激しい今日、さまざまな教育課題が生じています。そのなかで、児童・生徒が未来に向かってたくましく生きていくための資質能力を育んでいくのに生徒指導は重要な機能を果たすものであり、学校教育における学習指導と並んで重要な意義をもつものといえます（図表2－1）。

図表2－1　生徒指導の意義

生徒指導

・個性の伸長を図る　・社会的資質と行動力を高める

↓

自己指導能力・自己指導態度の育成

・学習指導の場を含む、学校生活のあらゆる場や機会での育成

↓

自己実現の基礎

・自己選択　・自己決定

ところで、生徒指導といえば、問題行動を起こした児童・生徒のための指導・支援だけととらえられがちですが、けっしてそうではありません。日々の学校生活において、すべての児童・生徒に日常的に行うものなのです。

生徒指導の目的として、治療・矯正的目的、予防的目的、開発的目的の3つがあります。

まず、治療・矯正的目的の生徒指導ですが、児童・生徒が何らかの問題行動を起こしたり、適応困難な状況に陥ったときに、そのつど、矯正的指導や治療的指導を行うものです。これは、計画性に乏しく、事後対応的な指導に陥りがちです。

次に、予防的目的の生徒指導ですが、早期発見や早期対応を基本として、問題が深刻にならないように計画的に指導を実施していくことをいいます。

そして、開発的目的の生徒指導は、児童・生徒が問題行動に陥ることが少なくなる予防的機能も内在しますが、育てる生徒指導をいいます。児童・生徒一人ひとりの発達の可能性を実現させ、個性の伸長を図るとともに、児童・生徒が自身で課題解決し、自己選択しながらよりよく生きることができるよう、積極的に取り組んでいく生徒指導のことをいいます。

2 生徒指導の三機能

生徒指導においては、児童・生徒が将来において自己実現*できるように、目標をもたせ、その達成に向けての自己指導能力や自己指導態度の育成に努力していく必要があります。そのためには、日常の教育活動において、生徒指導の三機能とよばれる機能に留意することが求められます（図表2－2）。

教師は、この生徒指導の三機能を指導のなかで十分に生かして、すべての児童・生徒が自己実現できるようにさまざまな工夫をして育てていく必要があります。

図表2－2　生徒指導の三機能

①児童・生徒に自己存在感を与える

自分は、かけがえのない存在であり、大切にされているという思いがあることです。児童・生徒が他者との関わりのなかでそれを感じとれたとき、いきいきと活動できます。

②共感的な人間関係を育成する

児童・生徒が、相互に人間として尊重し合う態度で、ありのままの自分を語り、共感的に理解し合う人間関係です。そのような人間関係を育成することが大切です。

③自己決定の場を与え自己の可能性の開発を援助する

児童・生徒が自らの行動を決断し、実行し、責任をもつことで、その経験をとおして自己指導能力の育成が図られ、自分自身の可能性を追究していくことを援助します。

重要語句

自己実現（self-actualization）

人間が自己の能力や個性を実現していき、個人ごとの目標を実現していくこと。
人間の欲求のうち最も高度であり、同時に最も人間的な欲求として、自己の内面的欲求を社会生活において実現すること（アメリカの心理学者A.マズローが1954年に提唱した欲求5段階説から）。

2　生徒指導の原理

1　小学校の生徒指導の原理

『生徒指導提要』には、「児童期の特徴としては、知的発達、自覚化の発達、自己概念の発達、自己評価の発達、自己制御の発達、感情制御の発達、道徳性の発達、仲間関係の発達などがみられ、これらの発達に留意しつつ、生徒指導を行う必要がある」旨が記載されています。このことから小学校では、児童期の特徴であるさまざまな発達に留意して最大限の効果を発揮できるようにすべきで、自己概念や自己制御などの発達は児童の個人差があるため、それらを適切に把握して児童理解を深めつつ生徒指導を行うことが求められます。

特に、生徒指導の教育方法についても、特別活動などと関連し、児童がすすんで学校生活の問題をとらえて解決しようとする問題解決的な方法を工夫するとともに、生徒指導にかかるスキルを体系的に習得し、筋道に沿って指導することがとても大事になります。

2　中学校・高等学校の生徒指導の原理

中学生（青年前期）の時期は、思春期に入り、親や友だちの世界があることに気づき始めるとともに、自意識と客観的事実との違いに悩み、さまざまな葛藤のなかで、自らの生き方を模索し始める時期でもあり、性意識や異性への興味・関心が高まる時期でもあります。

生徒指導上では、不登校の生徒の増加、暴力行為などの問題行動の増加などがみられる時期です。

次に、高校生（青年中期）の時期は、思春期から脱しつつ、大人社会を展望するようになり、ボランティア活動などにも貢献し、自立した人間となるための大事な時期となります。

このことから、生徒指導では、中学生・高校生における青年前期中期の発達を意識し、自己を見つめ、自己のあり方に関する思考を深めるとともに、自らの生き方について考え、社会の一員として自立した生活を営むための進路選択と決定を行える能力を育てていく必要があります。

また、中学校・高等学校では教科担任制のため、小学校のように一日中、学級担任が児童・生徒と関わることはありません。そのため、生徒指導においては、生徒指導主事が中心となって、教職員がチームとして指導に関わっていく必要があります。

中学校を例にすると、生徒指導主事に関する規定は次のようになります。

生徒指導主事については、第4講、第5講で詳しく説明されています。

学校教育法施行規則

第70条　中学校には、生徒指導主事を置くものとする。

2　前項の規定にかかわらず、第四項に規定する生徒指導主事の担当する校務を整理する主幹教諭を置くときその他特別の事情のあるときは、生徒指導主事を置かないことができる。
3　生徒指導主事は、指導教諭又は教諭をもつて、これに充てる。
4　生徒指導主事は、校長の監督を受け、生徒指導に関する事項をつかさどり、当該事項について連絡調整及び指導、助言に当たる。

生徒指導主事は、学校における生徒指導の要であり、教務をつかさどる教務主任とも連携し、生徒指導上の課題に対応していくことが求められます。

3 生徒指導の領域・内容

生徒指導の領域・内容を整理すると次のようになります。

1 学業指導（educational guidance）

学校での学業が意欲的にすすめられるよう指導していくことが、そのねらいです。そのため、その指導内容として、学習内容（興味・能力に関する指導）、単位・コース選択等に関する指導、成績不振の診断・指導、学習態度の形成、学習技術の習得などに関する指導等多岐にわたります。

このように学業指導は、学習指導の基盤となるものです。

2 進路指導（career guidance）

進路指導の目的は、生徒が自己の将来の進路を選択できる能力を養うということです。その指導としては、個々の生徒の能力・適性についての自己理解への支援、能力や適性を伸ばす指導、進路選択に関する指導、就職指導などがあります。

中学校・高等学校では、この進路指導は特に重要な指導内容です。

3 個人的適応指導（personality guidance）

これは、児童・生徒を、可能性を有する人格ととらえ、一人の人格として成長・発達を促すものです。内容的には、性格に関する悩み解決への支援、問題点の早期発見と解決・改善への支援、それをとおしての自己解決力・自己指導力の育成などがあります。

4 社会性指導（social guidance）

これは、児童・生徒が集団や社会の一員として、学校生活や社会生活のあり方を考え行動する、社会的資質を育成することがねらいです。内容として、友人との協力・協調の指導、リーダーシップの育成、社会習慣や礼儀作法の指導、社会的徳性（正義、責任）の指導、奉仕活動の指導などがあります。

いわば、よりよい人間関係をどう構築していくかの指導といえます。

5 余暇指導（leisure-time guidance）

レクリエーション指導ともいわれています。余暇の重要性を認識させ、自分にとって最も適した余暇の過ごし方などを指導することがそのねらいです。内容としては、帰宅後における余暇の過ごし方の指導、日曜日や長期休業中の過ごし方の指導などがあります。

6 健康・安全指導（health-safety guidance）

健康で安全な生活を送れるための知識や技能を日常生活に生かし、健康かつ安全な生活を送れるよう指導することがそのねらいです。

内容としては、食事・睡眠など基本的生活の指導、救急処置に関する知識・技能の習得指導などがあります。

これら生徒指導における６つの領域の内容は、実際の学校生活では、このような分類には必ずしも従ってはいませんが、すべて社会人になってからも重要な内容です。それゆえ、小学校から高等学校までの学校教育のなかで、取り上げて指導していく必要があります。

4 生徒指導における児童・生徒理解の重要性

効果のある生徒指導には積極的な予測的理解が大事なんですね！

実際の生徒指導にあたって、指導の対象となる児童・生徒のことを十分に理解しておくことはきわめて重要です（図表２－３）。

指導に入る前に対象となる児童・生徒の状況等を十分に理解したうえ、指導をすすめながらその反応や変化などを理解し、指導計画が適切であるか確認していく必要があります。そして、一定の指導が終わっても、児童・生徒の活動ぶりをチェックして、効果などを確認していく必要があります。

ところで、「児童・生徒理解」とは、診断的理解（児童・生徒について過去から現在までの特徴・傾向を把握すること）をするとともに、その後の予測的理解（行動や将来の様子を予想してみること）をすることをいいます。

予測的理解にも２つの水準があります。一つは、消極的な予測的理解（指導的働きかけをしないと仮定した場合のその後の行動を予想してみること）で、もう一つは積極的な予測的理解（ある特定の指導的働きかけをしたと仮定した場合、その働きかけに対する児童・生徒の反応や、その指導効果を予想してみること）です。最初は、消極的な予測理解から始まると思いますが、より効果のあがる指導を行っていくには積極的な予測的理解が必要ではないでしょうか。

1 児童・生徒理解の重要性

児童・生徒理解の重要性は次の４つにまとめることができます。

①児童・生徒の成長を指導していくには、どこをどのように伸ばしていく

かなど、具体的な指導の目標・ねらいを適切に設定する必要があります。そのためには、的確な現状把握とそれに基づいた予測的理解が不可欠です。

②より適切な指導法を決定する際は、たえずその効果のほどを予想しつつ、より有効かつ適切な指導法を選択することが大切です。

③問題行動には、早期発見と早期対応を求められますが、それには、十分な児童・生徒理解が不可欠です。

④児童・生徒が、自己指導的にものごとに取り組み、自己指導能力を発達させていくには、自己理解*への援助機能が必要です。

語句説明

自己理解

さまざまな手段により、自分の気質、性格、タイプ、価値観、考え方、態度・行動などを深く知り、それを自分自身が納得して受け止めている状態のこと。

2 理解と指導との関連性

実際の指導が始まったら、次の点に注意していく必要があります。

①指導をすすめながら、子どもたちの反応・学習ぶりを把握しつつ、指導に先立ってなされた理解と指導計画が適切であったかどうかを確認していく必要があります。

②必要に応じて児童・生徒理解を修正するとともに、指導指針を修正しなければなりません。

③一定時間の指導を終えたあと、その指導の適否のほどを自己チェックしてみる必要があります。そして、その時間の児童・生徒の反応や活動の様子をきちんと把握しなければなりません。

3 児童・生徒理解の領域・内容

児童・生徒理解の領域・内容は、本人に関することがらと本人を取り巻く環境条件とに分けられます。また、本人に関することがらは、本人を取り巻く環境条件の影響を受けており、相互に規定し合う関係にあります（図表2－3）。

面接法では、カール・ロジャーズ*の受容・共感・自己一致とよばれるカウンセリング理論を参考にしましょう！

4 児童・生徒理解のための方法

① 観察法

児童・生徒の内面を、日常の言動や日記や作文などの作品をとおして理解しようとする方法です。

教師が、観察の対象とする児童・生徒のいる集団のなかに入っていき、集団の一員としてともに活動しながら観察するという形態をとるなど、あらかじめ条件を設定して、そのもとでの行動・活動の様子を観察するといった方法があります。ただ、見方が偏らないようにほかの教師の意見を聞いたり、専門家の意見を聞いたりすることも大事です。

② 検査法

検査法とは、心理検査の利用によって児童・生徒理解をしようとする方法です。学力検査、知能検査、性格検査、適応性検査、適性検査などがあります。これらの検査結果を総合的に判断して、指導に生かすことはとても大事です。

カール・ロジャーズ
1902-1987
アメリカの臨床心理学者で、日本における現代カウンセリングに重要な概念を導入した。

③ 調査法

調査法には、面接法や質問紙法があります。面接法は、あらかじめ定め

図表2－3　児童・生徒理解の領域・内容

①本人に関することがら

1	能力	知能、学力、適性など
2	性格	情緒の安定性、リーダーシップ、活動性、協調性、病理的傾向など
3	習癖	食事に関すること、性に関すること、言語行動に関すること、神経性習癖など
4	問題行動	反社会的行動、非社会的行動など
5	興味・関心・趣味	読書興味、職業興味、性的関心、すきな遊びなど
6	身体的状況	健康状態、体格、身体的ハンディキャップ、心身症的問題など
7	学校生活	学業に関すること、出席状況、集団活動での様子、仲間に対する態度、教師に対する態度など
8	家庭生活	基本的生活習慣、家族に対する態度など
9	交友関係	友人の数、望ましくないグループとの関わりの有無など交友状況
10	要望・希望	教師・学校や親に対する要望、将来の希望や進路先など
11	自己理解と認知*世界	自分自身や外界をどう認知しているか
12	悩みごと	身体的な悩み、性格上の悩み、勉学や進路に関する悩み、対人関係に関する悩みなど
13	発達の程度	ことば・知能・運動機能・社会性・自我意識・性意識・職業観などの発達状況
14	生育歴	生育過程における特記すべきことがら（大病や大けが、家族の死亡など）

②本人を取り巻く環境条件

1	家庭環境	親の養育態度、親の教育的関心、家族構成、家族の人間関係、家族の生活態度など
2	所属するクラブや部	所属するクラブや部内の人間関係や雰囲気
3	通っている塾	本人が通っている塾の特徴
4	地域環境	児童・生徒の自宅周囲の様子、通学路の特徴など

江川玟成編著『生徒指導の理論と方法』学芸図書、2007年をもとに作成

語句説明

認知

人が外界にある対象を知覚したうえで、それが何であるかを判断したり解釈したりする過程のことをいう。

られた場所で、教師が児童・生徒と向かい合い質問をしたり、なにか作業をさせたりして、それに対してどのように答えるか、どのように取り組むかを観察する方法です。

質問紙法は、必要に応じてアンケート形式で行うことがあります。

いずれにしても、より広く、より深く、かつより正確に取り組む必要があります。

5　生徒指導における個別指導と集団指導

学校教育において児童・生徒は、学級や学年、部活動などといった集団の場でさまざまな活動を行っています。児童・生徒が、将来、社会で夢を

図表2-4　個別指導と集団指導の指導原理

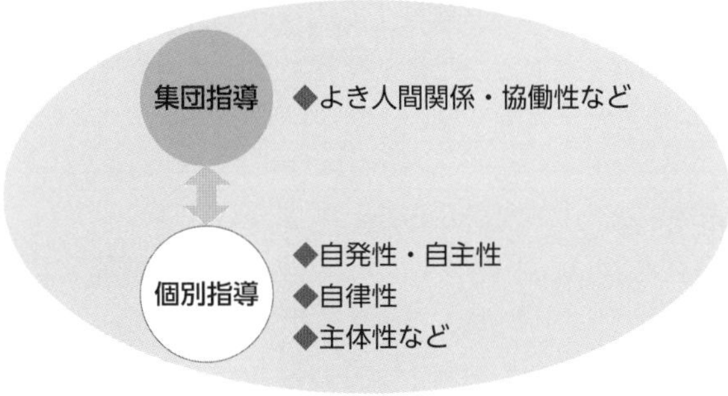

もって力強く生きていくための社会性を身につけていくためには、学級や学年、部活動などの集団の場で、児童・生徒が相互によりよい人間関係をつくり、その資質・能力を培っていくことはとても大事なことです。

児童・生徒一人ひとりが、学校におけるさまざまな集団の場で居場所があるとか、そのなかで、共感的な人間関係を育むことができるということは、児童・生徒一人ひとりの心の成長になくてはならないことなのです。また、集団のなかでの望ましい豊かな人間関係づくりは、児童・生徒の自己実現のためにはきわめて重要なことなのです。

このような豊かな人間関係づくりは、教科指導やそれ以外の学校生活のあらゆる領域で行う必要があります。自他の人権を尊重し、互いの身になって考え、相手のよさを見つけようと努める集団、互いに協働し合い、よりよい人間関係を形成していこうとすることは、生徒指導の重要な目標の一つでもあります。

個人の成長と集団の成長とは不可分の関係にありますが、指導場面においては個別指導と集団指導とを相互に関係づけて考える視点はきわめて重要です（図表2-4）。

個別指導とは、個を高めることを意識して行う指導でありますが、集団の働きを生かしながら、その人間関係のなかで個人を指導することはきわめて効果的な指導といえます。

また、集団指導とは、集団を高めることを意識して行う指導ですが、集団のなかで、個々の児童・生徒の能力を最大限に発揮させ、個々の能力を互いに調和させていくことが集団としての高まりにつながることは多々あります。いずれにしても、個や集団の状態に応じて、個別指導をベースに集団をどう高めていくのかの集団指導を行うことはとても大切です。

6　学校運営と生徒指導のあり方

児童・生徒を生徒指導のねらいに沿って、よりよい方向に導いていくには、全校をあげてより計画的・組織的に生徒指導に取り組んでいく必要があります。そのためには、全教職員が生徒指導の目標を共通理解し、それぞれが役割を担い、協働して目標に向かって取り組んでいく必要があります。
　また、家庭をはじめとした地域社会や関係機関との連携も必要です。そこで、生徒指導の学校運営上の基本的な視点として、以下のことに注意して取り組んでいくことが大事です。

1 生徒指導の目標の明確化と共通理解

　全教職員が互いに意見を出し合い、学校が目指す「児童・生徒像」を明確にしていきます。そのうえで、目指す「児童・生徒像」の実現のために、学校および学年の基本方針を明確化していきます。そしてその基本方針のもと、年間指導計画を位置づける必要があります。児童・生徒が自己実現を果たすことができるための資質や能力を育んでいくには、それらの目標を全教職員が共通理解しておく必要があります。

2 学校としての指導方針の明確化

　生徒指導が機能的にすすんでいくためには、教職員一人ひとりのモラルを高めていく必要があります。そのためには、児童・生徒の基本的な生活習慣も含め教職員間で十分に話し合って、指導方針を具体化していく必要があります。

3 全教職員の一致協力と役割分担

　校長のリーダーシップのもと、指導体制を確立し、それぞれの教職員が役割分担をしっかりと行い、教職員一人ひとりが指導の目的を理解し、自らの専門性を生かして役割を遂行し、実効性のともなう生徒指導の実現を図っていくことが大事です（図表2－5）。

語句説明

組織マネジメント

組織を運営・管理し、その組織の掲げる目標を達成するために適した状態にしていくことを指す。

図表2－5　生徒指導における組織マネジメント*

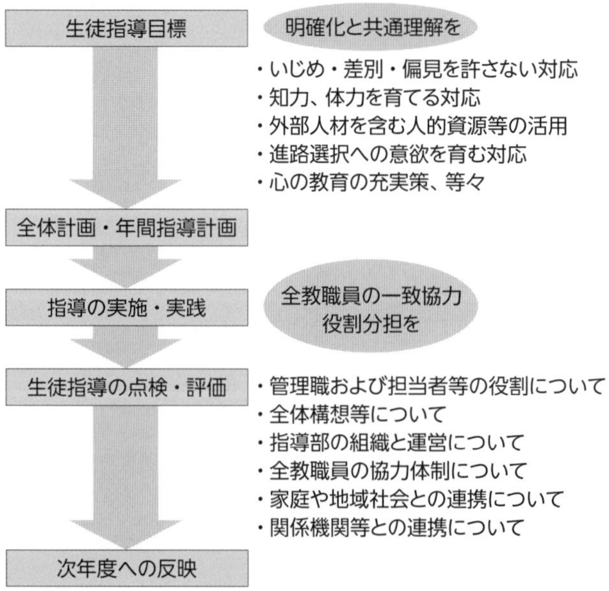

7 生徒指導の今日的課題

1 開発的生徒指導の推進を

学校では、近年問題となっているいじめ問題等についても、問題が起こってからの後手対応となる対症療法的な治療的・矯正的な指導が行われることが多くあります。今後、児童・生徒の発達や集団の状況等を十分把握して、望ましい人間関係を育成していく開発的生徒指導の展開が求められます。

2 児童・生徒の自主性・主体性の尊重を

学校において、教師が児童・生徒の行動を管理する指導がまだ行われているケースも見受けられます。このような管理主義的な指導を克服して、児童・生徒の自主性・主体性を尊重する真の生徒指導を求めていくことが、今後必要とされます。

ディスカッションしてみよう!

学校において、生徒指導がなぜ必要なのか考えてみましょう。また、その生徒指導のねらいを達成するための指導を効率的に行うにはどのようにしていけばよいか、学級担任の立場や生徒指導主事の立場、部活動指導担当の立場それぞれの立場に立って考えて、具体的な指導のあり方について意見を交換しましょう。

たとえば・・・

復習や発展的な理解のために

知っておくと役立つ話

生徒指導の歴史

日本での生徒指導の歴史は1915年ごろまでさかのぼることができます。

アメリカでは、1900年から1920年ごろにかけて職業指導（vocational guidance）が運動としてアメリカ全土に広がっていき、その職業指導の考え方が1915年ごろに日本にも伝わってきたのです。その後、生活綴方運動が1918年ごろから広がっていきます。生活綴方運動とは、日常生活を基にし、児童・生徒に生活の現実を直視させる文章を書かせ思考力などの能力を高めようとする教育です。これが現在の生徒指導の実践につながっていくのです。

図表２－６に、日本における生徒指導の経緯をまとめました。

図表2-6　日本における生徒指導の経緯

1915年ごろ	アメリカの職業指導が紹介される
1917年	久保良英が児童教養研究所を，三田谷啓が児童相談所を開設
1918年ごろ～1937年ごろ	生活綴方運動がはじまる
1920年	大阪市立少年職業相談所が初の指導機関として設立
1937年ごろ～1945年	軍国主義下の「錬磨育成」が叫ばれ生活綴方教師が検挙される
1945年～1951年ごろ	連合国軍総司令部の民間情報教育局のカーレーの指導でガイダンス研究が開始
1950年ごろ	生活綴方運動が復興する
1965年	『生徒指導の手引き』（文部省）刊行
1978年	『生徒指導の手引き』改訂
1981年	「生き方の指導」概念の導入
1999年	中教審答申に「キャリア教育」
2010年	『生徒指導提要』（文部科学省）作成

飯田芳郎ほか編『新生徒指導事典』第一法規出版、1980年をもとに作成

ちゃんとわかったかな?

復習問題にチャレンジ

類題（熊本市　2018 年）

次の文は、平成22年3月に文部科学省から出された「生徒指導提要」の「生徒指導の意義」に関する記述である。（　ア　）、（　イ　）に当てはまる語句を、①～⑥からそれぞれ一つずつ選び番号で答えなさい。

生徒指導とは、一人一人の児童生徒の人格を尊重し、（　ア　）を図りながら、社会的資質や行動力を高めることを目指して行われる教育活動のことです。すなわち、生徒指導は、すべての児童生徒のそれぞれの人格のよりよき発達を目指すとともに学校生活がすべての児童生徒にとって有意義で興味深く、充実したものになることを目指しています。

生徒指導は学校の教育目標を達成する上で重要な機能を果たすものであり、（　イ　）と並んで学校教育において重要な意義を持つものと言えます。

①進路指導　②自己理解　③学習指導　④道徳教育　⑤個性の伸長　⑥人間関係の構築

理解できたことをまとめておこう！

ノートテイキングページ

学習のヒント：生徒指導の意義とこれからの生徒指導のあり方についてまとめてみましょう。

第3講

教育課程と生徒指導

理解のポイント

教育課程とは、教育の目的や目標を達成するために編成された各学校などの教育計画です。生徒指導は、特定の教科や活動において行われるものではなく、それぞれの教育活動の目標をふまえ、学校の教育活動全体を通じて行うことが求められます。生徒指導は、教育課程においてどのような役割を果たしているのでしょうか。本講では、教育課程と生徒指導の関係を理解します。

1 教育課程の編成と生徒指導

1 教育課程とは

教育課程とは、学校教育の目的や目標を達成するために、教育の内容を児童・生徒の心身の発達に応じ、授業時数との関連において総合的に組織した各学校などの教育計画です。小学校・中学校においては、各教科・道徳科および総合的な学習の時間および特別活動、高等学校においては、各教科・科目、総合的な探究の時間、特別活動で編成されています。

「学習指導要領」（文部科学省、2017）では、学校が教育基本法に定める目的や目標の達成を目指しつつ、児童・生徒が未来社会を切り拓くための資質・能力を一層確実に育成するため、「社会に開かれた教育課程」を実現させることの重要性が示されています。そして、教育課程に基づき組織的かつ計画的に教育活動の質を向上させ、学習の効果の最大化を図る「カリキュラム・マネジメント」に努めることが述べられています。

プラスワン

「総合的な探究の時間」
高等学校においては、総合的な学習の時間が「総合的な探究の時間」に変更された。これは、小・中学校における総合的な学習の時間の取り組みを基盤としたうえで、自己のあり方、生き方に照らし、自己のキャリア形成の方向性と関連づけながら、自ら課題を発見し解決していくための資質・能力を育成するという目標を明確化させるためである。

2 カリキュラム・マネジメントと生徒指導

カリキュラム・マネジメントとは、児童・生徒や学校、地域の実態を適切に把握し、教育の目的や目標の実現に必要な教育の内容等を教科など横断的な視点で組み立てていくこと、教育課程の実施状況を評価してその改善を図っていくことなどをとおして、教育課程に基づき組織的かつ計画的に各学校の教育活動の質の向上を図っていくことです。

そして、カリキュラム・マネジメントが機能するためには、教育課程において、児童・生徒が基本的な学習態度を身につけ、落ち着いた環境で安心して学習活動に取り組めるようにすることが求められます。また、教師には、一人ひとりの児童・生徒を理解し、個性や能力に応じた創意工夫あ

図表３－１　生徒指導の機能

学校教育			
教育課程	各教科	国語、社会、算数（数学）、理科、音楽、体育、外国語など	生徒指導の機能（↕）
	教科外	道徳科、特別活動、総合的な学習（総合的な探求）の時間など	
教育課程外		部活動、休み時間や放課後の活動など	

る指導が求められます。これらのことは、生徒指導の重要な役割です。

生徒指導は、特定の教科や活動において行われるものではなく、教育課程内外の全域において機能するものです。そのため、生徒指導は、各教科や科目などそれぞれの教育活動の目標をふまえ、学校の教育活動全体を通じて行うことが求められます（図表３－１）。

3　学校段階間の接続をふまえた生徒指導

学校教育の始まりとなる幼稚園では、「幼稚園教育要領」（文部科学省、2017）に基づき、遊びを通じた指導により生涯にわたる人格形成の基礎を培う教育が行われます。認定こども園や保育所でも同様の教育が行われています。これをふまえ、小学校では、幼児期の教育を通じて身についたことを生かした、児童の資質・能力の育成が求められます。そして、小学校から中学校の接続に際しては、小学校教育の成果を受け継ぎ、義務教育９年間を見通した資質・能力の育成を目指す教育を行うことが大切です。

学校段階間の接続に関する問題として、「小１プロブレム*」や「中１ギャップ*」、高等学校における中途退学などがあげられます。これらの問題の要因の一つとして、学校生活への不適応が指摘されています。教師間の連携や交流を深め、学校段階間の円滑な接続を図ることは、このような問題を減らすことにもなります。たとえば、同じ中学校区の幼稚園等・小学校・中学校の教師による合同研修会を企画し、日ごろの教育実践の発表をとおして交流を深めることなどがあります。

> **語句説明**
> 小1プロブレム
> 小学校1年生などの教室において、児童が学習に集中できない、教師の話が聞けずに授業が成立しない、などの現象である。

> **語句説明**
> 中1ギャップ
> 小学校6年生から中学校1年生で、いじめの認知件数や不登校生徒数が急増するように見える現象である。

2　教科指導における生徒指導

1　教科指導における生徒指導の推進のあり方

「学習指導要領」では、学習指導と生徒指導の関係について、児童・生徒が「自己の存在感を実感しながら、よりよい人間関係を形成し、有意義で充実した学校生活を送る中で、現在及び将来における自己実現を図っていくことができるよう、児童（中学校・高等学校では「生徒」）理解を深め、学習指導と関連付けながら生徒指導の充実を図ること」が示されています。

そして、『生徒指導提要』では、生徒指導のねらいは、児童・生徒の自己実現を図っていくための自己指導能力の育成を目指すことにあると示されています。授業は、児童・生徒が学校のなかで最も多く取り組む教育活動です。そのなかで、最も多くを占めているのは、各教科の時間です。このことをふまえ、教師は、教科指導において生徒指導の機能を発揮させ、児童・生徒が安心できる居場所をつくることが大切です。

2 生徒指導の三機能を生かした教科指導のあり方

それでは、どのようにすれば教科指導をとおして生徒指導の機能を発揮させ、児童・生徒の自己指導能力を育成することができるのでしょうか。ここでは、生徒指導の三機能について整理します。そして、教科指導に生徒指導の三機能*（坂本、1996）を生かすための手立ての例を示します（図表3－2）。

① 自己存在感を与えること

自己存在感とは、「自分は価値のある存在だ」という実感です。児童・生徒に自己存在感を与えるためには、教師が、児童・生徒一人ひとりをかけがえのない存在として指導することが求められます。

具体的な手立てとして、児童・生徒の間違った応答も大切にしたり、どんな発言でも取り上げ大切にすること、児童・生徒相互が協力して学習できるように、グループでの学習などを取り入れることなどがあげられます。

② 共感的な人間関係を育成すること

教科指導をとおして共感的な人間関係を育成するためには、児童・生徒が互いに一人ひとりの人格を無条件に尊重し合える関係を育てることが大切です。また、共感的な人間関係は、児童・生徒の間に限られるのではなく、教師と児童・生徒の間にも必要です。

語句説明

生徒指導の三機能

生徒指導の三機能とは、①児童・生徒に自己存在感を与えること、②共感的な人間関係を育成すること、③自己決定の場を与え自己の可能性の開発を援助することの3点である。

生徒指導の三機能は第2講でも紹介されています。

図表3－2　教科指導に生徒指導の三機能を生かすための手立ての例

①自己存在感を与えることに関する手立て
・間違った応答も大切にしたり、どんな発言でも取り上げ大切にするようにしている。
・つぶやきを積極的に取り上げて、発表のチャンスを与えるようにしている。
・児童・生徒相互が協力して学習できるように、グループでの学習などを取り入れたりしている。

②共感的な人間関係を育成することに関する手立て
・よい姿をほめ、好ましくない姿は正すようにしている。
・間違った応答を笑わないように指導している。
・友だちの意見に声をだしてうなずいたり、拍手したりするよう促している。

③自己決定の場を与えることに関する手立て
・児童・生徒自身が、学習課題や学習方法、学習形態などを選択できるようにしている。
・児童・生徒が、自分の考えをみんなの前で発表する場を設けている。
・児童・生徒が今日の学習を振り返り、これからの学習について考えるような場面を設けている。

岩手県総合教育センター「平成19年度中学校初任者研修講座『センター研修Ⅰ』授業における生徒指導」をもとに作成

具体的な手立てとして、児童・生徒のよい姿をほめ、好ましくない姿は正すようにすること、友だちの意見に声をだしてうなずいたり、拍手したりするよう促すことなどがあげられます。

③ 自己決定の場を与え、自己の可能性の開発を援助すること

教科指導をとおして自己決定を図るためには、児童・生徒が学習内容を確実に身につけ、必要な情報を自ら収集し、それらを活用する資質・能力が求められます。そして、教師には、基礎的・基本的な知識および技能の確実な定着を図るとともに、児童・生徒が主体的に課題を見つけ、自ら方法を選択して解決に取り組むことができるように配慮することが求められます。

具体的な手立てとして、児童・生徒自身が、学習課題や学習方法、学習形態などを選択できるようにすること、自分の考えをみんなの前で発表する場を設けることなどがあげられます。

3 規律のある授業を行うこと

「学習指導要領」では、学校の教育活動をすすめるにあたり、児童・生徒の主体的・対話的で深い学びの実現に向けた授業改善をとおして、創意工夫を生かした特色ある教育活動を展開するなかで、児童・生徒に生きる力を育む必要性が示されています。

教師が、授業をとおして児童・生徒の主体的・対話的で深い学びを実現させるためには、もちろん、児童・生徒が興味をもつ教材を準備し、創意工夫ある指導を目指すことが必要となります。それに加えて、教師は、児童・生徒が落ち着いた環境で学習活動に取り組めるよう授業規律を確立させることが大切です。

教師が、授業規律を確立させるためには、たとえば、生徒に対して時間を守ることや教室の整理整頓などの小さな取り組みを徹底させることが重要です。そして、教師も自らの態度や行動をとおして、生徒に見本を示していくことが求められます。

3 道徳教育における生徒指導

1 道徳教育とは

「学習指導要領」によると、道徳教育は、「教育基本法及び学校教育法に定められた教育の根本精神に基づき、自己の生き方を考え、主体的な判断の下に行動し（高等学校では「生徒が自己探求と自己実現に努め国家・社会の一員としての自覚に基づき行為しうる発達の段階にあることを考慮し、人間としての在り方生き方を考え、主体的な判断の下に行動し」）、自立した人間として他者と共によりよく生きるための基盤となる道徳性を養うこと」を目標としています。

プラスワン

「小学校・中学校における道徳教育」
小学校・中学校において、道徳教育は、特別の教科である道徳（道徳科）を要として学校の教育活動全体を通じて行う。

2 道徳教育と生徒指導

道徳教育は、児童・生徒の道徳性の育成を直接的なねらいとしています。それに対して、生徒指導の働きは、児童・生徒が、道徳教育で培われた道徳性や道徳的実践力を日常の生活場面において具現できるように援助することにあります。

3 道徳教育といじめ防止

いじめの防止および早期発見、早期対応は、学校が取り組むべき重要な課題です。「いじめ防止対策推進法」第15条では、学校におけるいじめ防止について、「児童等の豊かな情操と道徳心を培い、心の通う対人交流の能力の素地を養うことがいじめの防止に資することを踏まえ、全ての教育活動を通じた道徳教育及び体験活動等の充実を図らなければならない」と示しています。

いじめ防止のためには、児童・生徒が、道徳教育をとおして生命を大切にする心や思いやりの心、寛容な心などを育み、よりよい人間関係やいじめのない学校生活の実現を目指すことが求められます。

4 総合的な学習の時間・総合的な探究の時間における生徒指導

1 総合的な学習の時間・総合的な探究の時間とは

「学習指導要領」によると、小学校・中学校の「総合的な学習の時間」の目標は、探究的な見方・考え方を働かせ、横断的・総合的な学習を行うことをとおして、よりよく課題を解決し、自己の生き方を考えていくための資質・能力を育成することです。

また、高等学校の「総合的な探究の時間」の目標は、探究の見方・考え方を働かせ、横断的・総合的な学習を行うことをとおして、自己のあり方生き方を考えながら、よりよく課題を発見し解決していくための資質・能力を育成することです。

2 総合的な学習の時間・総合的な探究の時間と生徒指導

『生徒指導提要』では、児童・生徒が自己実現を図っていくためには、身につけた自己指導能力や課題解決能力などを他者との間で、または集団

や社会のなかで適切に使いこなす資質・能力が必要であると示されています。こうした資質・能力を「社会的なリテラシー」とよび、生徒指導の最終目標と位置づけています。

総合的な学習の時間・総合的な探究の時間においては、日常生活や社会との関わりを重視した課題をとおして、教科などの枠を超えた横断的・総合的な学習、探究的な学習が行われます。そのため、児童・生徒は、他者と協働し他教科などで身につけた資質・能力を活用することにより、自己と社会を学び、「社会的なリテラシー」を育成することができます。

3 総合的な学習の時間・総合的な探究の時間の授業例

中学校で行われている職場体験学習では、次のような授業が考えられます。事前学習として、社会科の授業で情報機器や図書館の資料などを活用した調べ学習を行い、地域の産業の課題やこれからの地域に求められる職業について考えます。そして、学級活動や道徳科の授業をとおして、働くことの意義や目的、集団の一員として公共の福祉や社会の発展に貢献することの大切さを学びます。

これらの事前学習の成果をふまえて、地域の商店や事業所、施設などを訪問し、地域のよさや問題を聞き取り、地域への理解をさらに深めるとともに、望ましい勤労観・職業観を育みます。次に、職業体験学習では、社会人としての基本的なマナーや言葉遣いを身につけ、働くことの意義や仕事の役割について体験をとおして理解します。

最後に、事後学習では、職場体験学習で学んだことをグループで整理・分析し、社会人として生きていくために必要な資質・能力や将来の自分が目指す職業と関連させて発表します。

5 特別活動における生徒指導

1 特別活動とは

「小学校学習指導要領解説総則編」（文部科学省、2017）によると、特別活動は、さまざまな構成の集団から学校生活をとらえ、課題の発見や解決を行い、よりよい集団や学校生活を目指してさまざまに行われる活動の総体と定義しています。その内容は、小学校では、学級活動、児童会活動、クラブ活動*、学校行事、中学校では、学級活動、生徒会活動、学校行事、高等学校では、ホームルーム活動、生徒会活動、学校行事で構成されています。

「学習指導要領」では、特別活動を指導するうえで重要な視点を「人間関係形成」「社会参画」「自己実現」の３点に整理し、目標を定めています。図表３-３では、特別活動の目標を示しています。多様な集団活動をとおして児童・生徒の人格形成を目指す特別活動の目標は、自己指導能力や社会的なリテラシーなど、自己実現のための態度や能力の育成を図る生徒指

語句説明

クラブ活動

小学校の主として第4学年以上の同好の児童から構成される異年齢集団による活動。

図表3-3　特別活動の目標

小学校	中学校	高等学校
多様な他者と協働する様々な集団活動の意義や活動を行う上で必要となることについて理解し、行動の仕方を身に付けるようにする。		
集団や自己の生活、人間関係の課題を見いだし、解決するために話し合い、合意形成を図ったり、意思決定したりすることができるようにする。		
自主的、実践的な集団活動を通して身に付けたことを生かして、集団や社会における生活及び人間関係をよりよく形成するとともに、自己の生き方についての考えを深め、自己実現を図ろうとする態度を養う。	自主的、実践的な集団活動を通して身に付けたことを生かして、集団や社会における生活及び人間関係をよりよく形成するとともに、人間としての生き方についての考えを深め、自己実現を図ろうとする態度を養う。	自主的、実践的な集団活動を通して身に付けたことを生かして、主体的に集団や社会に参画し、生活及び人間関係をよりよく形成するとともに、人間としての在り方生き方についての自覚を深め、自己実現を図ろうとする態度を養う。

文部科学省「小学校学習指導要領」2017年、「中学校学習指導要領」2017年、「高等学校学習指導要領」2018年をもとに作成

プラスワン

「社会で求められる資質・能力の変化」
国立教育政策研究所の報告書(2017)によると、資質・能力に対する社会の関心が、IQに代表される認知的能力から、社会情緒的能力(非認知的能力)のほうに徐々に変化していることが示されている。社会情緒的能力の内容は、①自尊心、内発的動機づけといった自己の内面に関わるものと、②共感性、道徳性、尊重といった自己と他者との関係性に関わるものに大別される。

導のねらいと重なる部分があります。

2　特別活動と生徒指導

特別活動は、生徒指導の実践の場としてどのような役割を果たしているのでしょうか。ここでは、特別活動の内容と生徒指導の関係について以下に説明します。

① 学級活動・ホームルーム活動と生徒指導

みなさんの学校生活を振り返ってみて、学級・ホームルームはどのような雰囲気でしたか。担任の教師は、みなさんにどのような指導や助言をしていましたか。学校での学習や生活において、学級集団・ホームルーム集団は、さまざまな教育活動の基礎集団となります。

「学習指導要領」では、学級活動・ホームルーム活動と生徒指導の関連について、次のように述べています。

> 学級活動（ホームルーム活動）における児童（生徒）の自発的、自治的な活動を中心として、各活動と学校行事を相互に関連付けながら、個々の児童（生徒）についての理解を深め、教師と児童（生徒）、児童（生徒）相互の信頼関係を育み、学級経営（ホームルーム経営）の充実を図ること。その際、特に、いじめの未然防止等を含めた生徒指導との関連を図るようにすること。

児童・生徒は、登校してから放課後までの間、ほとんどの時間を学級・ホームルームで過ごします。他方、いじめの発生には、学級・ホームルーム内の人間関係に起因する問題が多く指摘されています。そのため、教師は、学級・ホームルーム経営をとおして、深い生徒理解に基づく児童・生徒との信頼関係の形成や児童・生徒相互の信頼関係の育成を図り、児童・生徒

にとって心の居場所となるような学級・ホームルームづくりが求められます。

② 児童会活動・生徒会活動と生徒指導

児童会・生徒会活動は、全校の異年齢の児童・生徒によって自発的、自治的に組織される集団です。そして、児童会・生徒会の活動には、児童・生徒の代表者による代表委員会・役員会や各種の委員会活動のほか、挨拶運動、ボランティア活動、運動会、球技大会などの行事に関わる活動などがあります。また、地域では、サミット（子どもサミット、生徒会サミットなど）が開催され、児童会・生徒会代表者の交流や協議の場となっています。

このように、児童会・生徒会活動は、学級や学年、学校の枠を超えた多様な集団による活動をとおして、学校生活の充実・発展や学校生活の改善・向上を目指しています。そのため、児童会・生徒会活動は、生徒指導における成長を促す指導の場としての重要な役割を果たしています。

児童会・生徒会活動は、一部の選ばれた児童・生徒だけの活動ではありません。教師は、一人ひとりの児童・生徒に児童会・生徒会組織の一員としての自覚をもたせ、児童・生徒の自発的、自治的に活動する態度や能力を高めていくことが大切です。

③ 学校行事と生徒指導

学校行事は、全校または学年を単位とした集団において、集団への所属感や連帯感を深め公共の精神を養う活動です。その内容は、図表３－４のように区分されます。

そして、『生徒指導提要』では、学校行事において生徒指導の機能を働かせるための指導のあり方として、次のように示しています。

・学校生活を豊かな充実したものにする教育活動であること
・より大きな集団により人間関係を学ぶ教育活動であること
・多彩な内容を含んだ総合的、創造的な教育活動であること

学校行事は、学校が計画し実施するものですが、教師の適切な指導のもと、上に示した指導のあり方をふまえ、それぞれの行事に児童・生徒が積極的に参加し協力することが大切です。たとえば、児童会・生徒会の主導で実行委員会を立ち上げて、文化祭や体育大会などの行事を計画し、学級・ホームルームでその準備や実施後の振り返りを行うことなどが考えられます。

図表３－４　学校行事の種類

種類	具体例
儀式的行事	入学式、卒業式、始業式、修了式など
文化的行事	学芸会（文化祭）、音楽会、作品発表会など
健康安全・体育的行事	健康診断、避難訓練、体育大会（運動会）など
旅行・集団宿泊的行事	遠足、修学旅行、林間学校、野外活動など
勤労生産・奉仕的行事	校内美化活動、職業体験活動、上級学校の訪問など

プラスワン

『生徒指導提要』における学校行事の考え方

生徒指導を目的や対象によって、①成長を促す指導、②予防的な指導、③課題解決的な指導の3つのタイプに分類している。

ディスカッションしてみよう!

あなたは、中学校２年生の学級担任です。６月のある日の終わりの会の時間に、あなたは教卓の前に立ち、学級全体の様子を何気なく眺めていました。そのとき、生徒Ａと生徒Ｂが、親しげに冗談を言い合っている様子を目にしました。その後、生徒Ａは、笑いながら生徒Ｂの頭を軽く叩きました。生徒Ｂは、生徒Ａに対して「痛いなぁ、やめてくれよ」と言い返していました。最近の生徒Ｂは、生徒Ａの言動に対して少し迷惑がっているようにも感じられました。このとき、学級のほかの生徒は、雑談や自分の帰り支度をするなど、生徒Ａと生徒Ｂのやりとりを気にかけている様子ではありませんでした。あなたは、生徒Ａが生徒Ｂの頭を叩いている様子を目撃したのは、今回がはじめてです。このような状況のなかで、あなたは、生徒Ａと生徒Ｂにどのような指導をしますか。また、学級の生徒にどのような話をしますか。

たとえば・・・

復習や発展的な理解のために

知っておくと役立つ話

部活動における生徒指導

・教育課程と部活動

「中学校学習指導要領」（文部科学省、2017）や「高等学校学習指導要領」（文部科学省、2018）において、部活動は、学習意欲の向上や責任感、連帯感の涵養等、学校教育が目指す資質・能力の育成に資するものであると示されています。そして、部活動は、教育課程外の学校教育活動ですが、学校教育の一環として、教育課程との関連が図られるよう留意することが示されています。生徒は、学校生活の基礎集団である学級とは異なる新たな集団に所属することで、自らの成長に資する新たな活躍の場を得ることができます。

・生徒指導と部活動

『生徒指導提要』では、ほかの教育活動と同様に、部活動をとおして生徒の自己指導能力の育成が図られるよう指導することの必要性が述べられています。教師にとって部活動は、授業や学級では見せない生徒の違う一面を見ることができる場です。教師は、部活動をとおして生徒や保護者との関係を構築し、学校教育活動の推進に役立ててきました。

他方、近年は、子どもの貧困問題やひとり親家庭の増加などが問題視されています。特に、公立中学校の部活動は、家庭環境や経済的な問題で外部のスポーツチームや習い事などに通うことのできない生徒の受け皿となってきたことが考えられます。

・人間関係を形成する資質・能力を育む部活動

中村（2018）は、現在の子どもが、模倣の機会や多様な人間関係を結ぶ機会が、著しく少なくなっていることを指摘し、学校教育をとおして社会性や道徳性を育む教育に意図的・計画的に取り組む必要性を述べています。また、生徒指導上の諸問題が山積する日本の学校では、教育の重点を３R's、つまり、読み（reading）・書き（writing）・算（arithmetic）に加えて、第４のR（人間関係＝relation）にも置かなければならないことを指摘しています。

部活動では、先輩が後輩に技術的な指導を行うことや、後輩が先輩を手本として自らの成長を目指すことなど、先輩－後輩からなる縦の人間関係により日常的に集団活動が行われています。このような、上下関係や異年齢集団で構成される人間関係は、学校や企業、地域など、日本のあらゆる社会や組織・集団に存在します。生徒が、多様な人間関係をとおして人間関係を形成する資質・能力を育成できることは、部活動の特質といえます。

・部活動指導員の制度化

文部科学省は、「チームとしての学校」の実現と教師の長時間労働などの負担軽減を目的とし、部活動指導員の配置を制度化しました。その職務内容には、技術指導に加えて生徒指導に係る対応や大会への引率など、部活動顧問が担ってきたことが含まれています。また、部活動指導員が単独で部活動顧問となることも制度上は可能となります。

現在、学校では地域や民間団体などの人材が外部指導者として活用され、主として生徒の技術指導を担っています。今後は、外部指導者が、部活動指導員の役割を果たすことが想定されます。これからの学校は、外部指導者に対して過去の競技経験に基づいた技術指導に終始することなく、学校の部活動方針に沿った指導について理解と協力を求めることが大切です。

ちゃんとわかったかな?

復習問題にチャレンジ

類題（福岡県／福岡市・北九州市　2018 年）

次の文は、「生徒指導提要」（平成22年文部科学省）「第2章 教育課程と生徒指導」「第1節 教科における生徒指導」の一部を抜粋したものである。文中の（　ア　）～（　オ　）に当てはまる語句の正しい組合せを選びなさい。ただし、同じ記号には同じ語句が入る。

児童生徒にとって、学校生活の中心は授業です。児童生徒一人一人に楽しくわかる授業を実感させることは教員に課せられた重要な責務です。ここに、教科における生徒指導の原点があります。生徒指導は教科指導を充実したものとして成立させるために重要な意義を持っています。

毎日の教科指導において生徒指導の機能を発揮させることは、児童生徒一人一人が生き生きと学習に取り組み、学校や学級・ホームルームの中での居場所をつくることにほかなりません。このことには、児童生徒一人一人に（　ア　）や自己有用感を味わわせるとともに、（　イ　）を育て、自己実現を図るという重要な意義があります。また、教科において生徒指導を充実させることは、学級・ホームルームでの座席やグループの編成などを工夫することでもあり、学習集団における人間関係を調整・改善し、豊かな（　ウ　）を育成することにつながります。

教科指導と生徒指導は相互に深くかかわり合っています。教科において生徒指導を充実させることは、生徒指導上の課題を解決することにとどまらず、児童生徒一人一人の（　エ　）にもつながるという意義があります。すなわち、教科において生徒指導が充実することによって教科指導が充実します。その結果教科指導が一層改善・充実し、児童生徒の（　エ　）につながります。基本的な生活習慣が改善されてくると、（　オ　）や学習への不適応などの課題が解決されることもあります。このことは、生徒指導が教科指導によって充実するということであり、教科指導に生徒指導が貢献していることを意味しています。

	ア	イ	ウ	エ	オ
①	自己肯定感	共感的な人間関係	人間性	学力向上	問題行動
②	自己肯定感	自尊感情	人間性	進路保障	不登校
③	自己肯定感	自尊感情	道徳性	進路保障	問題行動
④	自己存在感	共感的な人間関係	道徳性	学力向上	問題行動
⑤	自己存在感	自尊感情	人間性	学力向上	不登校

理解できたことをまとめておこう!

ノートテイキングページ

学習のヒント：生徒指導の三機能を生かした教科指導の手立てとして、どのようなものが考えられますか。自分が実践してみたいことをまとめてみましょう。

第4講

学校における生徒指導体制の確立と評価

理解のポイント

本講では、生徒指導をすすめていくために必要な学校の体制について学んでいきます。学校における生徒指導体制について生徒指導の役割と機能、校務分掌について理解していきましょう。さらに生徒指導体制の確立に必要な考え方、生徒指導の評価について理解していきましょう。

生徒指導を充実させるためには、学校全体で取り組むことが必要ということは前の講でも学びましたよね！

生徒指導の3つの目的、①開発的、②予防的、③問題解決的援助の考えですね!

重要語句

チーム学校

個々の児童・生徒に対し、複数の学校関係者がチームとなり対応にあたること。

1 生徒指導体制と校務分掌

生徒指導は、学校の教育活動全体においてその役割を果たします。学校全体で生徒指導をすすめていくためには、組織的な体制が必要です。ここでは、生徒指導が学校のなかでどのように位置づけられるかをみていきます。

1 生徒指導の役割と機能

学校の教育活動全体のなかで生徒指導を推進していくためには、学校全体の経営を担う校長のもと、各組織が互いに連携し合うことが必要です。生徒指導は、すべての児童・生徒の将来に向けて自己実現を支えたり自己指導力を育成したりなどの**開発的な援助**、問題を抱えた生徒への**予防的な援助**、問題行動への対応や指導をとおした**問題解決的援助**の役割を担います。それ以外にも関係者との連絡・調整や生徒指導に関する具体的な取り組みを企画・立案・運営するなどの機能を果たします。

大切なことは、生徒指導を含めた多くの教育活動のそれぞれの役割や機能を、すべての教職員が共通に理解しておくということです。教職員以外にも保護者や地域の関係者にも十分な説明を行い、それぞれの活動がどのような役割や機能を担っているのかを認識しておく必要があるのです。

たとえば図表4－1の教育活動をみてください。それぞれに役割が分担されています。学級担任・ホームルーム担任、学年主任、養護教諭、スクールカウンセラー、特別支援教育コーディネーターなどさまざまな関係者がそれぞれの機能を果たすことで児童・生徒一人ひとりへのきめ細かな指導ができるのです。

なかでも、教育相談、進路指導、保健・安全指導、学年・学級経営は、生徒指導と深く関連しています。そのため、それぞれの組織がどのような教育活動や役割を担っているのか、教職員が互いに情報を共有し、意思疎通を図ることが必要です。これらの教育活動が連携し合うこと（チーム学

図表4-1　学校の教育活動全体の一例

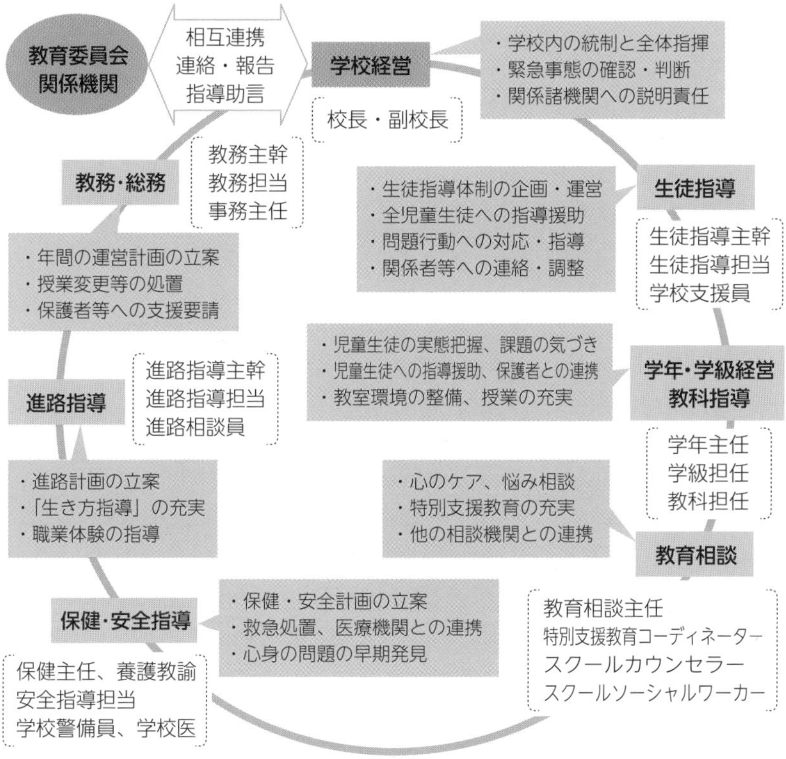

文部科学省『生徒指導提要』教育図書、2010年

校*）が生徒指導につながるのです。

次に、生徒指導が学校のなかでどのように位置づけられるのかをみていきましょう。それぞれの組織における役割のなかに、「生徒指導についての項目」が位置づけられます。たとえば、各教科、道徳、総合的な学習（総合的な探求）の時間、特別活動などの「学習指導」のなかに、どのような生徒指導の機能があるのかを明らかにしておくのです。それは、「授業の規律を学ばせることにより、集団の一員として参加したり行動したりする意識を育てる」であったり、「発言する人の方を向いて聞く姿勢を育てる」であったり、学習における規律を尊重する姿勢や態度を育てる指導などがあります。「保健・安全指導」では、「他の児童生徒の安全や安心を尊重する意識や態度を育てる」などでしょう。

特別支援教育
・生徒指導についての項目

保健・安全指導
・生徒指導についての項目

学習指導
・生徒指導についての項目

生徒指導は、教育課程の全領域において行われるのです。そのため、学校の教育活動全体を通じ生徒指導の機能が発揮されるよう、教育課程の編成は配慮されているのです。

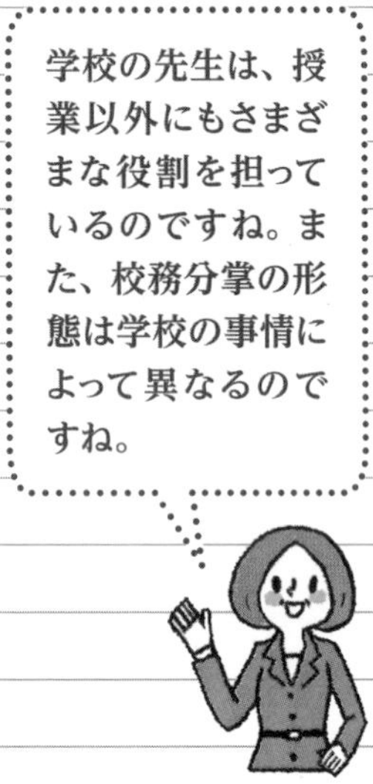

学校の先生は、授業以外にもさまざまな役割を担っているのですね。また、校務分掌の形態は学校の事情によって異なるのですね。

2 校務分掌における生徒指導体制

次に、校務分掌という言葉について意味を理解していきましょう。

校務分掌とは、教育活動全体の効果をあげるため、学校運営に必要なさまざまな校務を、校長が教職員に学校全体を見通して分担し、処理していくことです。

一般に学校では、学校運営を行うにあたり、教職員に校務が分担されています。学校教育法施行規則第43条、79条、104条において「調和のとれた学校運営が行われるためにふさわしい校務分掌の仕組みを整えるものとする」とあります。たとえば、教務、生徒指導、進路指導、特別支援教育、保健衛生、渉外などに大きく分類され、さらにそれらが細かく分類されている学校もあります。また、学年や教科ごと、そのほかの特別委員会など、学校の実情に応じて組織が設定されています（図表4－2）。

図表4－2　校務分掌の組織図──高等学校の一例

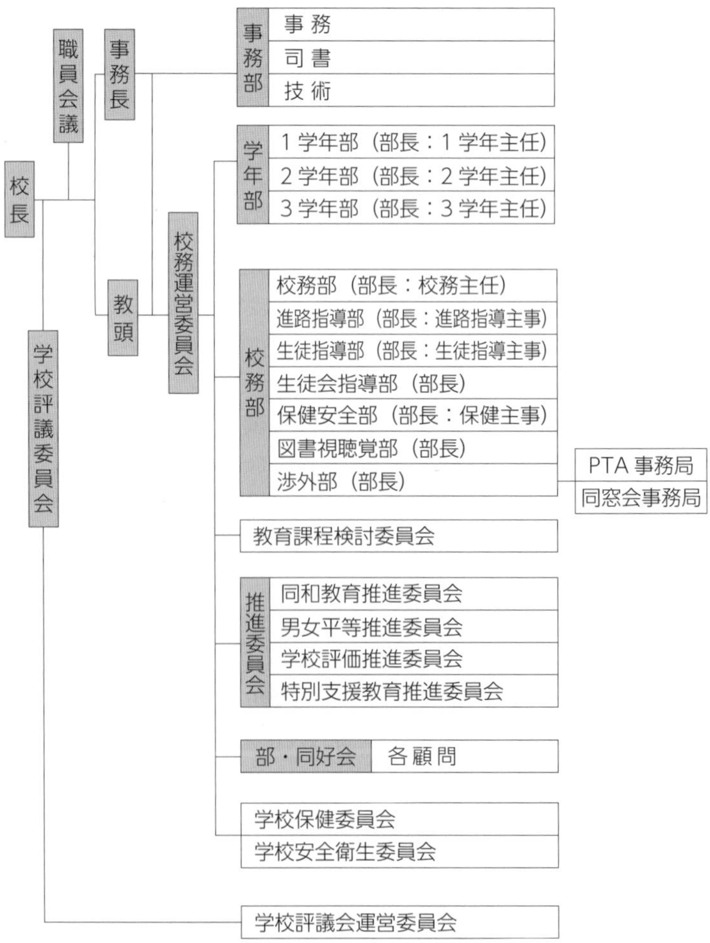

そのため、校務分掌の数や細分化の構成などは、学校の種別や規模、経営方針などによってさまざまに決められ、校務の名称や役割の分担もさまざまです。実際に分掌の数が20以上に細分化される学校もあれば、おおむね10以内にまとめられている学校もあります。また、各学校に設置される特別委員会の数は学校の規模にかかわらず異なっており、10以上の委員会を設置している学校もあれば、委員会数が５以下の学校もあります。さらに学齢別の小学校、中学校、高等学校において、児童・生徒の発達的な特徴をふまえた組織体制が必要になります。

各学校では、それぞれの状況に応じて教育活動を円滑にすすめていくために校務分掌表を作成します。そして、それぞれの分掌ごとに、学校の教育目標や年度の重点目標の実現に向け立案された年間指導計画に基づき、教育活動を実施していくのです。

校務分掌のなかで生徒指導に関する業務を担当し、生徒指導の組織の中心的立場にある役職を**生徒指導主事**とよびます。学校教育法施行規則第70条には「中学校には、生徒指導主事を置くものとする」とあり、法的な位置づけ、身分や業務内容も定められています。高等学校や特別支援学校においても中学校と同じであることが学校教育法施行規則第104条、第135条に書かれています。

生徒指導主事は生徒指導を組織的に運営していくうえで、次の役割を担っています。

①生徒指導全般にわたる業務の企画・立案・処理
②教科指導全般にわたるカリキュラム開発の推進
③生徒指導に関する専門的事項の担当者として、生徒指導部の構成員や学級担任、その他の関係組織に対する指導・助言
④必要に応じ児童・生徒や家庭、関係機関への連絡、働きかけ、問題解決

生徒指導主事は多くの役割を担いますが、なかでも「調整機能」を発揮することが求められます（図表４－３）。生徒指導主事は年度はじめに「生徒指導上の課題」を明らかにし、その課題を解決するために生徒指導としてどのように取り組むかを示します。そして、各分掌で生徒指導の機能が発揮されるよう全体を調整します。

また、事件や事故が発生した場合、生徒指導主事には次の「調整機能」が求められます。

①情報を集約し、問題の本質を明らかにする。
②関係する児童・生徒の安全の確保について確認する。そのために学校全体を動かして、情報を収集するとともに、必要な手立てを講ずる。
③問題の解決のために必要な情報を整理し、短期目標・長期目標に整理して、方針を明示する。
④短期目標に沿って、その場で対応すべき体制を組織し、必要な行動

小学校については規定がありませんが、学校教育法施行規則第47条には「必要に応じ、校務を分担する主任等を置くことができる」とあり、小学校の校務分掌に生活指導部や生活指導主任を置いているのが実情です。

を起こすよう指示する。
⑤初期対応が終了したと判断される状況に至ったら、その対応により得られた情報を整理して、次の段階への対応について方針を示す。

図表４-３　生徒指導主事の役割

調整

事件・事故発生時の対処
- 情報の収集・集約・整理
- 児童・生徒の安全確保
- 必要な手立ての指示
- 問題解決のための目標整理
- 体制の組織化
- 方針の明示・行動を指示

年間計画作成
- 生徒指導上の課題明示
- 学校としての取り組み指示
- 各分掌での取り組み分担

このように、生徒指導は生徒指導主事による調整機能に基づき、学校全体が機能します。ですが、あくまで全教職員が学校経営を担う一員としてそれぞれの機能を発揮することが求められるのです。

このような生徒指導体制を充実するため、教師は、日々互いに支え合い指摘し合いながら切磋琢磨し、そして教師一人ひとりが、「組織として、今自分がなすべきことは何か」という心構えをもつことが必要です。そこで教員研修が重要な意味をもちます。

教員研修には、全教職員を対象にした校内研修や、特定の分掌や部会ごとの校内研修などさまざまな種類があります。また校内だけでなく、生徒指導主事などのリーダーを対象にした校外研修、初任者研修、10年経験者研修などの校外で実施される研修もあります。

生徒指導を適切に行う資質や能力は、担当する学年や専門教科にかかわらず、どの教師にも必要とされるものです。用意された研修の機会を待つだけではなく、教師一人ひとりの自発的意志によって自らの資質や能力を向上させようと努めることがポイントです。また、学校外の研修に参加した場合は、その内容を校内のほかの教師に伝達や報告をするように心がけましょう。

一人の教師が担当する業務は学級担任や教科担任のほか、校務分掌、特別委員会の委員、部活動の顧問などがあります。分掌が細分化されていることで、多くの分掌や複数の委員会を担当し10以上の役割を担当しているケースもあります。なかでも教務や生徒指導は児童・生徒の指導に直接関わる内容を多く含みます。

ディスカッションしてみよう!

生徒指導主事に求められる資質・能力にはどのようなものがあるでしょうか。複数の資質・能力をあげ、なぜそれらが必要とされるのか話し合ってみましょう。

たとえば・・・

2 生徒指導体制に必要な考え方

1 共通理解と指針の明確化

生徒指導を学校全体ですすめていくためには、生徒指導体制を確立していく必要があります。ここでは、生徒指導体制の確立に必要な考え方を理解していきましょう。

① すべての教職員による共通理解

はじめに、図表4-1のような教育活動の各担当や役割について、学校内のすべての教職員の間で共通理解がなされていることが前提です。そして、次の点を各学校の特性や独自性をふまえて明確にすることが必要です。

①学校の経営方針
②学校が目指す生徒指導の目的と目標
③育てたい児童・生徒像などの指針

これらの指針の共通理解をしたうえで、各教職員が生徒指導の方針や基準を明確化したり、具体化したりしていくのです。特に育てたい児童・生徒像などの指針については、生徒指導と深く関連する教育相談、進路指導、保健・安全指導、学級経営を担当する全教職員で互いに情報を共有し意思

プラスワン

テスタビリティ（検査可能性）
効果を評価するためには、その効果を客観的に測定でき検査できることが前提である。その効果が客観的に測定できるかどうかの可能性を指す言葉としてテスタビリティがある。

の疎通を行うことが必要です。

生徒指導とは、将来において社会的に自己実現ができるような資質・態度を形成していくための指導・援助と説明されますが、これだけでは抽象的で少しあいまいです。児童・生徒への具体的な働きかけとして、育てたい児童・生徒像を明確にし、児童・生徒に身につけさせたい具体的な力や目標を決めなくてはいけません。各学校では具体的な目標を数値化したり、効果を目に見える形で評価できるような指針を立てたりする必要があります。また教職員だけでなく、各関係機関や保護者にも理解しやすいよう心がけることも必要です。学校の指針や方向性などを明確化し、全教職員の共通理解を図ることは、学校全体の士気を高めることにもつながります。

② 校長によるリーダーシップ

各学校では、校長のリーダーシップのもと、校務分掌が整備されています。ここでは全体を統括する校長のリーダーシップの役割をみていきましょう。

校長のリーダーシップには、さきほどの学校経営の方向性や指針の明確化のほかにもさまざまなものがあります（図表4－4）。たとえば教職員の多忙による業務の負担を軽減するため、体制の見直しや業務の精選を行うことです。これにより、教職員が生徒指導を行うための時間が確保でき、

教師の多忙化、業務時間の超過などが問題視されています。校長のリーダーシップにより、管理職のマネジメント研修や教職員の勤務時間管理徹底の指導・助言など、学校の組織マネジメントの強化にも取り組んでいます。

図表4－4　豊かな生徒指導のカギは校長が握っている

教師の負担軽減	信頼関係づくり	風通しのよい学校づくり

体制見直し 業務の精選 適切な業務分担	教師との連携 意見交換 尊重	専門職の役割拡大 適切な関係機関との連携 （トラブル発生時）迅速な対応

計画的に生徒指導を行うことができるようになります。これは校長による実情に応じた適切な役割分担のもとに調整されます。

さらに教職員の意識や取り組みもさまざまな状況に応じて変化します。生徒指導上の課題を多く抱える学校では指導の効果が見えにくく、教職員が自信を失い思い悩むことになりがちです。そのようなときこそ、校長が指導の方針を明確に示し業務の負担を考慮しながら、教職員の意欲を高め、粘り強い指導を行うための士気を高めていくのです。そのためには、日ごろから教職員と連携をとったり、率直な意見交換を行い、信頼し尊重し合うことが必要といえます。

また学校内部の組織だけではなく、家庭や地域住民、関係機関と連携体制を構築・強化していくことも重要な役割といえます。積極的に外部との連携を行い、業務の専門性を考慮しながら専門職の役割拡大をしていくことも、教職員の負担軽減につながります。

さらに何か問題やトラブルが起こったとき、組織的な対応を行ったり、深刻な問題となる前に適切な関係機関と連携し、迅速に判断したりすることも校長のリーダーシップのもとに展開されていきます。

2 協働・連携体制の確立

ここまで各組織や教職員の間での情報共有や意思疎通による連携、共通理解や指針の明確化が重要であることをみてきました。ここではさらに、実効性のある体制の特徴を紹介していきます。

たとえば、同じ学年の学級担任の間で十分な連携がとれていなかったとしたら、どのような問題が起こるでしょうか。

> 学級ごとに担当する先生が違うため、同じ学年なのにバラバラの進度で生徒指導がすすめられることがあります。あるいは学級担任とほかの授業の先生の間で異なる基準で指示や評価が出された場合、別々の方針で生徒指導が行われた場合はどうでしょうか。
>
> 学級が変わったり、授業が変わったりするたびに違う方針で指導がなされると、児童・生徒の混乱を招いてしまいます。また、彼らの学習意欲も低下してしまう可能性があります。

もちろん、各教師の性格や指導方法は一様ではありません。しかし教育目標、指導の重点目標、具体的な指導方法などの学校が目指している方向性についての確認がなければ、教師間の指導にも差が現れ、それが児童・生徒の不信感にもつながってしまうのです。実効性のある体制を確立するためには、学校経営のなかに生徒指導の視点を位置づけ、それに基づき個々の指導が行われるという流れが必要なのです。

次に児童・生徒の荒れや生活の乱れについてみていきましょう。

> 深刻な問題が生じ始めると、どうしても生徒指導主事に責任や業務が集中しがちになります。その結果、生徒指導主事が学校内において

孤立するという事態に発展することもあります。また学級担任を含む他の教師が生徒指導主事に問題を丸投げしてしまう点にも留意しておくことが必要です。

問題や事件が発生したときには、どうしても指導の当事者になりたくない、指導から逃れたいという気持ちが働き、当事者意識が共有されにくくなります。しかし、そうしたときこそ、組織によって連携を図ることが必要なのです。生徒指導の組織や生徒指導主事が中心となって対処することはもちろんですが、問題は、どのような事例に対しても「学校全体に関わる問題」だという意識をもつことができるかということです。つまりその場にいる全教職員が当事者であるという意識が共有されるような体制になっているかどうかです。そのためには、「校務分掌ごとの生徒指導の機能」についての情報が共有されることが必要です。問題について、学級担任としてどのように考えているか、養護教諭として、学年主任として、生徒指導として、どのような関わりができるのかについてそれぞれの分掌や役割を超えて横断的*に連携するのです。

生徒指導主事だけが事例を抱え込んでしまい、本来その解決のためにあるべき組織が機能しなかったり、情報がないために、解決のための糸口となる情報が伝わらず、解決のために多くの時間が費やされたりすることがあります。 そうではなく、多様な視点からさまざまな関わりをもつことで、解決の糸口がみえてきます。ときには外部の関係機関にも参加を求め、ケース会議を行うこともあります。

学校全体ですすめる生徒指導とは、学校のなかだけで完結するものではありません。家庭や地域社会および関係機関との連携を密にし、児童・生徒を広い視野から開かれた生徒指導の推進を図ることが重要です。そのためには保護者に対し、学校だより、学級・学年通信、PTAの会報、保護者会などにより取り組みの情報を伝えること、相互の交流を深めることが大切です。学校が中心となって生徒指導をすすめていくことは当然ですが、家庭や地域の力を活用できれば、より豊かな生徒指導をすすめていくことができます。学校内での組織体制と、関係機関、学校間、校種間での連携、さらには家庭や地域との連携体制も確立されることで、保護者の満足度が高まったり、教職員が一丸となって互いに尊重し指摘をし合いながら、学校運営が改善されたりなどの生徒指導の体制づくりにつながります。こう

語句説明

横断的

異なる分野や種類などを超えてつながる様子。

プラスワン

ケース会議
ケーススタディやケース（事例）検討会とも表現される。特定の生徒の事例について、関係する教職員、関係者での連携を図るための会議のこと。

学校の外での連携
開かれた生徒指導の推進
保護者　地域住民　関係機関　ほかの学校　ほかの校種
との交流

した学校の体制づくりこそが、すべての児童・生徒が安心して通える学校づくりの基礎となります。

ディスカッションしてみよう！

教師の性格や指導方法は一様ではありません。あなたが中学校２年生の担任教師になったとして、次のようなテーマを想定してみてください。
スマートフォンを学校にもってくることに対し、中学校２年生の担任の間で意見が分かれています。あなたの意見や考えをまとめたうえで、異なる意見や考えをもつ同僚の教師と議論をしてみましょう。
そのあとに、生徒指導体制に必要な考え方をふまえたうえでどのような行動が求められるかを話し合ってみましょう。

たとえば・・・

3 指導計画と評価・改善

① 指導計画

生徒指導は各学校の掲げる教育目標を達成するうえで重要な機能を果たしています。ここでは、各学校が掲げる教育目標を実現するための生徒指導体制に注目し、指導計画、評価・改善の流れをみていきましょう（PDCAサイクル）。

生徒指導は図表４－５のようなサイクルにより運営されます。生徒指導計画（プラン＝P）を策定し、実施（ドゥー＝D）し、評価（チェック＝C）し、改善（アクション＝A）へとつなげていくのです。そしてさらに次の計画（プラン）へとサイクルを描くようにつながっていきます。

はじめは計画（P）についてです。生徒指導を組織で推進していくためには、指導計画が重要なカギを握ります。年間指導計画を作成する際、学校の環境、児童・生徒の状況、保護者や地域住民の希望などを調査し、「どのような児童・生徒を育てたいか」「何を生徒指導の重点とするか」などの目標を立てます。次にこの目標を達成するための学校および学年の基本方針や重点目標を設定していきます。さらに、児童・生徒が入学してから卒業を迎えるまでの長期的で継続した指導の方針を立てていくことも大切です。このように、各学校の教育目標に基づく生徒指導の目標や基本方針などを計画のなかに明確に位置づけることにより、効果的な指導を実施することができます。

計画を実施につなげるためには、指導する時期を的確に示す必要があります。時期については、学校行事の計画などを考慮しながら、一年間を見通して適切に割り当てていくことが大切です。内容については、各教科をはじめ、道徳や特別活動などとの関わりを具体的に示します。また、校務分掌における生徒指導の役割と機能を位置づけ、それをどのように具体的に児童・生徒に定着させるのかを、時期や内容をふまえて具体的に計画するのです。年間計画を作成する段階から全教職員が作業に参画し、生徒指導部だけでなく全教職員で組織的な体制として生徒指導にあたる意識、つまり当事者意識を高めることが大切です。

生徒指導の効果を高めていくには、学校における取り組みとともに、家庭や地域との連携体制をつくり、その力を活用した連携を促進していくこ

PDCAサイクルの考え方は進路指導でもでてきますので、しっかり理解しておきましょう！

図表４－５　生徒指導の運営サイクル

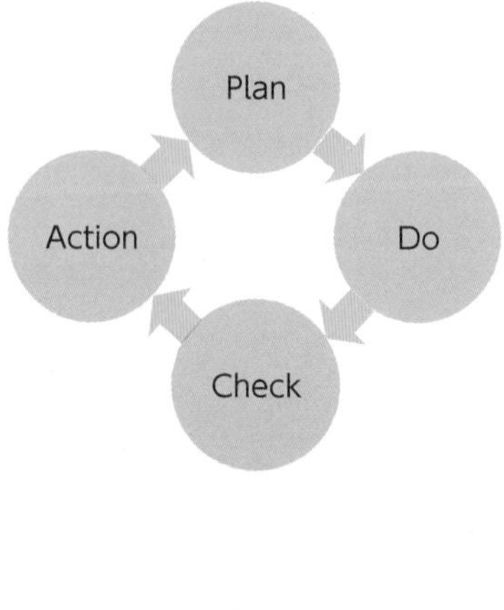

とが重要です。そこで年間指導計画に、家庭や地域と関わる項目を設けたり、地域の行事を記載したりするなど、連携の定着を目指します。また、学校だよりやホームページなどを活用して、年度当初から生徒指導に関わる年間指導計画を発信するなど、生徒指導が計画性をもって組織的に推進していることを家庭や地域に示していくことも必要です。

Pはプラン、
生徒指導計画
をつくります

② 評価・改善

次に実施（D）したあとに重要になるのが、生徒指導の評価（C）と改善（A）です。生徒指導体制や方法の見直し、教育活動、学校運営の改善を図るために行う重要な取り組みです。各関係機関、保護者・地域住民への報告や結果の公表、説明責任を果たすと同時に、さらなる生徒指導の充実のための支援を得るために行われます。

生徒指導の体制や取り組みに対する評価は、まず生徒指導部での自己評価を中心にすすめられます（校内評価）。児童・生徒のアンケートや教職員の観察のフィードバックなどを参考に、児童・生徒がいかに変化したかについて、相互に生徒指導部内で評価します。校内で評価したあとは保護者や地域住民などの関係者により構成された評価委員会で、自己評価の結果について吟味します（学校関係者評価）。さらに学校と直接関係しない専門家による客観的な第三者評価に委ねることもあります（第三者評価*）。

評価は、年度途中のさまざまな段階で行われます。それぞれの分掌ごとに、当初の目標の達成度を検証し、不足していることは何か、それはどのように改善する必要があるかを検討し、新たな目標を立て直していくのです。さらに年度末にはこれまでの生徒指導の実態を振り返って課題を分析したり、体制や指導のあり方を見直したり、積極的に内容の改善を図り、次年

図表4-6　次年度の計画を立てる際のポイント

- 常に変容を遂げる児童・生徒の実態や学校内外の動向を把握
- 生徒指導の最新の動向を把握

そして…
D実施→C評価
→A改善
へとつなげます

語句説明

第三者評価

評価には客観性や妥当性が求められるが、当事者や間接的に関わった者による評価のみでは、評価内容に主観的な解釈が反映されることがある。そこで評価の信頼性を高めるためにも関係のない第三者が評価に加わる。

度への新たな計画へとつなげていくのです。ここで、安易に前年の内容を踏襲することは避けなければなりません（図表4－6）。

毎年作成する年間指導計画は、これまでの成果をふまえながらも、新たな課題に向けて常に精度を高めながら、それを計画全体にしっかりと反映させていくことが望まれます。取り組みの評価や振り返りを行い、その効果を可視化*していき、その成果を反映した組織、体制の見直し、業務の精選や改善、さらには最新の状況に応じた新たな改革や転換へとつなげていくのです。

③ 生徒指導における評価の具体的な取り組み

生徒指導の評価規準には図表4－7のようなものがあげられます。

これらの規準ごとに評価基準を設けます。たとえば「達成できた」「ほぼ達成できた」「あまり達成できなかった」「達成できなかった」の４段階で示します（ルーブリック*の活用）。

生徒指導体制の確立は、どの学校においても必要とされる共通の課題です。この講では、学校における生徒指導体制について生徒指導の位置づけと校務分掌、生徒指導主事の果たす役割について紹介しました。生徒指導主事は、さまざまな調整機能を担うとありましたが、重要なことは各分掌において生徒指導の視点を位置づけ、全教職員が当事者として生徒指導体制を機能させていくことです。そのためには、生徒指導の目指す目標、育てたい児童・生徒像、生徒指導の基本方針を明確にし、教職員の間で共通理解を図ること、情報を共有し意思疎通をしながら実効性のある協働・連携体制を確立していくことが必要といえます。学校内での組織的な体制と、関係機関、学校間、校種間での連携、さらには家庭や地域との連携体制で生徒指導を行うことで、教職員の負担が軽減され生徒指導に費やす勤務時間に余裕が生まれるため、生徒指導がより効果的に行われるようになり、児童・生徒にきめ細やかな指導を行うことが可能になるのです。

図表4-7　生徒指導の評価規準

- 児童・生徒に身につけさせたい、あるいはより育みたい資質や能力・態度など
- 指導方針（目標・基本方針・教育課程）
- 指導体制（生徒指導組織・校内連携体制・教育相談体制・特別支援教育体制・研修体制）
- 問題行動への対応（未然防止策・危機準備・初期対応・再発防止策）
- 家庭・地域・関係機関との連携

語句説明

可視化

目に見えるかたちにすること。目標が抽象的、あいまいだとその効果は可視化されにくい。そのため目標を具体的に数値化するなど、可視化できるかたちにする。

プラスワン

規準と基準

規準：評価の観点のこと。たとえばA観点、B観点などの複数の観点別の規準を設定し、その規準ごとに評価をする。

基準：評価の段階のこと。たとえば、「4 よくできている」「3 できている」「2 あまりできていない」「1 できていない」のように、各規準をどの程度満たしているかを段階ごとに評価する。

読みはどちらも「きじゅん」だが、意味の違いに留意する（規準：のりじゅん、基準：もとじゅんと表現する場合がある）。

重要語句

ルーブリック

評価規準と評価項目（評価基準）を表にしたもの。

復習や発展的な理解のために

知っておくと役立つ話

個人内評価とポートフォリオ

評価と聞くと、絶対評価と相対評価を思い浮かべる人も多いのではないでしょうか。絶対評価とは、ほかの生徒の成績とは関係なく、生徒本人の成績で評価する方法です。目標準拠評価ともいいます。さまざまな観点ごとに、どこまで到達できたかで評価します。生徒自身で自分がどこまで達成できているのかを確認することができます。しかしクラスのなかでの位置づけが明確でなかったり、到達目標によって評価が大きく異なってしまったり偏ったりという点もあります。

相対評価は、生徒の成績が学習集団全体のどのあたりの位置にあるかで評価します。偏った評価はされにくいですが、成績の良し悪しが相対的な位置づけで認識されるようになるため、同じクラスのほかの生徒との比較が生じやすいです。

さて、もう一つの評価方法として注目されるのが個人内評価です。これは成績をクラスのほかの生徒、到達目標など、その生徒の外にあるもので評価するのではなく、純粋に本人のよい点や可能性、進歩の状況などを評価することを指します。たとえば、その生徒が前日、先週、先月から、どう変わったかの進歩や伸びを評価したり、その生徒の国語、算数、体育などほかの教科から、得意な分野や苦手な分野の変化を評価したりするのです。生徒一人ひとりの特徴をふまえながら、工夫した評価が求められます。

この個人内評価をする際のツールが「ポートフォリオ（portfolio）」です。英語で、書類を運ぶ平らなケース（かばんや書類ケース、ファイルフォルダ、あるいはそのなかに集められた資料や情報）を意味します。ポートフォリオとは、自らの記録の蓄積としてまとめたものを指します。自らの作品をかばんに詰めておくことといった意味で、こうよばれています。

教師が記録・管理するさまざまな情報を、一人ひとりの生徒の成長の証として蓄積していくことが個人内評価のツールとして有効に機能するのです。紙媒体でファイルやフォルダにまとめることも多いですが、近年では電子媒体を通じて管理するeポートフォリオや、映像としての記録も残す映像ポートフォリオなどもあります。

近年、自らの学びのプロセス（日々の学校生活で学んだことやその成果、取得した資格や検定などの実績など）、校内だけでなく校外での取り組みや活動や課外活動などについて、継続して記録を蓄積していくためにポートフォリオを用いる学校も多くあります。成果や実績を自ら振り返って可視化したり、それらを将来に向けての手がかりとして活用したりするための有効なツールといえます。この背景には、学力が知識や思考力だけでなく、「主体的に学ぶ力」も含めながら、評価の対象になっていることがあげられるでしょう。

ちゃんとわかったかな?

復習問題にチャレンジ

類題（福岡県／福岡市・北九州市　2018 年）

次の文は、「チームとしての学校の在り方と今後の改善方策について（答申）」（平成27年12月21日中央教育審議会）の一部を抜粋したものである。文中の（　ア　）～（　エ　）に当てはまる語句の正しい組合せを選びなさい。

学校が、より困難度を増している（　ア　）の課題に対応していくためには、教職員が心理や福祉等の専門家や関係機関、地域と連携し、チームとして課題解決に取り組むことが必要である。

例えば、子供たちの問題行動の背景には、多くの場合，子供たちの（　イ　）の問題とともに、家庭、友人関係、地域、学校など子供たちの置かれている環境の問題があり、子供たちの問題と環境の問題は複雑に絡み合っていることから、単に子供たちの問題行動のみに着目して対応するだけでは、問題はなかなか解決できない。学校現場で、より効果的に対応していくためには、教員に加えて、心理の専門家であるカウンセラーや福祉の専門家である（　ウ　）を活用し、子供たちの様々な情報を整理統合し、アセスメントやプランニングをした上で、教職員がチームで、問題を抱えた子供たちの支援を行うことが重要である。

さらに、いじめなど、子供たちの（　エ　）や教育を受ける権利を脅かすような重大事案においては、校内の情報共有や、専門機関との連携が不足し、子供たちのSOSが見過ごされていることがある。校長のリーダーシップの下、チームを構成する個々人がそれぞれの立場や役割を認識しつつ、情報を共有し、課題に対応していく必要がある。

	ア	イ	ウ	エ
①	生徒指導上	心	ソーシャルワーカー	日常生活
②	教育環境上	発育	ソーシャルワーカー	生命・身体
③	生徒指導上	発育	スクールサポーター	日常生活
④	教育環境上	発育	スクールサポーター	日常生活
⑤	生徒指導上	心	ソーシャルワーカー	生命・身体

理解できたことをまとめておこう!

ノートテイキングページ

学習のヒント：生徒指導体制の確立に必要な考え方を、ポイントを押さえながらまとめてみましょう。

第5講

生徒指導に関するさまざまな法や制度と規範意識の育成

理解のポイント

生徒指導に関連する法律や制度には、どのようなものがあるでしょうか。日常の指導の際に知っておかなければならないものや、最近の法・制度にについて概観するとともに、生徒指導の重要な目標である規範意識の育成についても考えます。

1 生徒指導主事と生徒指導の組織

青年期にあって、進学など生活環境に急激な変化がある中学・高校生には不安や悩みはつきものです。目的意識の不明確な進学が非行や中途退学につながる生徒も、かなりの割合で存在します。また、高校中退・卒業の年ごろの若者には、完全失業率や非正規雇用率が高い、無業者や早期離職者の存在といった問題が指摘されています。このことについて、2011年の中央教育審議会答申「今後の学校におけるキャリア教育・職業教育の在り方について」は「学校から社会・職業への移行が円滑に行われていない」と指摘しています。

青年期はもともと大事な時期であるのに加え、社会の複雑化が生徒指導の重要性をより高めています。

中学校・高等学校の生徒指導は、生徒が自分の不安や悩みを主体的に解決することを援助し、生徒の個性を伸ばし、生徒が自己の職業を選択する力を養うことが重要な課題となります。これに対処するため、中学校・高等学校には生徒指導主事と進路指導主事が置かれ、それぞれの部門で中心的な役割を果たすことが求められています。

生徒指導主事は、1975（昭和50）年12月の「学校教育法施行規則の一部改正」により、主任等の一つとして法制化されましたが、それ以前から生活指導主任、生徒指導部長などさまざまな名称で多くの学校に置かれていました。また、高等学校では1967年度、中学校では1969年度から、大規模校に対して生徒指導を担当する教員を増加して配置する措置がとられてきました。現在、「学校教育法施行規則」第70条その他により、中学校、高等学校、中等教育学校および特別支援学校の中・高等部には、特別の事情のない限り生徒指導主事もしくは生徒指導担当の主幹教諭*を置かなければならないとされています。生徒指導主事には指導教諭または教諭があてられます。

語句説明

主幹教諭

2007年の「学校教育法」改正により設けられた任意設置の役職。「校長及び教頭を助け、命を受けて校務の一部を整理し、並びに児童の教育をつかさどる」（「学校教育法」第37条第9項）。

生徒指導は、すべての児童・生徒を対象として学校教育のあらゆる場面で行われる活動であり、一貫性をもって継続的に行われるものです。これを行うためにはその学校の教職員全員の理解と協力が必要で、教務・学校保健などと同じく、校務分掌組織の一つとして専門の部署が置かれます。学校内部の組織については特に法的な規定はなく、その学校の規模や職員構成、児童・生徒や地域社会の実態を勘案して、各学校が主体的に構成することになります。

生徒指導は学校内の活動だけで十分な効果が得られるものではなく、児童・生徒の生活環境全体の整備と改善が不可欠です。そのためには、学校と家庭や地域社会との緊密な協力が必要であり、PTAはもちろん、警察や行政機関、地域の諸団体を糾合した、校外における生徒指導のための組織がつくられなければなりません。

2 校則とその根拠・運用・見直し

「○○学校のきまり」「生徒心得」などさまざまな呼び名がありますが、「児童生徒が健全な学校生活を営み、よりよく成長していくための行動の指針」として、各学校が定める「児童生徒が遵守すべき学習上、生活上の規律」を「校則」といいます（「生徒指導提要」第７章）。

校則についての法的規定は特にありませんが、実際の裁判の判決では、学校は教育目標を達成するために必要かつ合理的範囲内において校則を制定し、児童生徒の行動などに一定の制限を課することができ、校則制定の権限は学校運営の責任者である校長にあるとされています（第７章）。

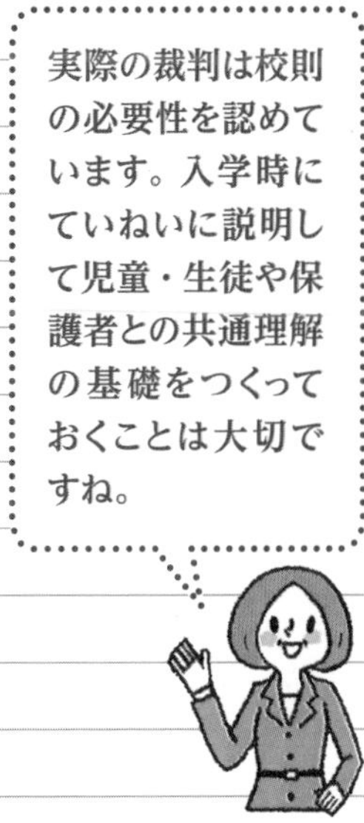

実際の裁判は校則の必要性を認めています。入学時にていねいに説明して児童・生徒や保護者との共通理解の基礎をつくっておくことは大切ですね。

校則を使った指導がほんとうに効果を上げるためには、その内容や必要性についての学校側と児童・生徒・保護者との間の共通理解が重要であり、入学までの間に校則の内容や、違反行為への対応などについて児童・生徒・保護者に周知徹底することが必要です。

また、校則については、その内容が、児童・生徒の実態、保護者の考え方や社会状況の変化などとの間にずれを生じていないかを絶えず見直していく必要があります。校則の見直しもまた校長の権限に属しますが、その際に児童・生徒に話し合いをさせ、保護者を対象にアンケートを行うなどの手続きを加えれば、児童・生徒や保護者の校則に対する理解を深め、児童・生徒が校則の意義を認めたうえで遵守する態度を養うなど、その主体性を育む取り組みともなります。

校則の見直しは定期的に必要ですし、児童・生徒や保護者の理解を深めるチャンスになりますね。

3 懲戒の種類・根拠と体罰の禁止

学校における懲戒とは、「児童生徒の教育上必要があると認められるとき」また「学校の秩序の維持のため」に必要と認められるときに「児童生徒を叱責したり、処罰したりすること」(「生徒指導提要」第7章)で、図表5－1のように分かれます。

懲戒の根拠法令は「学校教育法」(昭和22年法律第26号)で、その第11条に「校長及び教員は、教育上必要があると認めるときは、文部科学大臣の定めるところにより、児童、生徒、及び学生に懲戒を加えることができる」とあります。

次に、「学校教育法施行規則」(昭和22年文部省令第11号)はその第26条で懲戒について定めていますが、その第3項では、公立の義務教育段階(併設型中学校*を除く)の児童・生徒(以下、「学齢児童・生徒」とします)を除き、以下のいずれかに該当する児童等(実際には「生徒又は学生」ということになります)に対して退学の処分を行うことができる、としています。

一　性行不良で改善の見込がないと認められる者
二　学力劣等で成業の見込がないと認められる者
三　正当の理由がなくて出席常でない者
四　学校の秩序を乱し、その他学生又は生徒としての本分に反した者

また、第4項では、国立・公立・私立を問わず学齢児童・生徒*に対しては停学の処分を行うことができない、としています。

学齢児童・生徒を停学にできないのは、その期間中の教育を受ける権利を奪うことになるからですが、退学については国立・私立の小・中学校の校長に処分の権限を与えています。学区制をとる公立の小・中学校においては退学処分を受けるとほかの学校に編入学することが難しいのに対し、国立・私立の小・中学校の児童・生徒は公立やほかの国立・私立の学校に移る余地があるからです。

「学校教育法」第11条は、先に掲げた部分に続けて「ただし、体罰を加えることはできない」として、学校における児童・生徒に対する体罰を明確に禁止しています。しかし、有形力(目に見える物理的な力)を使って行われた行為のすべてが体罰にあたるわけではなく、目的、態様、継続時

図表5－1　懲戒の分類

事実行為としての懲戒	法的効果をともなう懲戒
・叱責する ・起立や居残りを命じる ・宿題や清掃を課する ・訓告を行う	児童・生徒の教育を受ける地位や権利に変動をもたらす退学・停学

語句説明

併設型中学校・高等学校

中高一貫教育のタイプのうち、「一体型」の中等教育学校、既存の市町村立小中学校と都道府県立高等学校が連携を深めていく「連携型」に対し、同一の設置者(県または市)が中学校と高等学校を併置する場合、これを「併設型」という。

語句説明

学齢児童・生徒

「学校教育法」は第17条で、保護者は子の満6歳に達した日の翌日以後における最初の学年の初めから、満15歳に達した日の属する学年の終わりまで、これを小学校及び中学校、またはこれに相当する学教法上の学校に就学させる義務を負うとし、第18条以降、保護者が就学させなければならない子を「学齢児童」「学齢生徒」とよんでいる。

図表5-2　体罰なのか、体罰にあたらないのか

(1)体罰（通常、体罰と判断されると考えられる行為）

○身体に対する侵害を内容とするもの

・体育の授業中、危険な行為をした児童の背中を足で踏みつける。

・帰りの会で足をぶらぶらさせて座り、前の席の児童に足を当てた児童を、突き飛ばして転倒させる。

・授業態度について指導したが反抗的な言動をした複数の生徒らの頬を平手打ちする。

・立ち歩きの多い生徒を叱ったが聞かず、席につかないため、頬をつねって席につかせる。

・生徒指導に応じず、下校しようとしている生徒の腕を引いたところ、生徒が腕を振り払ったため、当該生徒の頭を平手で叩（たた）く。

・給食の時間、ふざけていた生徒に対し、口頭で注意したが聞かなかったため、持っていたボールペンを投げつけ、生徒に当てる。

・部活動顧問の指示に従わず、ユニフォームの片づけが不十分であったため、当該生徒の頬を殴打する。

○被罰者に肉体的苦痛を与えるようなもの

・放課後に児童を教室に残留させ、児童がトイレに行きたいと訴えたが、一切、室外に出ることを許さない。

・別室指導のため、給食の時間を含めて生徒を長く別室に留め置き、一切室外に出ることを許さない。

・宿題を忘れた児童に対して、教室の後方で正座で授業を受けるよう言い、児童が苦痛を訴えたが、そのままの姿勢を保持させた。

(2)認められる懲戒（通常、懲戒権の範囲内と判断されると考えられる行為）（ただし肉体的苦痛を伴わないものに限る。）

※学校教育法施行規則に定める退学・停学・訓告以外で認められると考えられるものの例

・放課後等に教室に残留させる。

・授業中、教室内に起立させる。

・学習課題や清掃活動を課す。

・学校当番を多く割り当てる。

・立ち歩きの多い児童生徒を叱って席につかせる。

・練習に遅刻した生徒を試合に出さずに見学させる。

(3)正当な行為（通常、正当防衛、正当行為と判断されると考えられる行為）

○児童生徒から教員等に対する暴力行為に対して、教員等が防衛のためにやむを得ずした有形力の行使

・児童が教員の指導に反抗して教員の足を蹴ったため、児童の背後に回り、体をきつく押さえる。

○他の児童生徒に被害を及ぼすような暴力行為に対して、これを制止したり、目前の危険を回避するためにやむを得ずした有形力の行使

・休み時間に廊下で、他の児童を押さえつけて殴るという行為に及んだ児童がいたため、この児童の両肩をつかんで引き離す。

・全校集会中に、大声を出して集会を妨げる行為があった生徒を冷静にさせ、別の場所で指導するため、別の場所に移るよう指導したが、なおも大声を出し続けて抵抗したため、生徒の腕を手で引っ張って移動させる。

・他の生徒をからかっていた生徒を指導しようとしたところ、当該生徒が教員に暴言を吐きつばを吐いて逃げ出そうとしたため、生徒が落ち着くまでの数分間、肩を両手でつかんで壁へ押しつけ、制止させる。

・試合中に相手チームの選手とトラブルになり、殴りかかろうとする生徒を、押さえつけて制止させる。

文部科学省「学校教育法第11条に規定する児童生徒の懲戒・体罰等に関する参考事例」2013年

間等からみて、それが教育的指導の範囲を逸脱しているのかどうかが、体罰に該当するかどうかの判断の分かれ目になります。また、児童・生徒の教員やほかの児童に対する暴力行為に対し、これを制止し、あるいは危険を避けるためにとった有形力の行使も、体罰に該当しません（「生徒指導提要」第７章）。

自分の行為が体罰なのか、体罰にあたらないのか。判断に迷うことがあります。文部科学省は、2013年３月の通知「体罰の禁止及び児童生徒理解に基づく指導の徹底について」の別紙で、「参考事例」として、いくつかの事例が通常どのように判断されうるかを示しています（図表５－２）。

4 「出席停止制度」の意義と運用

出席停止に関して、「学校教育法」第35条の第１項に、次のようにあります。

> 市町村の教育委員会は、次に掲げる行為の一又は二以上を繰り返し行う等性行不良であつて他の児童の教育に妨げがあると認める児童があるときは、その保護者に対して、児童の出席停止を命ずることができる。
> 一　他の児童に傷害、心身の苦痛又は財産上の損失を与える行為
> 二　職員に傷害又は心身の苦痛を与える行為
> 三　施設又は設備を損壊する行為
> 四　授業その他の教育活動の実施を妨げる行為

そして、この規定は同法第49条によって中学校に、第49条の８によって義務教育学校にそれぞれ準用されています。この、公立学校に在籍する学齢児童・生徒に対する出席停止の制度は、児童・生徒本人に対する懲戒ではなく、学校の秩序を維持し、他の児童・生徒の義務教育を受ける権利を保障するという観点から設けられたものです（「生徒指導提要」第７章）。

また、同法第35条第２項は、市町村教育委員会が出席停止を命ずる場合「あらかじめ保護者の意見を聴取するとともに、理由及び期間を記載した文書を交付しなければならない」と規定しています。学校は、保護者の理解と協力が得られるよう努めるとともに、当該生徒の状況を詳細に報告して細かに指示・指導を受けるなど、市町村教育委員会との連携の体制を整える必要があります。その際、警察・児童相談所等との連携が必要な場合もあります。

同法第35条第３項は「出席停止の命令の手続に関し必要な事項は、教

出席停止制度は、深刻化する小学校や中学校での校内暴力やいじめに対処するために、新設されました。
学校ではなく市町村の教育委員会が、児童・生徒当人ではなく保護者に出席停止を命じるんですね。

トラブルを防ぐために、「学校教育法」では市町村教育委員会に、事前の保護者からの意見聴取と文書交付を命じています。

育委員会規則で定める」、第４項は市町村の教育委員会は「児童の出席停止の期間における学習に対する支援その他の教育上必要な措置を講ずる」と規定しています。学校は市町村教育委員会の指示・指導を受けて必要な措置を講じ、当該児童・生徒が円滑に復帰できるように努めるとともに、被害児童・生徒への心のケア、他の児童・生徒への適切な指導にも配慮しなければなりません。また、出席停止期間の終了後も当該児童・生徒に対する指導は継続されなければなりません（「生徒指導提要」第７章）。

5 「非行少年」とその分類

「少年法」（昭和23年法律第168号）はその第１条で、法律の目的を「少年の健全な育成を期し、非行のある少年に対して性格の矯正及び環境の調整に関する保護処分を行うとともに、少年の刑事事件について特別の措置を講ずること」とし、第２条で「少年」を「二十歳に満たない者」と規定しています。

「非行」とは一般に「道理に外れた行い。よくない行い」をいいますが、「少年法」のうえで「非行のある少年」とはどのような少年をいうのでしょうか。同法第３条は「次に掲げる少年は、これを家庭裁判所の審判に付する」として次の３種をあげています。

> 一　罪を犯した少年
> 二　十四歳に満たないで刑罰法令に触れる行為をした少年
> 三　次に掲げる事由（省略）があつて、その性格又は環境に照して、将来、罪を犯し、又は刑罰法令に触れる行為をする虞（おそれ）のある少年

すなわち、法律的には「非行少年」は、「犯罪少年」（罪を犯した14歳以上20歳未満の少年）「触法少年」（実質的に罪を犯しているが、その時14歳未満であったため、刑法上、罪を犯したことにならないとされる少年）および「虞犯（ぐはん）少年」（性格や環境からみて、将来罪を犯すおそれのある少年）のことになるわけです。

6 犯罪に関わった少年の処遇と学校

家庭裁判所は、家庭の問題などを扱う「家事事件」と、非行少年の処遇を決定する「少年事件」を担当する裁判所です。法律に違反した少年を警察が逮捕すると身柄を拘束して取り調べを行い、事件と少年の身柄を家裁に送致します。その後家裁の判断によって、少年を少年鑑別所＊に収容し

「非行少年」は本来は法律用語で、3つの種類があるんですね。

プラスワン

家庭裁判所

家庭裁判所の設置は「裁判所法」（昭和22年法律第59号）第2条に根拠を置き、その権限は第31条の3に規定されている。1949（昭和24）年1月1日、従来の家事審判所と少年審判所を統合して設置された。

語句説明

少年鑑別所

法務大臣が所管する少年収容施設。その設置は旧「少年院法」（昭和23年法律第169号）に基づいていたが、現在は新たに制定された「少年鑑別所法」（平成26年法律第59号）を根拠としている。主に家庭裁判所の観護措置決定により送致された少年を収容し、専門知識に基づいてその資質および環境の調査を行う。

少年保護事件は、審判不開始と不処分があわせて全体の約3分の2なんですね。

図表5-3　少年保護事件終局処理人員の処理区分別構成比（%）

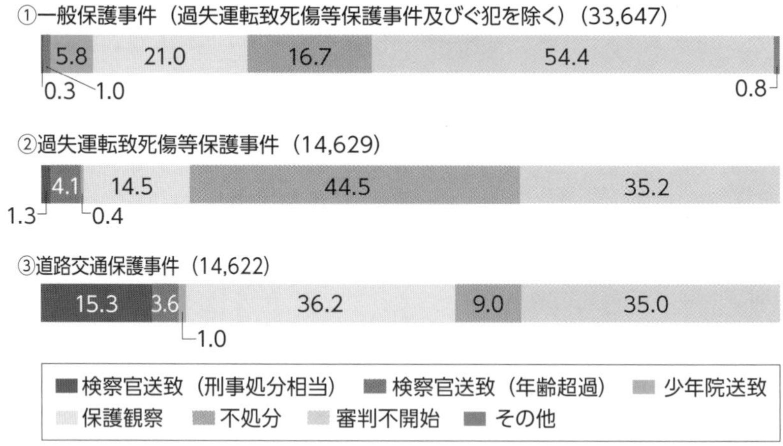

（注）1　司法統計年報による。
2　「過失運転致死傷等保護事件」は、過失運転致死傷等及び危険運転致死傷に係る少年保護事件である。
3　「道路交通保護事件」は、道交違反に係る少年保護事件である。
4　「その他」は、児童自立支援施設・児童養護施設送致及び都道府県知事・児童相談所長送致である。
5　（　）内は、実人員である。

法務省「平成30年版 犯罪白書」第3編第2章「非行少年の処遇」第2節2「家庭裁判所」2018年

て審判手続をすすめる場合（身柄事件）と少年を家庭に戻して審判手続をすすめる場合（在宅事件）とに分かれます。

身柄事件の場合、家庭裁判所調査官（以下、「家裁調査官」）は、当該の少年の問題点解決のためにはどのような処分とするのがよいのかを判断するため、少年、保護者、必要なら中学校・高校の教員や雇主などの関係者に面接を行い、学校に少年の就学状況等についての書面照会をします。学校側は家庭裁判所との連携が必要になります。少年の在籍校の教員には鑑別所内の少年との面会が認められていますので、学校側はその機会をできる限り設けるべきでしょう。在宅事件の場合、家裁調査官は少年・保護者を家裁に呼び出して面接を行い、必要に応じて少年の在籍校に書面照会を行います。家裁調査官の調査の過程で在宅事件が身柄事件に変わることもあれば、「少年調査票（家裁調査官の裁判官への報告書）」などから裁判官が審判を開かないと決定して手続きを終了させる場合もあります。

家裁における少年審判は原則として非公開で行われ、少年と保護者のほか、付添人（多くは弁護士）、教員、雇主が出席することもあります。審判出席の機会を得た場合の教員の働きも重要になります。

2017年の全国の家庭裁判所における少年保護事件の終局処理人員の割合は、45.4%が審判不開始、21.4%が不処分、23.0%が保護観察、児童施設・知事・児童相談所長への送致があわせて0.4%、少年院送致が3.4%、検察官送致が6.4%でした（図表5-3）。審判不開始・不処分の場合も、その決定は家裁調査官や裁判官によるさまざまな教育的働きかけが行われたうえのことです。学校としては家裁側と綿密な連絡をとって復帰に備え、復帰後の指導計画を立てなければなりません。

保護観察は、少年を家庭や職場に置いたまま保護観察官・保護司の指導

図表５-４　少年院の種類

【第１種少年院】
　保護処分の執行を受ける者であって、心身に著しい障害がないおおむね12歳以上23歳未満のもの（第２種少年院対象者を除く。）を対象とする。
【第２種少年院】
　保護処分の執行を受ける者であって、心身に著しい障害がない犯罪的傾向が進んだおおむね16歳以上23歳未満のものを対象とする。
【第３種少年院】
　保護処分の執行を受ける者であって、心身に著しい障害があるおおむね12歳以上26歳未満のものを対象とする。
【第４種少年院】
　少年院において刑の執行を受ける者を対象とする。

裁判所ホームページ「裁判手続 少年事件Q&A」
http://www.courts.go.jp/saiban/qa_syonen/qa_syonen_22/index.html（2020年２月10日閲覧）

を受けさせ、社会のなかで更生を図るものです。保護観察処分となったという通知は少年側の任意であって、保護観察所から学校に通知されることはありません。保護観察官または保護司が少年と保護者に通知の有無を尋ね、了解を得てから必要に応じて学校と接することになります。保護者から通知があった場合、学校は保護観察処分がほかの児童・生徒に知られないように注意するとともに、保護観察官・保護司と連携して少年を指導していかなければなりません。

少年院*は一定期間少年を収容して矯正教育を行う機関で、年齢・心身の状況・受刑の有無によって、４つの種類と４つの処遇課程があります。少年院における矯正教育が終了すれば仮退院というかたちで社会復帰し、保護観察官・保護司の指導を受けます。

少年院は、少年の年齢、心身の状況および非行傾向等を基準として、４種類に分けられています（図表５-４）。家庭裁判所が少年院送致決定をする際に指定する少年院の種類は、第１種から第３種までに限られています。

検察官送致は、少年の非行歴・性格・事件の内容などから刑事裁判によって処罰するのが相当と判断された場合に行われます。少年が故意の犯罪行為により被害者を死亡させ、犯罪行為の時点で16歳以上である場合は原則として事件を検察官に送致することになっています（原則検送制度）。

家裁が処分を即断できない場合に、「試験観察決定」という中間処分を行うこともあります。これは、一定期間最終的な決定を留保して少年を家庭に戻し、家裁調査官が少年を観察して処分決定の参考にするというもので、家裁調査官は少年や家族と関わることはもちろん、学校や職場などとも連絡をとり、指導や助言を与えながら少年を観察します。

語句説明

少年院

保護処分を受ける者及び少年院において懲役または禁錮の刑の執行を受けるとされた者を収容する施設で、「少年院法」（平成26年法律第58号）に根拠を置き、法務省矯正局が管轄している。

7 「触法少年」と「虞犯少年」

警察官等が犯罪行為を認知したとき、その行為が14歳未満の少年（該当する少年を「触法少年」といいます）によるものである場合は逮捕・拘留することができませんが、2007年の「少年法」改正によって押収・捜索・検証・鑑定・調査を行うことができるようになり、調査の結果、重大事件および家裁の少年審判に付すことが適当と判断した場合に事件を児童相談所長に送致することになりました。

警察から事件送致を受けた児童相談所長は、重大事件については児童相談所（以下、「児相」といいます）での調査・判定・診断を経て原則的に家裁に送致、それ以外の事件については調査・判定・診断を行い、「児童福祉法」上の措置を検討し、必要があれば家裁に送致します。家裁送致を行わない場合は、児相の機能である一時保護・指導・施設措置等を行うということです。触法少年が家裁に送致された後は、犯罪少年と同じ審判の手続きが踏まれます。

「少年法」第６条は第１項で「家庭裁判所の審判に付すべき少年を発見した者は、これを家庭裁判所に通告しなければならない」と規定していますが、虞犯少年については第２項で、警察官または保護者は「直接これを家庭裁判所に送致し、又は通告するよりも、先づ児童福祉法による措置にゆだねるのが適当であると認めるときは、その少年を直接児童相談所に通告することができる」としており、この条文から14歳未満は児童相談所への通告、14歳以上18歳未満は家裁送致と児相通告の選択、18歳以上20歳未満は家庭裁判所への送致と分けられています。第６条第１項の通告義務はすべての人に課されたものですので、もちろん当該児童・生徒・保護者と話し合ったうえのことではありますが、教員が通告者となることも考えに入れておかなければなりません。

8　児童相談所の非行相談と学校

児童相談所は「児童福祉法」（昭和22年法律第164号）に基づく機関で、都道府県および政令指定都市には各々１か所以上必置と定められているほか、法改正によって中核市や東京都の特別区にも置くことができるようになり、中核市を含めて2019年４月現在全国に215か所あります。

「児童福祉法」第11条第１項、第２項各号および第12条第２項により、児童相談所は市町村の児童福祉業務に関して市町村相互間の連絡調整や情報提供その他の業務を行うほか、子どもおよび妊娠中・出産前後の女性の福祉に関し、主として次の業務を行うこととされています。

①各市町村の区域を超えた広域的な見地から、実情の把握に努めること
②児童に関する家庭その他からの相談のうち、専門的な知識及び技術を必要とするものに応ずること
③児童及びその家庭につき、必要な調査並びに医学的、心理学的、教

育学的、社会学的及び精神保健上の判定を行うこと
④児童及びその保護者につき、③の調査又は判定に基づいて必要な指導を行うこと
⑤児童の一時保護を行うこと

このうち②の相談は、子どもの福祉に関する諸般の問題にわたりますが、大きくは養護相談、障害相談、非行相談、育成相談、その他の相談に分類されます。非行相談は、18歳未満の子どもに関するものであれば、さまざまな人や機関からのものを受け付けていますので、学校が在籍児童・生徒についての相談を行うこともできます。

また、児童相談所が非行相談を受けた場合、学校に通って調査を行うこともありますが、児相の調査は「児童福祉法」に基づいて行われるもので、個人情報の第三者提供の例外となり、本人の同意がなくとも情報提供を行うことができます。

⑤にある通り、児童相談所長が必要と認めた場合、原則２か月を超えない範囲で、児童・生徒を児童相談所の一時保護所または適当な者に委託して一時保護を実施することができます。児童・生徒が一時保護された場合、学校は児童相談所と連絡をとり、児童・生徒との面会や通学方法、登校できない場合の出欠や教材等の扱いなどについて相談をする必要があります。

③④に関連して、在宅での援助が困難であるが家裁の審判に付す必要がない場合、児童相談所長は児童福祉施設への入所措置を決定しますが、入所には親権者の同意を必要とします。児童・生徒が児童福祉施設に入所する場合は転校手続等が必要になる場合があるので、学校と児童相談所との事前連絡が必要になります。

児童相談所が非行相談を受け、助言指導等で児童・生徒に改善が見られない場合、在宅のまま児童福祉法に基づく児童福祉司による指導を行うことがあります。その際は、学校・地域と連携して指導するため、学校を含む地域団体と協働していくことが必要になります。

9 いじめ防止対策推進法

2013年６月、いじめ問題に特化したはじめての法律「いじめ防止対策推進法」（平成25年法律第71号）が成立しました。同法は第１条で法の目的を「いじめの防止等*のための対策を総合的かつ効果的に推進すること」とし、第２条でいじめを、児童・生徒に対して「当該児童等が在籍する学校に在籍している等当該児童等と一定の人的関係にある他の児童等が行う心理的又は物理的な影響を与える行為（インターネットを通じて行われる

はじめて法律に表された「いじめの定義」は押さえておく必要がありますね。

語句説明

いじめの防止等

この法律で「いじめの防止等」は「いじめの防止、いじめの早期発見及びいじめへの対処をいう」と、第1条本文のカッコ書きで説明している。

保護者の、自分の子への「規範意識を養うための指導」の努力義務を明記した点は、画期的です。

図表５－５　いじめの認知（発生）件数の推移

	60年度	61年度	62年度	63年度	元年度	2年度	3年度	4年度	5年度
小学校	96,457	26,306	15,727	12,122	11,350	9,035	7,718	7,300	6,390
中学校	52,891	23,690	16,796	15,452	15,215	13,121	11,922	13,632	12,817
高等学校	5,718	2,614	2,544	2,212	2,523	2,152	2,422	2,326	2,391
計	155,066	52,610	35,067	29,786	29,088	24,308	22,062	23,258	21,598

	6年度	7年度	8年度	9年度	10年度	11年度	12年度	13年度	14年度	15年度	16年度	17年度
小学校	25,295	26,614	21,733	16,294	12,858	9,462	9,114	6,206	5,659	6,051	5,551	5,087
中学校	26,828	29,069	25,862	23,234	20,801	19,383	19,371	16,635	14,562	15,159	13,915	12,794
高等学校	4,253	4,184	3,771	3,103	2,576	2,391	2,327	2,119	1,906	2,070	2,121	2,191
特殊教育諸学校	225	229	178	159	161	123	106	77	78	71	84	71
計	56,601	60,096	51,544	42,790	36,396	31,359	30,918	25,037	22,205	23,351	21,671	20,143

	18年度	19年度	20年度	21年度	22年度	23年度	24年度
小学校	60,897	48,896	40,807	34,766	36,909	33,124	117,384
中学校	51,310	43,505	36,795	32,111	33,323	30,749	63,634
高等学校	12,307	8,355	6,737	5,642	7,018	6,020	16,274
特別支援学校（特殊教育諸学校）	384	341	309	259	380	338	817
計	124,898	101,097	84,648	72,778	77,630	70,231	198,109

	25年度	26年度	27年度	28年度	29年度
小学校	118,748	122,734	151,692	237,256	317,121
中学校	55,248	52,971	59,502	71,309	80,424
高等学校	11,039	11,404	12,664	12,874	14,789
特別支援学校	768	963	1,274	1,704	2,044
計	185,803	188,072	225,132	323,143	414,378

（注）1　平成5年度までは公立小・中・高等学校を調査。 平成6年度からは特殊教育諸学校、平成18年度からは国私立学校を含める。
2　平成6年度及び平成18年度に調査方法等を改めている。
3　平成17年度までは発生件数、 平成18年度からは認知件数。
4　平成25年度からは高等学校に通信制課程を含める。
5　小学校には義務教育学校前期課程、中学校には義務教育学校後期課程及び中等教育学校前期課程、高等学校には中等教育学校後期課程を含む。

文部科学省「平成29年度　児童生徒の問題行動・不登校等生徒指導上の諸課題に関する調査結果について」2018年、25頁

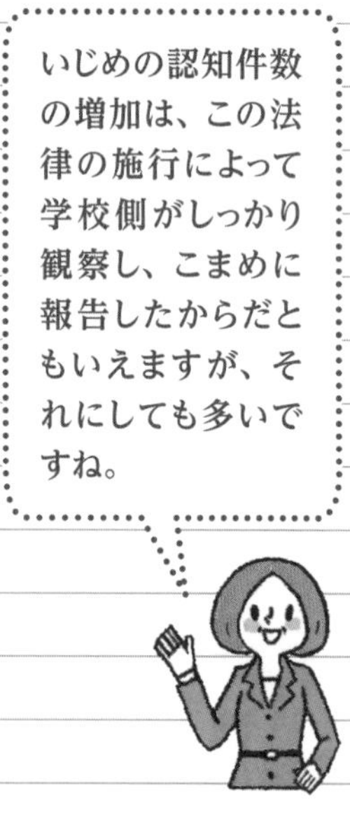
いじめの認知件数の増加は、この法律の施行によって学校側がしっかり観察し、こまめに報告したからだともいえますが、それにしても多いですね。

ものを含む。）であって、当該行為の対象となった児童等が心身の苦痛を感じているもの」と定義しています。

このうち、第８条で学校および教職員にいじめの防止・早期発見、いじめへの適切かつ迅速な対処の責務、第９条では保護者に保護する児童等の規範意識育成、保護する児童等のいじめからの保護、国・地方公共団体・学校の設置者および学校のいじめ防止等の措置への協力の責務を、第11・12・13の各条では国・地方公共団体・学校にそれぞれの「いじめ防止基本方針」の策定の義務を課しています。

また、第22条で学校にいじめの防止等の対策のための組織を置くこととし、第23条ではいじめに対する措置を詳しく述べています。さらに、第24条では学校の設置者に対し、学校に対する支援・指示に加え、自ら調査を行うことを求め、第25条では校長・教員による加害児童等への懲戒を定め、第26条では市町村教育委員会に対し、第４節で述べた出席停止制度への適切な運用を求めています。

この法律の制定は、2011（平成23）年10月に滋賀県大津市の中学生がいじめを苦に自殺に至った事件がきっかけになっています。学校にきめ細かな対応を求める一方で、「保護者は、子の教育について第一義的責任を有するものであって、その保護する児童等がいじめを行うことのないよう、当該児童等に対し、規範意識を養うための指導その他の必要な指導を行うよう努めるものとする」（第９条第１項）と、保護者の保護する児童等に対する規範意識育成の責務を明確にしたことが注目されます。しかし、法制定以後もいじめを苦にしての自殺という事案は後を絶たないばかりか、

いじめの認知件数は増加の一途をたどっています（図表5－5）。「規範意識」の育成と定着は、人間が社会を構成して生活を営んでいく基本であるだけに、規定された事柄がしっかりと実施されているかどうか、常に立ち返って考える必要があります。

10 規範意識の育成と家庭・学校

「規範」とは一般的には「行動や判断の基準・手本」をいい、具体的には道徳・倫理・法律などがこれに相当します。したがって、「規範意識」は「道徳・倫理・法律などの社会のルールを守ろうとする意識」となります。

人間は社会を構成し、その規模が大きくなっていくとともにこれを円滑に運営していくためにルールをつくっていきました。ルールを守らなければ、社会のなかでほかの人たちとともに円満に暮らすことはできず、ルールを守ることにより規範意識も形成されていきます。規範意識はそれぞれの家族内で育成され、基本的には親が子に教えるということになります。また、実社会のなかでほかの大人から教えられることもあります。そして、学校というものが成立すると、学校もこの役割を分かちもつことになります。

「教育基本法」（平成18年法律第120号）第６条第２項において、学校教育の実施にあたっては「教育を受ける者が、学校生活を営む上で必要な規律を重んずる」ことを重視しなければならない、と明記しています。また、「学校教育法」も第21条で「自主、自律及び協同の精神、規範意識、公正な判断力並びに公共の精神に基づき主体的に社会の形成に参画し、その発展に寄与する態度を養うこと」を義務教育の10の目標の第１号に掲げています。

上に掲げた2006年「改正教育基本法」の旧法（昭和22年法律第25条）との違いの一つに、家庭教育の規定を設けたことがありますが、当該の第10条第１項は「父母その他の保護者は、子の教育について第一義的責任を有するものであって、生活のために必要な習慣を身に付けさせるとともに、自立心を育成し、心身の調和のとれた発達を図るよう努めるものとする」と、保護者の「子の教育に対する第一義的責任」を明示したことが注目されます。「規範意識の育成」は明記されていませんが、「生活のために必要な習慣を身に付けさせる」という文言のなかに含まれているともみられ、前述の「いじめ防止対策推進法」第９条第１項の保護者による児童等の規範意識育成の努力義務の明記につながったと考えられます。

ともあれ、これからは家庭での規範意識指導を基礎として、学校では児童・生徒に基本的な生活習慣を確立させ、規範意識に基づいた行動様式を定着させることが求められます。校内規律の維持は学校のすべての教育活動の基盤を築き、学校の安全・安心を保障することから暴力行為、いじめや不登校の未然防止につながります。

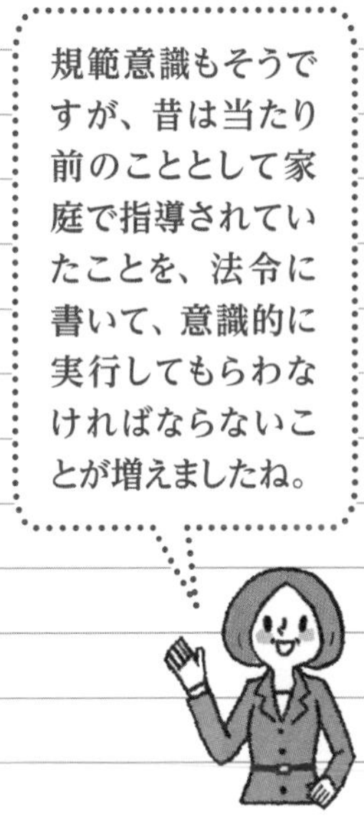
規範意識もそうですが、昔は当たり前のこととして家庭で指導されていたことを、法令に書いて、意識的に実行してもらわなければならないことが増えましたね。

「子の教育の第一義的責任は保護者にある」ということも、法律で言わなければならなくなったのです。

11 校内規律に関する学校の指導

家庭や地域の重要性について、学校や教師も、もう一度認識を新たにしましょう！

「全教職員の共通理解」は学校のあらゆる教育活動の基礎です。

規範意識の育成や校内規律に関する指導は、全教職員の共通理解に基づく指導体制を整えるとともに、外部の専門機関との連携、家庭や地域社会への働きかけも必要になります。具体的には、各学校の教育理念に基づき教職員間に合意を形成しておくこと、児童・生徒の発達段階に応じ指導基準を明確にしておくこと、児童・生徒および保護者などに入学後すぐに生徒指導の基準や校則の周知徹底を図ることです。

問題行動の多様化・複雑化・深刻化が進行する中学校においては、「学校生活は規律や社会のルールを学ぶ場である」という教職員間の、そして生徒との共通認識のうえに立って、校内規律の維持に取り組みます。教職員が一貫性をもって指導にあたるとともに、生徒自身に規則を守ることの必要性を考えさせる機会をつくることが重要です。また、家庭に対して常に情報を発信して学校と家庭の連携を強めるとともに、地域社会との連携も図っていかなければなりません。

高等学校では、個人の自由と責任、権利と義務の関係について生徒にしっかりと考えさせ、規範意識を向上させることが課題となります。「社会で許されない行為は、学校でも許されない」という当然の道理を、具体的な指導で徹底していくことです。校則については、特別活動をはじめとするあらゆる場面で生徒自らに考えさせ討議させて、生徒の自律性を高めていくことが大切です。高校段階で校長に認められている「退学」「停学」など法的効果をともなう懲戒処分は、教育的見地に基づいて行われなければなりません。

ディスカッションしてみよう!

「保護者は子の教育について第一義的責任を有する」ということが法律等で示されています。家庭で「社会のルール」について教えられなかった子どもが多数存在すると思われる中学校・高等学校において、今後、規範意識育成の指導を行うには、どういう方法が有効でしょうか。話し合ってみましょう。

たとえば・・・

復習や発展的な理解のために
知っておくと役立つ話

「指導される」存在から「自らを指導する」存在へ――生徒指導の意義

2010（平成22）年３月に発表、11月に発刊された『生徒指導提要』（教育図書）は文部科学省が編集した「生徒指導に関する学校・教職員向けの基本書」で、多くの大学で科目「生徒指導論」の教科書・参考書としても使用されています。ちなみに、「提要」は「要点を述べること」、転じて「要点を簡潔に述べた本」のことです。

全部で８章からなる提要の第１章には「生徒指導の意義と原理」が書かれています。冒頭で生徒指導の定義と意義について、何回か言葉を替えて説明されていますが、そのなかに「各学校においては、生徒指導が、教育課程の内外において一人一人の児童生徒の健全な成長を促し、児童生徒自ら現在及び将来における自己実現を図っていくための自己指導能力の育成を目指すという生徒指導の積極的な意義を踏まえ、学校の教育活動全体を通じ、その一層の充実を図っていくことが必要です」（下線は筆者による）という記述があります。児童・生徒の「自己指導能力」の育成を目指すのが生徒指導の積極的な意義であり、自己指導能力とは児童・生徒が自ら現在および将来における自己実現を図っていくための能力だといっているのです。

教育という言葉は「大人が子どもを教育する」のように使われ、また教育そのものも一般的にはそういうものだと考えられています。このような使い方や考え方は「生徒指導」でも同じで、本来ならば、「教員が生徒を指導する」という使い方なのですが、『生徒指導提要』において、目指すのは児童・生徒の自己指導能力の育成だというのです。

『生徒指導提要』では、自己指導能力育成のための留意点として、①児童生徒に自己存在感を与えること、②共感的な人間関係を育成すること、③自己決定の場を与え自己の可能性の開発を援助することの３点をあげています。

しかしながら、児童・生徒を「指導される」存在から「自らを指導する」存在へと飛躍させるような特効薬的なものは存在しません。日常の諸事象への対応に追われるだけでなく、自己指導能力の育成こそが眼目なのだということを常に頭において、地道な指導を続けなければなりません。

ちゃんとわかったかな?

復習問題にチャレンジ

類題（滋賀県　2018 年）

次は、いじめ防止対策推進法（平成25年6月28日　法律第71号）の一部である。文中の（　A　）～（　D　）にあてはまる語句の正しい組合せはどれか。1～6から選びなさい。

この法律において「いじめ」とは、児童等に対して、当該児童等が在籍する学校に在籍している等当該児童等と一定の人的関係にある他の児童等が行う心理的又は物理的な影響を与える行為（インターネットを通じて行われるものを含む。）であって、当該行為の対象となった児童等が（　A　）の苦痛を感じているものをいう。

いじめの防止等のための対策は、全ての児童等がいじめを行わず、及び他の児童等に対して行われるいじめを認識しながらこれを（　B　）することがないようにするため、いじめが児童等の（　A　）に及ぼす影響その他のいじめの問題に関する児童等の理解を深めることを旨として行われなければならない。

学校の設置者及びその設置する学校は、児童等の豊かな（　C　）と道徳心を培い、心の通う対人交流の能力の素地を養うことがいじめの防止に資することを踏まえ、全ての教育活動を通じた道徳教育及び体験活動等の充実を図らなければならない。

学校の設置者及びその設置する学校は、当該学校におけるいじめを（　D　）に発見するため、当該学校に在籍する児童等に対する定期的な調査その他の必要な措置を講ずるものとする。

	A	B	C	D
1	身体	放置	情操	確実
2	身体	傍観	感性	確実
3	身体	放置	感性	早期
4	心身	傍観	感性	早期
5	心身	放置	情操	早期
6	心身	傍観	情操	確実

理解できたことをまとめておこう！

ノートテイキングページ

学習のヒント：この第5講では「規範意識の育成」がキーワードになっています。学校における生徒指導の組織とその役割、校則とその見直し、懲戒とその法的根拠などの再検討とともに、それらを規範意識の育成にどう生かすかを考えましょう。出席停止制度の創設や「いじめ防止対策推進法」の制定の意義を明らかにし、これらと教育現場での生徒指導との関わりを考えましょう。規範意識の育成について、校内での指導の充実、家庭・地域との連携のあり方を考えましょう。

第6講

児童・生徒の発達に応じた生徒指導のあり方

理解のポイント

ヒトの発達について、これまでさまざまな理論が唱えられてきました。本講では、発達に関わる理論のなかから認知、道徳性、友人関係、学習動機づけに関する有名な考え、およびこれからの時代に関わる性の問題をいくつか紹介します。各発達段階にはどのような特徴があるのかを理解し、その段階の子どもと接する際にはどのようにすればよいのかを考えてみましょう。

1 発達の理解と生徒指導

人は発達にともない、身長や体重といった身体的な特徴だけではなく、認知能力や友人関係、ものごとの考え方など、さまざまな側面が変化していきます。一人の子どもの成長を見ていっても、すべての発達段階において同じような考え方をし、同じような友人と付き合い、同じような葛藤を抱いているわけではありません。正しく子どもを理解し、より効果的な生徒指導を実現するためには、その子どもがどのような発達段階にいるのか、その段階の子どもにはどのような特徴があるのか、いつごろにその特徴の変化がみられるのか、などを把握しておくことが望ましいでしょう。学齢や学校種ごとの変化にふれていくので、自分が関わる可能性のある発達段階について、よく理解しておきましょう。

2 発達に応じた変化

1 認知の変化

ピアジェ*は子どもの認知の発達について、有名な理論を唱えた心理学者です。ピアジェは子どもの認知の発達を感覚運動期、前操作期、具体的操作期、形式的操作期の４つの段階に分けて考えました。以下、各段階の特徴について説明していきます。

① 感覚運動期（誕生〜2歳ごろ）

感覚運動期の初期にあたる生まれたばかりの赤ちゃんは、生得的に身につけている反射行動によって外界と関わっていきます。特に、赤ちゃんに

> **ジャン・ピアジェ**
> 1896-1980
> スイスの心理学者。子どもの発達に関する研究をすすめ、認知発達論などを提唱した。心理学の世界に大きな影響を与えた研究者の一人である。

顕著な反射行動を原始反射といいます。代表的なものとして、赤ちゃんの手のひらを刺激すると手を握る把握反射や、口に指を入れると吸いつく吸啜反射などがあげられます。また、そのような反射的な行動をとおして外界と関わり、しだいにものごとについて考える力を獲得し始めます。そして、８か月を過ぎたあたりから、遊んでいたものが一時的に布などで隠されたとしても、それが消えたわけではなく、布の下に存在するという対象の永続性の概念を理解し始めます（図表６－１）。

② 前操作期（2歳ごろ～6、7歳ごろ）

前操作期に入ると、イメージや表象を用いて思考ができるようになってきます。言語も習得し、自分の考えや経験を人に伝えることができるようになっていきますが、自分の視点でものごとをとらえる自己中心性といった特徴がみられ、他者の視点に立って考えることはまだ十分にできません。そのため、自分と違う角度から対象物を見ている他者から、その対象がどのように見えるのかを尋ねる「三つ山課題」（図表６－２）に挑戦した際にも、なかなか正しい答えを述べることができません。

また、視覚的な見た目に左右されてしまい、**保存の法則***を十分に理解することができていません。たとえば、同じ量のコップの水をほかの容器に移した際に、コップの形によって水の量が変わったと感じてしまいます（図表６－３）。加えて、「お人形が悲しんでいる」「太陽が怒っている」など、無生物にも命があるように思い込むアニミズムといった特徴もみられます。

③ 具体的操作期（6、7歳ごろ～11、12歳ごろ）

具体的操作期になると、より客観的な立場に立ってものごとをとらえることができるようになってきます。そのため、他者の視点を獲得して自己

図表６－１　永続性の概念の理解

興味をもったおもちゃを布などで隠す

永続性の概念を理解する前

おもちゃへの興味を失い、
探す行動をとらない

永続性の概念を理解した後

布の下に存在することを理解し、
布をどかしておもちゃを探す

図表６－２　三つ山課題

人形から机の上の山はどのように見えるかを尋ねる課題。前操作期では、自分の視点から見える景色を答えてしまうなど、正しい答えを導くことが難しい。
この段階ではまだ、他者の視点に立ってものごとをとらえることが困難であることがうかがえる。

子どもの能力を調べるために、ユニークな方法で研究が行われているのですね。

重要語句

保存の法則

あるものの外見が変化したとしても、量や数といった性質が変わるわけではないということ。

図表6-3　保存の法則の課題

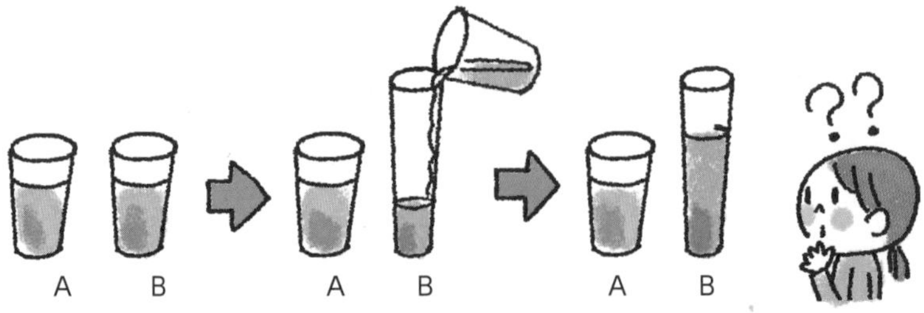

この課題は以下の手続きで行われる。
①2つの同じコップに入った同量の水（A、B）を見せ、量が同じであることを確認させる。
②片方のコップに入った水（B）を細長い容器に移し替える。
③移し替えていないコップの水（A）と、細長い容器に入った水（B）のどちらが多いのかを尋ねる。
前操作期の段階では、量の判断が見た目に依存した情報によってなされ、子どもたちは見かけの高さが高くなった細長い容器に入った水（B）の方が水の量が多いと答える傾向にある。この段階ではまだ、論理的にものごとを考えることが十分にできないことがうかがえる。

重要語句

脱中心化

他者から見た視点に気づかずに、自己の視点に依存してしまう状態から脱却すること。多様な視点に気づき、自己の視点のみならず、他者の視点もふまえてものごとを見ることができるようになる。

ローレンス・コールバーグ
1927-1987
アメリカの心理学者。道徳性に関する研究を続け、道徳性の発達理論を提唱した。

中心性から脱却していきます（**脱中心化***）。また、ある程度の論理的な思考力も身につき、保存の法則の課題についても、正しく回答できるようになっていきます。ただし、このような思考は具体的なものに限られ、抽象的なことに関する思考力はまだ十分に身についていません。

④ 形式的操作期（11、12歳ごろ～）

形式的操作期以降では、具体的なものに限らずに、抽象的な事象についても考えることができるようになってきます。自ら仮説を立てて、それを検証するなど、より論理的にものごとを考えて世の中をみることができるようになります。

2　道徳性の変化

みなさんの日常のなかで、善悪の判断を下さなければいけない場面は多くあると思います。その際、どのような基準で道徳的な判断を下すでしょうか。コールバーグ*は道徳性の認知発達に関わる理論を提唱し、道徳性の判断を３水準６段階に分類しました。永野（1985）を参考に、各水準および段階について説明していきます（図表6-4）。

① 前慣習的水準

前慣習的水準では、「よい」「わるい」といった行為に貼り付けられたレッテルに、敏感に反応して判断します。「先生がダメと言ったからよくない」のように、行為にレッテルを貼った人物の権力も判断において重要となります。また、「怒られる」「褒められる」といった罰や報酬に基づいた行為の結果も、判断において重要な要因となります。

② 慣習的水準

慣習的水準では、それぞれが所属する家族、学校、国家などの集団の期待に沿うことなど、承認されることが重要となります。他者からどう思われるのかといった視点や、社会のルールや義務を守るといった視点もふまえ判断を下します。ルールを守ったり破ったりすることを「よい」「わるい」といったレッテルのみで判断するのではなく、ルールに従うことで社会の

図表6-4　コールバーグの道徳性の発達理論

前慣習的水準	第1段階	罰と服従への志向	罰を回避し、権威者に服従することが正しい
	第2段階	道具主義的な相対主義志向	自分の欲求や他者の欲求を満たすことが正しい
慣習的水準	第3段階	対人同調・よい子志向	他人を喜ばせたり、助けたりするなど、他者から肯定されることが正しい
	第4段階	法と秩序の志向	義務を果たし、社会秩序を維持することが正しい
後慣習的水準	第5段階	社会契約的な法律志向	一般的な個人の権利や、社会全体によって吟味され一致した基準に従うことが正しい
	第6段階	普遍的な倫理的原理の志向	普遍的な倫理的原理に従う良心にのっとった行為が正しい

道徳性の研究ではしばしば、「ハインツのジレンマ課題」というものが使われます。88頁のコラムも参照してください。

秩序が維持されているということも理解したうえで判断を下します。

③ 後慣習的水準

後慣習的水準では、法律や権威を超えて自ら判断し、良心や公正さ、人間の尊厳などに基づき、道徳的な価値や道徳原理を規定しようと努めます。ルールは常に完璧ではないということを認識し、すでにある規則や法律を犯してでも、自らの良心にのっとった基準で判断します。

3　人生の発達課題の変化

エリクソン*は心理社会的発達理論を提唱し、人生の段階を8つに分けました。そして、それぞれの段階において達成すべき発達課題があると考えました。それぞれの段階における発達課題の達成は、後々のアイデンティティ形成に影響を与えると考えられています。各段階における発達課題は図表6-5のとおりです。本講では特に、学校教育に関わる幼児期後期から青年期にかけての発達課題を中心にみていきます。

エリク・エリクソン
1902-1994
アメリカの心理学者。幼いころに養子となり、いずれの集団にも属しきれない周辺人として成長した。その境遇を基にアイデンティティやモラトリアムなどの考えを提唱し、社会に大きな影響を与えた。

① 幼児期後期　「自発性 対 罪悪感」

幼児期後期の発達課題は「自発性 対 罪悪感」です。自分が行動の中心であるということを感じ、自発的に自分のしたいことを表現しようとしていきます。しかし、その一方で、行動に失敗してしまった場合には、罪悪感を抱くことになります。

② 児童期　「勤勉性 対 劣等感」

児童期の発達課題は「勤勉性 対 劣等感」です。この時期に入ると、学校に入学するなどして活動範囲が広くなります。そのため、発達において大きな影響を与える他者が、家族から学校や地域の人々に拡大していきます。そして、自分が所属している集団のなかで有能感を得るため、勤勉に課題に取り組んでいきます。その一方で、努力してもうまくいかない経験をしたり、他者と自分とを比較したりすることによって劣等感を感じることもあります。

③ 青年期　「同一性 対 同一性拡散」

青年期の発達課題は「同一性 対 同一性拡散」です。同一性とはアイデ

図表6-5　エリクソンの発達課題

時　期	年　齢	発達課題
乳児期	1歳ごろまで	基本的信頼　対　不信
幼児期初期	1歳ごろ～3歳ごろ	自律性　対　恥・疑惑
幼児期後期	3歳ごろ～5歳ごろ	自発性　対　罪悪感
児童期	5歳ごろ～12歳ごろ	勤勉性　対　劣等感
青年期	12歳ごろ～20歳ごろ	同一性　対　同一性拡散
成人期	20歳ごろ～40歳ごろ	親密性　対　孤独
壮年期	40歳ごろ～65歳ごろ	生殖　対　自己吸収
老人期	65歳ごろ以降	自我統合　対　絶望

ンティティともよばれ、「自分とはどんな人間であるのか」ということです。この時期はさまざまな人と関わり、自分の能力や長所および短所などを知っていきます。そのなかで、自分には何ができるのか、社会のなかで自分はどのような位置にいるのか、といったことを考えていきます。

しかし、必ずしもすべての人が、アイデンティティを確立することができるわけではありません。自分とはどんな人間であるのかがわからなくなり、同一性拡散（アイデンティティ拡散）状態に陥ってしまうこともあります。同一性拡散状態に陥ってしまった場合には、無気力になったり、社会的に孤立したり、将来的な見通しが失われたりするなど、悪い方向へ向かってしまう可能性があります。

エリクソンは進路指導やキャリア教育などさまざまな分野でもでてくるような重要な人物です。

4　友人関係の変化

これまで、どのような人と友だちになってきたのか、思い返してみてください。その友人関係は、年齢や発達段階によって違いはありませんでしたか。人は友人関係を通じて社会性を身につけたり、アイデンティティを確立したりしてきます。しかし、付き合う友だちはいつも同じような特徴をもっているとは限らず、発達段階によって異なってきます。ここでは、発達における友人関係の変化についてみていきます。

児童期から青年期にかけての友人関係は、大きくギャンググループ、チャムグループ、ピアグループの3つのグループに分けて考えられています。では、それぞれのグループの特徴についてみていきましょう。

① ギャンググループ

ギャンググループは、児童期の後半ごろに形成されるグループです。主に、同性、同年齢の者が集まって形成されます。同じ遊びを一緒に行うことができる相手を仲間として認めています。一緒にサッカーができる、一緒に絵が描けるなど、共通の遊びをとおして友人関係が形成されていきます。また、閉鎖性が強く、仲間以外の相手や大人には排他的になります。このような仲間との関わりをとおして、子どもたちは今後の精神的な発達や人間関係の基礎をつくり上げていくのです。

みなさんは、「自分はどんな人間か」「自分の人生の目的は何か」「自分の存在意義はどのようなものか」といった問いかけに肯定的な回答ができるでしょうか。一度考えてみましょう。

② チャムグループ

チャムグループは、思春期ごろに形成されるグループです。主に、同性・同年齢の者が集まって形成され、特に女子にこの特徴が顕著にみられます。ギャンググループは同じ遊びができることが重要視されますが、チャムグループは興味や関心などの共通性が重要視されます。そのため、グループのなかでしかわからない言葉をつくったり、同じものをそろえてもったりして一体感を高めるような行動をとります。また、閉鎖性も強く、同じような考え方ができない人など、異質な人を排除する傾向にあります。上記のような特徴や、思春期といった複雑な時期に形成されることから、いじめなどにつながりやすいグループといえます。

③ ピアグループ

ピアグループは、青年期以降に形成されるグループです。ピアグループでは似ている相手だけではなく、自分とは異なった特徴をもった相手のことも認めたうえで、友人関係を形成していきます。性別や性格、考え方などが異なる相手でも、一個人として尊重し、付き合っていきます。高校生以降にみられる男女混合のグループや多様な文化的背景をもった人で形成されたグループなどは、ピアグループの典型といえるでしょう。これまでのギャンググループやチャムグループとは異なり、排他的ではなく、さまざまな価値観を取り入れていきます。この集団での関わりのなかで、自分とはどのような人間なのか、自分は何ができるのかを考え、アイデンティティを形成していきます。

5 学習動機づけの変化

「なぜ、勉強をしているのですか？」。こう聞かれたとき、みなさんはどのように答えるでしょうか。もちろん、その答えは一人ひとり違うのでしょうが、全体的な傾向をみていくと、発達にともない勉強に対する考え方が変化していくことがわかります。

西村・櫻井（2013）の調査では、小学生から中学生を対象にアンケート調査を実施し、発達による学習動機づけの違いを検討しました。この調査では、デシ*らが提唱した自己決定理論に基づき、自律性に着目して分けられた４つのタイプの学習動機づけについて尋ねています。

１つ目は、「楽しいから、好きだから」など興味や関心に基づく動機づけである「内的調整」、２つ目は、「将来の役に立つ、大切だから」など学習に価値を感じて自律的に取り組む動機づけである「同一化的調整」、３つ目は、「できないと恥ずかしい、不安だから」など恥や義務などによる動機づけである「取り入れ的調整」、４つ目は、「やれと言われる、周りがうるさいから」などやらされている感覚の強い動機づけである「外的調整」です。

一般的に、内的調整や同一化的調整は自律的な動機づけとよばれ、よい成績や学校適応につながります。一方で、取り入れ的調整や外的調整は他律的な動機づけとよばれ、成績や学校適応にあまりよい関連はみられません。

では、これらの動機づけは発達段階ごとにどのように異なっているのでしょうか。小学校高学年から中学校にかけての発達ごとの各動機づけの得点は図表６－６のとおりです。特に顕著な特徴として、内的調整は小学校から中学校に上がる段階で減少し、逆に外的調整は小学校から中学校に上がる学校移行の段階で増加しています。この理由としては、学習内容が難しくなること、授業の形式が子ども中心から教師中心のスタイルへと変わること、定期試験や受験など義務的に勉強する機会が増えること、思春期に入り自分を周囲と比較するようになること、などが考えられます。

プラスワン

ギャンググループの消失とチャムグループの肥大化

近年では、子どもたちを取り巻く環境の変化からギャンググループの形成が難しくなり、ギャンググループの消失が指摘されている。それにともない、チャムグループが肥大化し、ピアグループの形成が先送りにされている。

エドワード・デシ
1942-
アメリカの心理学者。内発的動機づけやアンダーマイニング現象に関わる研究成果は、教育や組織のマネジメントに大きな影響を与えた。

小学校のころは勉強が「楽しい」と思えていても、中学校に入ると勉強を「やらされている」と感じてしまう子どもたちが多くいるんですね。

図表6-6　発達段階ごとの勉強する理由の違い

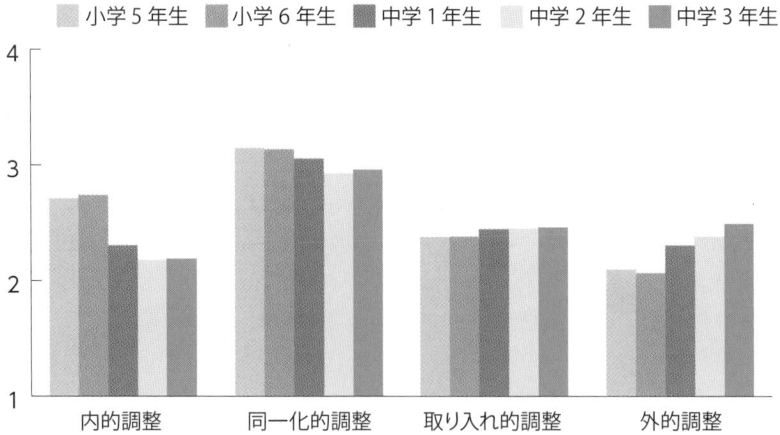

（注）　それぞれの得点は項目平均を表す。得点の説明は以下の通りである。
　1　まったくあてはまらない。2　あまりあてはまらない。3　少しあてはまる。4　とてもあてはまる
西村多久磨・櫻井茂男「小中学生における学習動機づけの構造的変化」『心理学研究』(83)　2013年をもとに作成

3　これからの時代の性に関わる問題

世の中には性に関わる問題で悩んでる人もいます。しかしその過程のなかで、性に関わる問題で悩んでいる人もいます。ここでは特に、ジェンダーステレオタイプとLGBT*について説明していきます。

1　ジェンダーステレオタイプ

一般的に、子どもは2歳から3歳ごろに自分の性別を把握していきます。ただし、この段階での理解はあくまでラベルとしての理解であり、その後の生活をとおして性役割*の概念を獲得していきます。たとえば子どもは、親が選んだ性別に合った服装をしたり、「ちゃん」や「くん」といった異なった名称でよばれたりします。このほかにも日常生活のなかで、自身の性別を意識させられる機会は多く存在します。この経験をとおして、自分の性別は社会的にどのようなことがふさわしいとされているのかを学び、性役割の概念を獲得していくのです。

そして、小学校に入学するころには性役割の概念がはっきりと形成されます。しかし、このような概念に固執しすぎてしまうこともしばしばあります。たとえば、「男の子のくせに」「女の子のくせに」などというセリフを聞いたことはないでしょうか。世の中には「男性はこうあるべきだ」「女性はこうあるべきだ」といったジェンダーステレオタイプが存在します。

相良（2000）の研究では、性役割に対する子どもの態度は、年齢が上がるにつれて柔軟になっていくことが示されています。しかし、裏を返せば、年齢の低い子どもはまだ性役割に関してあまり柔軟ではなく、ジェンダーステレオタイプに固執しがちであることがうかがえます。そのため、自身

重要語句

LGBT

レズビアン（Lesbian）、ゲイ（Gay）、バイセクシャル（Bisexual）、トランスジェンダー（Transgender）の頭文字をとった言葉。

重要語句

性役割

社会が男女それぞれの性別に対して期待するもの。

図表6－7　性同一性障害に係る児童・生徒への支援の一例

支援の項目	支援の事例
服装	自認する性別の制服・衣服や、体操着の着用を認める
髪型	標準より長い髪型を一定の範囲で認める（戸籍上男性）
更衣室	保健室・多目的トイレ等の利用を認める
トイレ	職員トイレ・多目的トイレの利用を認める
呼称の工夫	校内文書（通知表を含む）を児童・生徒が希望する呼称で記す 自認する性別として名簿上扱う
授業	体育または保健体育において別メニューを設定する
水泳	上半身が隠れる水着の着用を認める（戸籍上男性） 補習として別日に実施、またはレポート提出で代替する
運動部の活動	自認する性別に係る活動への参加を認める
修学旅行等	１人部屋の使用を認める 入浴時間をずらす

文部科学省「性同一性障害に係る児童生徒に対するきめ細かな対応の実施等について」2015年をもとに作成

の抱いている男性像や女性像と一致しない他者を認めることができず、傷つけてしまうこともあります。

2　LGBT

近年では、LGBTとよばれる人々が注目を集めています。LGBTとはレズビアン、ゲイ、バイセクシャル、トランスジェンダーの総称です。LGBT総合研究所が2016年に行ったインターネット調査では、国内でLGBTに該当する人の割合は5.9%でした。およそ17人に１人がLGBTという計算になります。わが国では、LGBTをはじめ、性に関わる問題を抱えた人々への理解がまだ十分にすすんでおらず、多くの問題を抱えています。

たとえば、中塚（2016）の論文では、性同一性障害*の当事者がクリニックに受診した際に回答した過去の経験について述べられています。経験については、自殺念慮をもった経験がある者が58.6%、自傷・自殺未遂の経験がある者が28.4%、不登校の経験がある者が29.4%でした。性的少数派の人々が、暮らしやすい世のなかであるとはいえないのが現状です。

最後に、「性同一性障害に係る児童生徒に対するきめ細かな対応の実施等について」（文部科学省、2015）に記載されている、学校生活での各場面における性同一性障害に係る児童・生徒への支援の一例を紹介します（図表6－7）。

4　発達に応じた指導のあり方

ここまで、子どもの発達に関するさまざまな理論や研究を紹介してきました。このような知識をふまえて子どもをみると、新しい理解が生まれるのではないでしょうか。以下、発達段階ごとの特徴と指導のあり方につい

プラスワン

LGBTに該当する人の割合

LGBTについてはさまざまな調査が試みられている。しかし、LGBTは繊細な問題なので、調査に回答しづらいと感じる人も多く、正確な数値を把握することが困難である。LGBT総合研究所の5.9%という値は、あくまで大規模なインターネット調査から得られた値という点に留意する必要がある。詳しくは、LGBT総合研究所参照（http://lgbtri.co.jp/）。

このほかにもいろいろな支援があります。調べてみましょう。

重要語句

性同一性障害

生物学的な性と心の性が一致せず、性的違和感を感じている状態。

てまとめました。本講の内容を振り返りつつ、指導について考えてみましょう。

文部科学省から公表された「生徒指導提要」にも、本講でふれた子どもの発達に関する内容が詳しく記載されています。あわせて確認をしておきましょう。

1 小学校1～3年生ごろ

小学校1～3年生ごろの時期は、乳児期に比べて認知的な側面も発達し、ある程度は抽象的な思考ができるようになっていきます。しかし、その力はまだまだ十分ではありません。そのため、指導をする際には、抽象的な言葉で説明するのではなく、具体的な例を示したり、体験を通して教えたりすることで、より理解しやすくなるでしょう。

また、自己中心性は残っているものの、しだいに他人の視点に立って物事を考えることができるようになってきます。道徳的な判断も、この時期の初期では先生や親など権威者の影響を受けることが大きいですが、次第に社会のルールや他者の視点も考慮した判断へと変わっていきます。子どもの発達を見守る姿勢をもちつつ、一人ひとりの様子をよく観察して、行ってよいことや悪いことについて繰り返し指導をすることを通して、社会の決まりを身につけさせることが重要となります。

2 小学校4～6年生ごろ

小学校4～6年生ごろの時期は、相手の立場に立って自分の思考や行動について内省する力が発達してきます。そのため、相手の気持ちを考えさせたり、ほかの人から自分がどのようにみられているのかを考えさせたりする指導方法も、より有効となってきます。また、自分の能力への関心も高まり、自分と他人を比較して有能感を感じたり、逆に劣等感を感じたりします。学校では勉強やスポーツなどの特定の領域の能力のみで自分を判断してしまい、「勉強が苦手な自分はダメな人間だ」などと感じてしまうこともしばしばあります。人はそれぞれ得意なことや苦手なことがあるため、特定の領域の能力のみで価値を判断するのではなく、複数の観点から自分を見ることができるように支援することが望まれます。

また、仲間関係においてはギャンググループとよばれる、遊びを通した集団を形成します。しかし、最近では習い事の増加や社会環境の変化などにより、このギャンググループの形成が困難となってきています。この時期の子どもにとって「遊び」はただ楽しむだけのものではなく、社会性を身につけるために重要な経験です。子どもたちが安心して遊べるように、環境を整えてあげることも大人の役割といえるでしょう。

3 中学生以降

中学生の時期は、抽象的なことに関する思考能力も発達してきます。そのことで、現実にはないが「あり得ること」なども考え、さまざまな可能性について思考することができるようになります。そして、未来についても時間的な展望をもち、見通しを立てることができるようになっていきます。この時期においては、今やっていることが将来にどのようにつながっているのかを理解させつつ指導することが求められます。また勉強に関しても、中学校への学校移行に伴い「やらされている」という感覚が強くなる傾向にあります。学んでいる学習内容が今後どのように役立つのかということを伝えたり、ほめ言葉など適切なフィードバックを与えることにより「できる」という感覚を高めたりすることで、主体的に学ぶ態度の形成につながるでしょう。

また、思春期の仲間関係においては、チャムグループとよばれる集団内の人には親密性が高い一方で、集団外の人には排他的な友人関係を形成します。このグループは共通性が重要視され、自分と違う人を受け入れることが難しいため、発達障害や性の悩みを抱える子どもたちへの配慮も求められます。何気ない一言で、悩みを抱える子どもを深く傷つけてしまったり、いじめの対象となってしまったりすることも考えられます。さまざまな問題に関して、教員だけでなく子どもたちや保護者にも基本的な理解を広めていくことが望まれます。

そして、青年期以降では、ピアグループとよばれるお互いの違いを認めた友人関係を形成していきます。そのなかで、「自分とは何者か」というアイデンティティを形成していきます。子どものアイデンティティの形成を支えるために、教員をはじめとする周囲の大人には、「人生の先輩」として人間や人生について多面的な考え方を身につけることができるようにアドバイスをするという役割が期待されます。

チャムグループは、思春期に形成されることや、共通性が重要視される性質などから、いじめや非行につながりやすいです。しかし、グループを形成することが悪いというわけではありません。このグループでの関わりを通して、子どもたちは社会性を身につけていくのです。

本講では、発達の特徴や目安の時期等を紹介しましたが、発達には個人差があります。すべての人が同じように発達するわけではないということも理解しましょう。指導の際には、必要に応じて専門家と相談しながら個別の指導計画を作成することも必要です。子どもの発達の特徴を理解しつつ、一人ひとりにとって望ましい指導を考えるように心がけてください。

ディスカッションしてみよう!

小学生のとき、中学生のとき、高校生のとき、現在と、これまでの自分の友人関係を振り返ってみてください。どんな相手と友人になっていましたか。また、その友人関係のなかで形成されたグループにはどのような特徴がありましたか。みんなで話し合ってみましょう。

たとえば・・・

復習や発展的な理解のために

知っておくと役立つ話

あなたの道徳性はどの段階?

第６講で紹介したコールバーグの道徳性の発達についての研究では、ハインツのジレンマ課題というものがしばしば使われます。以下はハインツのジレンマ課題の要約になります。あなたはどのように答えるでしょうか。

> **ハインツのジレンマ課題**
>
> ハインツの妻は、特殊なガンのために命の危機に瀕していた。彼女の命を救うことができる特別な薬があったが、薬屋は開発費に比べて10倍もの法外な値段をつけていた。ハインツは薬を買うためにお金をかき集めたが、薬の額の半分しか集まらなかった。ハインツは薬屋に事情を説明し、値引きしてもらえないか、または後払いにしてもらえないかと頼んだ。しかし、薬屋はそれではお金儲けができないと断った。そこでハインツは思いつめて、妻のために薬屋に薬を盗みに入った。
>
> ハインツはそのようにすべきであっただろうか？　また、その理由は？

第６講で説明した道徳性の発達水準にしたがった「盗んではいけない」の場合の典型的な回答は図表６－８のとおりです。あなたはどの段階でしょうか。

図表６－８　各段階における「盗んではいけない」の場合の回答の例

前慣習的水準	第１段階	薬を盗めば捕らえられて刑務所に入れられる。逃げ出したとしても、いつ警察が捕まえに来るかと考えて、いてもたってもいられない。
	第２段階	薬を盗んでも、刑期はそれほど長くないだろう。しかし、刑務所から出る前に妻は死ぬだろうから、盗んでもあまり役に立たないだろう。
慣習的水準	第３段階	薬を盗めば薬屋だけではなく、皆があなたを犯罪者だと思うだろう。盗んだ後で、どんなに家族や自身に不名誉をもたらしたのかを考えて嫌になるだろう。
	第４段階	薬を盗んでいるときは、悪いことをしていると気づかないかもしれない。しかし、刑を受け、刑務所に入った後で、悪いことをしたことに気づくだろう。そして、自分が正直でなかったことや法律を犯した罪の意識を感じるだろう。
後慣習的水準	第５段階	薬を盗めば共同社会における自分の地位と尊厳を失うことになる。そして、法を破ることにもなる。もし、感情に押し流されて、長い目で見ることを忘れれば、自尊心をも失うだろう。
	第６段階	薬を盗んだとしても、ほかの人々によって非難されることはないだろう。しかし、自身の良心に従わなかったために、自身を責めることになるだろう。

(注)１　上記の内容は一例である。
　　２　後慣習的水準においては良心や正義、人権の尊重などの観点からより詳細な回答が得られる。
永野重史編『道徳性の発達と教育――コールバーグ理論の展開』新潮社、1985年をもとに作成

もちろん、発達には個人差があります。本講では、発達段階の特徴や目安の時期等を紹介しましたが、すべての人が同じように発達するわけではないということも理解しましょう。

ちゃんとわかったかな？

復習問題にチャレンジ

類題（滋賀県　2018年）

次の文は、子どもの徳育に関する懇談会「審議の概要」（平成21年8月文科省）において示された「小学校高学年の特徴」の一部である。（　ア　）～（　エ　）に入る語句の組合せとして正しいものはどれか、①～⑤から一つ選んで番号で答えなさい。

9歳以降の小学校高学年の時期には、幼児期を離れ、物事をある程度対象化して認識することができるようになる。対象との間に距離をおいた分析ができるようになり、知的な活動においてもより分化した追究が可能となる。自分のことも（　ア　）にとらえられるようになるが、一方、（　イ　）も顕著になる（いわゆる「9歳の壁」）。身体も大きく成長し、自己肯定感を持ちはじめる時期であるが、反面、（　イ　）も大きく見られることから、自己に対する肯定的な意識を持てず、（　ウ　）の低下などにより劣等感を持ちやすくなる時期でもある。

また、集団の規則を理解して、集団活動に主体的に関与したり、遊びなどでは自分たちで決まりを作り、ルールを守るようになる一方、ギャングエイジとも言われるこの時期は、（　エ　）な子どもの仲間集団が発生し、付和雷同的な行動が見られる。

	ア	イ	ウ	エ
①	客観的	発達の個人差	自尊感情	閉鎖的
②	肯定的	自我の発達	自意識	閉鎖的
③	一般的	発達の個人差	自意識	閉鎖的
④	客観的	自我の発達	自尊感情	開放的
⑤	肯定的	発達の個人差	自意識	開放的

理解できたことをまとめておこう！

ノートテイキングページ

学習のヒント：各発達段階の特徴を理解したうえで、自分がこれから関わる可能性のある発達段階の子どもの特徴についてまとめてみよう。

第7講

個別の課題を抱える児童・生徒への対応

理解のポイント

生徒指導では、学級および学校の集団を対象として指導を行うことが重要ですが、個別の課題を抱える個々の児童・生徒に対して指導するということも欠かせません。本講では、個々の児童・生徒が抱える可能性のある課題の概要を理解するとともに、その課題と結びついた問題行動を予防ならびに対応していくための具体的な手立てについて考えていきます。

1 個別の課題への対応に関する基本姿勢

1 個別の課題に向き合う前段階で必要なこと

生徒指導では、個別の児童・生徒の課題に向き合う前段階において留意すべきことがあります。それは、集団も視野に入れた予防的・開発的な生徒指導を、日ごろから着実にすすめておくことです。なぜならば、個別の課題が生じること自体を、未然に防止することになりうるからです。また、仮に個別の課題が生じた場合でも、予防的ならびに開発的な取り組みを足がかりにした指導ができるからです。

たとえば、普段からの児童・生徒との良好な関係づくりは、課題が深刻になる前に、児童・生徒から教師に相談をもちかけてくれるきっかけになることがあります。また、学校の規則を逸脱した個別の問題行動への指導においては、予防的な生徒指導として、学級目標や校則などの規範をあらかじめ児童・生徒と共通認識する機会をもっておくことが、毅然とした指導を行う合理的根拠となるのです。

さらには、児童・生徒の個別の課題には、発達障害などの特性によって、生きづらさを感じていることに起因する場合もあります。そのため、児童・生徒がもつ障害特性について、あらかじめ理解することも大切です。

予防的な生徒指導は、児童・生徒における社会規範の逸脱や社会との関わりから離れることを防ぐ指導、開発的な生徒指導は社会規範や社会との関わりを大切にする児童・生徒の個性や社会的資質をさらに伸ばし高める指導といえます。

2 個別の課題の発見

日ごろからの予防的ならびに開発的な生徒指導を実践していても、個別の課題は現実には一定程度で生じます。児童・生徒のこうした課題に生徒指導として関わるには、まずはその課題を速やかに発見することです。

児童・生徒の個別の課題を発見するのに重要なこととしてあげられるのは、服装・髪型、持ち物、言動、対人関係についての日ごろからの観察、特に彼らとのコミュニケーションを行いながらの観察を通じて問題行動を見定めることです。これにより児童・生徒の課題を直接的に把握することはもとより、微妙な行動の変化から児童・生徒が抱えることになる課題の予兆に気づくことにもつながります。

ただ、児童・生徒の個別の課題の発見は、問題行動の観察だけで十分なわけではありません。このことを認識するうえで、トマス・ゴードンの問題所有という考え方を紹介します。彼の考え方では、児童・生徒が表出するすべての行動のうち、教師あるいは児童・生徒自身が、否定的な感情（欲求不満、苛立ち、怒りなど）を抱える行動を、問題を所有する行動、すなわち問題行動とみなします。この考え方によれば、問題行動には、教師の側が問題所有する行動と、児童・生徒の側が問題所有する行動があることになります。

図表７－１は、問題所有の考え方に基づいて問題行動を大まかに分類するイメージ図です。たとえば、授業中に自分の好きな話題でおしゃべりをしている生徒がいるとき、おしゃべりの行動に対して、教師が問題を所有しているとみなせます。あるいは、普段から周囲の誰が見ても、友だちに対して配慮的な生徒がいるのですが、その生徒本人は、友だちを気遣う行動について負担を感じ、対人関係に否定的な感情をもち始めているとします。その生徒は、友だちへの配慮的な行動において問題所有しているとみなせるでしょう。そして、その生徒の対人関係の苦悩に教師が気づいたときに、その生徒の配慮的な行動は、はじめて教師にも問題所有されることになるのです。

問題所有という考え方を通じて、教師が課題を発見する際の留意点が見えてきます。教師の立場からの問題行動の観察のみでは、児童・生徒の個別の課題の発見ができないこともあるということです。「児童・生徒が問題所有する行動」に対しては、彼らの何気ない身振りやしぐさ、あるいは彼らとの日ごろのコミュニケーションからの洞察を通じた、高度な問題発見能力が試されるのです。同時に、教師は学校内外の関係者との情報交換の機会、あるいは研修の機会をもつことも必要になります。

プラスワン

アイメッセージ
問題所有の概念を提唱したトマス・ゴードンは、教師の側が問題所有している場面において児童・生徒に指導する際、「(あなたが～をしているとき)『私は』心配です」など、一人称（I）を主語としたメッセージを送ることで、児童・生徒の人格を否定せず、自主・自律的に行動変容を促すことになると主張している。このメッセージは、アイメッセージとよばれる。

図表７－１　「問題所有」の考え方に基づく児童・生徒の行動の分類

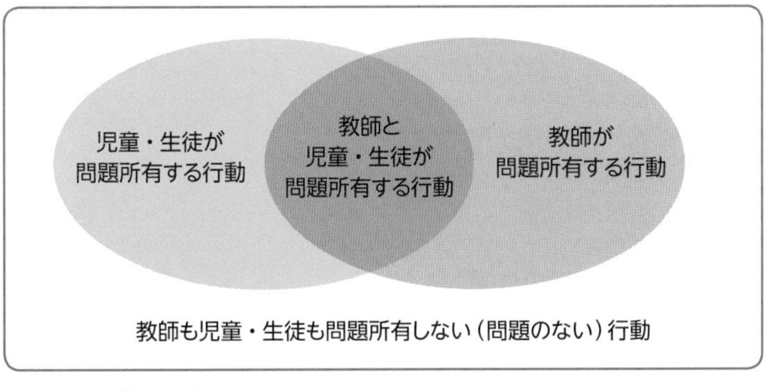

（注）　網掛け部分が「問題行動」とみなせる。
トマス・ゴードン／奥沢良雄・市川千秋・近藤千恵共訳『T.E.T.教師学』小学館、1985年をもとに作成

3 個別の課題への指導の方針

① 日常での問題行動への指導の方針

児童・生徒の個別の課題への発見につながる日常での問題行動は、授業中、休み時間、部活動など、ほかの児童・生徒たちも目の前にいるという場面で見出されることになります。つまり、特定の児童・生徒の問題行動を確認したとき、教師は個と集団の両者を意識しつつ、課題への対応をしていきます。

その際の指導の方針として重要なことは、児童・生徒との間であらかじめ共通理解された学級目標、校則といった規範を拠り所とすることです。これにより、場当たり的な指導にならず、期待される社会的能力の確認や社会規範の遵守に向けた、個と集団への適切な指導へとつながります。また、規範の逸脱による問題行動（教師による統制的指導での介入が予期される問題行動）への教師の毅然とした指導については、概して児童・生徒たちに納得されやすいことも知っておくとよいでしょう（図表7-2）。

② 日常での問題行動が繰り返しみられる児童・生徒への指導の方針

児童・生徒の個別の課題に対して、継続的に指導していく必要がある場合では、可能な限り幅広い情報を収集し、彼らの課題と結びついた問題行動への深い理解を目指す姿勢が必要です。

児童・生徒への個別の指導に向けて、当該の児童・生徒の特性やその背景にある環境についての情報を集めて理解することを**アセスメント**とよびます。アセスメントには、行動観察や日ごろからのコミュニケーション、さらにはスクールカウンセラーなどとの連携のもとで意図的に行われる質問紙調査や心理検査、関係者への聞き取りや面接などが含まれます。特に、

> **プラスワン**
>
> **問題行動に対して教師が用いる言葉かけへの児童・生徒の評価**
>
> 一般的に「～（規範を遵守する行動）をすると…だからあなたにとって有意義だよ」という言葉かけは、当事者にも周囲の児童・生徒にも肯定的に評価されやすい。他方、問題行動を認めるような「まあいいか」といった言葉かけは、当事者にとっては「見捨てられている」という印象を与え、ほかの児童・生徒には「頼りない」という印象を与えるため否定的に評価される。

図表7-2　学級での問題行動に対して児童・生徒が教師の統制的指導を望む程度

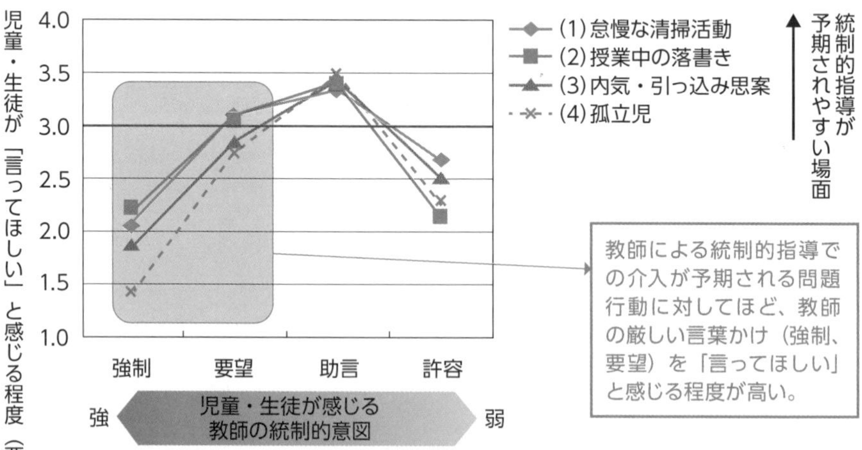

各カテゴリーの言葉かけの例

強制：「こら！」
要望：「～してほしいのだけど」
助言：「～するのはたいせつなことだよ」
許容：「～してほしいのだけど、まあいいか」

西口利文『問題対処の教師行動』学文社、2007年をもとに作成

問題行動が繰り返しみられる児童・生徒においては、アセスメントで得られた情報を頼りに、解決すべき課題に適切に対応していくことが欠かせません。

③ 深刻な問題行動が発生した場合の対応

暴力、喫煙・飲酒、不登校、いじめなどといった、社会的な規範や価値観から大きく逸脱した深刻な問題行動が反復や持続する場合は、学校内外の教師および関係者（スクールカウンセラー、教育委員会関係者など）との連携を通じたチーム体制で対応していくことが必要です。

特に、児童・生徒の問題行動が加害行為となった場合は、事実確認とともに、加害者（当該の児童・生徒）、被害者、全校の児童・生徒および保護者、外部機関（病院、警察、消防、マスコミなど）を視野に入れ、幅広くかつ多岐にわたる対応が求められることになります。

4 特別の教育的ニーズのある児童・生徒の理解

① 障害をもつ児童・生徒

個別の課題を抱える児童・生徒の問題行動を、生徒指導の観点から理解する際に、問題行動の背景の要因となる児童・生徒の特別な教育ニーズに留意すべき場合があります。その要因として特に配慮したいのは、児童・生徒のもつ障害特性です。障害をもつ児童・生徒に対しては、特別支援教育の考え方のもとで、特別支援学校や特別支援学級での指導や支援が重要な役割をもちます。

そのうえで、通常学級もその役割の一翼を担います。文部科学省が2012年に「共生社会の形成に向けた**インクルーシブ教育システム**＊構築のための特別支援教育の推進（報告）」に示したように、保護者の意見も尊重しつつ、生活する地域での初等中等教育の機会、具体的には通級による指導や通常学級での指導を受ける機会が与えられるのです。つまり、通常学級でも適宜、児童・生徒個人に必要な合理的配慮を提供しつつ、指導や支援をしていくことが求められているのです。

ところで、障害をもつ児童・生徒の生徒指導として、通常学級でとりわけ念頭に置きたいのは、発達障害の可能性がある児童・生徒についてです。なぜならば「通常の学級に在籍する発達障害の可能性のある特別な教育的支援を必要とする児童生徒に関する調査結果について」（文部科学省、2012）によれば、知的発達に遅れはないが発達障害の可能性があって学習面または行動面で著しい困難を示す児童・生徒は、学級全体の6.5％に相当することが明らかになっているからです。

発達障害の定義は、医療、法律、教育など扱われる分野によって若干異なり、また時代によっても推移がみられます。国内の学校教育の場では、2005年から施行された発達障害者支援法の定義が依拠されることが多く、そのなかでは「自閉症、アスペルガー症候群その他の広汎性発達障害、学習障害、注意欠陥多動性障害その他これに類する脳機能の障害であってその症状が通常低年齢において発現するものとして政令で定めるもの」とされています。なお、自閉症、アスペルガー症候群、学習障害、注意欠陥多

アセスメントについては、第8講で詳しく説明します。

語句説明

インクルーシブ教育システム

「人間の多様性の尊重等の強化、障害者が精神的及び身体的な能力等を可能な最大限度まで発達させ、自由な社会に効果的に参加することを可能とするとの目的の下、障害のある者と障害のない者が共に学ぶ仕組み」（文部科学省「共生社会の形成に向けたインクルーシブ教育システム構築のための特別支援教育の推進（報告）」2012年）を指す。

プラスワン

個別の教育支援計画と個別の指導計画

障害のある児童・生徒に対しては、アセスメントの結果をふまえて、長期的な計画としての個別の教育支援計画、短期的な計画としての個別の指導計画を作成し、そのもとで適切な指導・支援を行うことが必要である。

図表7－3　主な発達障害についての定義（教育場面で参照されている定義）

自閉症	3歳位までに現れ、①他人との社会的関係の形成の困難さ、②言葉の発達の遅れ、③興味や関心が狭く特定のものにこだわることを特徴とする行動の障害であり、中枢神経系に何らかの要因による機能不全があると推定される。
高機能自閉症	3歳位までに現れ、①他人との社会的関係の形成の困難さ、②言葉の発達の遅れ、③興味や関心が狭く特定のものにこだわることを特徴とする行動の障害である自閉症のうち、知的発達の遅れを伴わないものをいう。また、中枢神経系に何らかの要因による機能不全があると推定される。
アスペルガー症候群	自閉症の特徴のうち知的発達の遅れをともなわず、かつ言葉の発達の遅れをともなわないものである。
学習障害（LD）	基本的には全般的な知的発達に遅れはないが、聞く、話す、読む、書く、計算するまたは推論する能力のうち特定のものの習得と使用に著しい困難を示すさまざまな状態を指すものである。その原因として、中枢神経系に何らかの機能障害があると推定されるが、視覚障害、聴覚障害、知的障害、情緒障害などの障害や、環境的な要因が直接の原因となるものではない。
注意欠陥／多動性障害（ADHD）	年齢あるいは発達に不釣り合いな注意力、及び／又は衝動性、多動性を特徴とする行動の障害で、社会的な活動や学業の機能に支障をきたすものである。また、7歳以前に現れ、その状態が継続し、中枢神経系に何らかの要因による機能不全があると推定される。

（注）　高機能自閉症やアスペルガー症候群は、広汎性発達障害に分類される。
文部科学省ホームページをもとに作成 http://www.mext.go.jp/a_menu/shotou/tokubetu/004/008/001.htm（2020年2月10日閲覧）

動性障害については、文部科学省が示す定義を図表7－3にまとめます。

発達障害をもつ児童・生徒における生徒指導上の課題への対応のあり方について、2つの留意点をあげます。

1つ目は、一人ひとりの児童・生徒の特性および教育的ニーズを適切に理解することです。たとえば、発達障害に含まれる「自閉症スペクトラム障害」という医学的に同じ診断名のついた複数の児童・生徒がいたとしても、個々の児童・生徒の障害特性にはかなり個人差がみられるのです。

2つ目は、生徒指導上の課題につながることがらですが、発達障害のもつ特性によるつまずきが、別の問題行動を引き起こし得るということです。たとえば、学習活動につまずきを抱えやすい障害特性をもっているために学校でストレスを感じ、その結果として学校での攻撃的行動、または不登校や引きこもりといった行動がみられることもあります。これは二次障害ともよばれています。こうした留意点をふまえて継続的に支援していくためにも、アセスメントに基づいて支援をしていくことが求められます。

② 家庭の問題や母国語の問題を背景にもつ児童・生徒

生徒指導の観点から、個別の課題を抱える児童・生徒の問題行動を理解するにあたり、障害特性の要因以外に児童・生徒の特別な教育ニーズで留意すべきものは、児童・生徒を取り巻く環境の要因です。具体的には、家庭環境、外国からの移住といった要因です。

家庭環境の要因というのは、具体的には、家庭の貧困、家族からの虐待などといったことがあげられます。家庭の貧困は、特に学校外教育の機会に恵まれない状況を生みやすく、いわゆる教育格差を生むことが指摘されています。貧困の程度が深刻な場合、児童・生徒に対して、家事や勤労などへの過度の負担が生じたり、あるいは健全な成長に必要な衣食住が脅かされたりすることにもなり、結果として学校生活自体にも影響してきます。

虐待の影響も深刻です。児童・生徒は、養育者である家族によって人為的に、精神的・身体的に攻撃されることで、心の健康にも大きく影響を受けます。その結果として、学校生活を含む日常への不適応につながる可能性があります。また、日常への不適応な状態と相まって、自らが被ってきた攻撃的行動の体験を学習することで、他者への攻撃的行動などといった反社会性を示す問題行動がみられることもあります。

外国人移住者の家族である児童・生徒においては、入学時からその児童・生徒の固有の課題に向き合うことになります。まずは、日本語を母国語としないことによる言語的なハンディキャップです。当該の児童・生徒の多くは、生活言語としての日本語の習得をしつつ、教科の学びに必要な学習言語の習得が求められるという、言語習得の負担を強いられることになります。

こうした負担は、概して教科の学力にも影響することになります。さらには、日本という異文化への適応を求められることにもなり、情緒的な負担も重なります。こうしたことが起因して、学校生活での不適応な行動へとつながる可能性に留意しておかねばなりません。

2 個別の課題についての予防と対応

1 反社会的行動

児童・生徒が個別に抱える生徒指導上の課題の一部は、法や規範に基づく社会の秩序から外れた問題行動として特徴づけられます。こうした問題行動は反社会的行動とよばれます。反社会的行動は、法律のうえでは、少年非行（犯罪行為、触法行為、虞犯）から不良行為といわれるものまで幅広く該当します。

具体的な行為としては、傷害、窃盗、飲酒、喫煙、薬物乱用、暴力、暴走行為、深夜徘徊、不純異性交遊、家出などといったかたちでみられます。また学校において反社会的行動がみられる場合、教師への暴力・暴言・反抗的態度、生徒間暴力、器物損壊、怠学、授業妨害、校則違反などというかたちで現れます。

こうした行動を起こす要因は、事例によってもさまざまです。特に注目されてきた要因としてあげられるのは、①親や家庭との否定的な関係（特に養育者の攻撃的行動や虐待で特徴づけられた関係）、②学習活動に対する不適応、③攻撃性、衝動性の高いパーソナリティ特性、④過去の反社会的行動の経験、といったものです。

反社会的行動を学校において予防するための取り組みとして大切なことは、学校および学級規範の明確化、規範に基づいた学校および学級経営です。校内および学級内の規則は、児童・生徒と明確に共有し、可能ならば保護者とも共有しておくことが望ましいといえます。

さらに言えば、規則については、「～すべき」「～すべきでない」という、

プラスワン

少年非行と不良行為
少年非行は次の3つに分けられ、これらの類型に含まれる少年を、犯罪少年、触法少年、虞犯少年とよぶ。
犯罪行為：14歳以上20歳未満の少年による刑罰法令に触れる行為
触法行為：14歳未満の少年による刑罰法令に触れる行為
虞犯：刑罰法令に該当しないが、将来、刑罰法令に触れるおそれがある状態
一方、不良行為は、上に該当しないものの、飲酒、喫煙などで警察に補導される行為を指す。

図表7-4　ゼロトレランス方式を支えるレベル別の問題行動の分類と代表的な措置のモデル（例）

	問題行動	代表的な措置
レベル1	・無断欠席、遅刻 ・服装に関する違反 ・その他校則違反	教師からの注意 放課後の居残り指導 保護者懇談の実施
レベル2	・他者への品行方正を欠く言動 ・授業妨害 ・レベル1の行為を反復的に行うこと	校長・教頭からの注意 放課後の居残り指導 保護者懇談の実施
レベル3	・他者への攻撃的な言動（対教師暴力、児童・生徒間暴力） ・器物損壊 ・いじめへの積極的関与 ・喫煙、飲酒 ・レベル2の行為を反復的に行うこと	校長・教頭からの注意 放課後の居残り指導 保護者懇談の実施
レベル4	・窃盗 ・詐欺、偽造 ・賭博、わいせつ ・不法な物品の所有 ・レベル3の行為を反復的に行うこと	校外での指導 保護者懇談の実施 出席停止・停学
レベル5	・凶悪犯罪（強盗、放火、強姦など） ・暴行、傷害、脅迫、恐喝、凶器準備集合	校外での指導 保護者懇談の実施 出席停止・停学

いわゆる行動基準を示すことはもとより、その行動基準から逸脱した場合にどのような措置を受けるのかについても、明確に規則化して運用することが望まれます。こうした行動基準と逸脱した場合の措置に関する規則を、問題行動の内容や深刻さに応じて定め、それを原則的に例外なく運用するという実践はゼロトレランス方式*とよばれています（図表7-4）。

そのうえで、児童・生徒への日ごろのアセスメントから、反社会的行動のリスクの程度を見定めておくことも必要です。リスクの高い児童・生徒に対しては、学習活動や他者との関係などを通じて彼らが抱えるストレスの緩和を支えたり、ストレスの解消の際に反抗や暴力などに頼らなくてもよい対処行動を助言したりすることも予防につながります。

反社会的行動への対応については、問題の内容や深刻さに応じることになりますが、基本的には規則に基づいた対処をしたうえで、予防のときの指導にも用いた、行動のきっかけとなったストレスの緩和ならびにストレスへの対処行動の助言を含む、再発予防の矯正教育が軸となります。深刻な問題であるほど、チーム学校の体制での対応も必要です。なお、いずれの対応においても、指導や支援の担い手自身が、児童・生徒にとってのストレッサー（ストレスを感じる要因）にならない配慮が求められます。

語句説明

ゼロトレランス方式

1990年代にアメリカで生まれた教育方針のひとつ。ゼロトレランスとは不寛容のことで、「毅然とした対応方式」などと訳される。ただ日本の場合、規則一点張りの融通性のない教育につながりかねず、むしろ問題を隠蔽することも危惧されている。

2　非社会的行動

人間関係に代表される社会的な場面への関わりが消極的であったり逃避したりする行動として、児童・生徒が個別に抱える生徒指導上の課題がみられることもあります。こうした行動は、非社会的行動とよばれます。学校においては、授業中における内気や引っ込み思案な態度、ほかの児童・生徒と馴染めずに孤立した状態、対人関係の回避、緘黙、さらには後述する不登校などというかたちで現れます。

こうした行動を起こす要因として主にあげられるのは、①情緒的に不安定な（特に対人不安と関連した）パーソナリティ特性、②社会的な関わりへの動機づけの低さ、③ソーシャルスキルの不足、④行動修正を受けた経験の少なさ、といったものです。

非社会的行動の予防においては、授業や学級経営など、さまざまな機会を通じた社会的な相互作用を推進する取り組みが有意義です。直接的に社会性を育むことはもとより、社会的な関わりへの価値を認識させることにもなります。加えて、非社会的行動のリスクのある児童・生徒を見定めるアセスメントの機会にもなります。そのうえで、特に非社会的行動のリスクが高い児童・生徒に対しては、対人ストレスを緩和するソーシャルサポートを心がけ、機会があればソーシャルスキルを高める介入が望まれます。

非社会的行動への対応については、当該児童・生徒に対する情緒面への支援と、認知・行動面への支援という両面から行っていきます。情緒面への支援は、教師による問題解決的な相談面接や、場合によってはスクールカウンセラーなどの支援のもとでの心理カウンセリングや心理療法での支援になります。認知・行動面への支援は、ロールプレイングやモデリングなど、ソーシャルスキルトレーニングを活用したものになります。

3 不登校

不登校の定義は、文部科学省では「年度間に連続又は断続して30日以上欠席した児童生徒」のうち「何らかの心理的、情緒的、身体的、あるいは社会的要因・背景により、児童生徒が登校しないあるいはしたくともできない状況にある者（ただし、病気や経済的理由による者を除く。）」とされています（文部科学省「児童生徒の問題行動・不登校等生徒指導上の諸課題に関する調査−用語の解説」https://www.mext.go.jp/b_menu/toukei/chousa01/shidou/yougo/1267642.htm　2020年2月10日閲覧）。この定義に基づき、「平成29 年度『児童生徒の問題行動・不登校等生徒指導上の諸課題に関する調査』（速報値）について」（文部科学省、2018年）が報告されています。ここでは同年度の国内の不登校の児童・生徒数、在

図表7-5　不登校（小・中・高等学校）の児童・生徒数および当該児童・生徒の在籍学校の割合

	小学校	中学校	高等学校
不登校児童・生徒数（人）	35,032	108,999	49,643
在籍者数に占める割合（%）	0.5	3.2	1.5
不登校児童・生徒の在籍学校の割合（%）（高等学校は全日制と定時制を分けた学校総数を母数として算出）	56.2	87.3	79.5

文部科学省「平成29年度『児童生徒の問題行動・不登校等生徒指導上の諸課題に関する調査』（速報値）について」2018年をもとに作成

プラスワン
ソーシャルサポート
他者から与えられる、有形無形のさまざまな支援を指す。人間がストレスを抱えたときに、ソーシャルサポートを受けることで、ストレスにともなう影響（ストレス反応）が緩和されることが知られている。社会的支援ともよばれる。

プラスワン
ソーシャルスキル
対人行動、集団行動などの円滑な社会生活を送るのに必要な技能を指す。

籍者数に占める割合、さらに不登校の児童・生徒が在籍する学校の割合が示されています（図表7－5）。これらの数値から、どこの学校でも、不登校の予防や対応について留意する必要性があるといえます。

不登校が生じる要因は、学校に関する要因（友人関係に関する問題、学業不振、教職員との関係に関する問題、学校・学級への不適応、進路に関する不安など）、家庭に関する要因（生活環境の変化、親子関係など）など、個人によってじつに多様です。そのため、日ごろからの学校における不登校の予防としては、特別に何かを行うというよりも、むしろ非社会的行動への予防のあり方と同様に、日ごろからの各種機会を活用したソーシャルサポートの心がけ、およびソーシャルスキルを育む取り組みが望ましいでしょう。

そのうえで、不登校という問題行動について明らかなことは「学校を２、３日欠席する」という手がかりが必ず確認できることです。文部科学省の定義上は不登校ではなくても、この段階で早期対応を手堅く行うことが大切です。この時点で、担任教員、生徒指導主事、教育相談担当者、スクールカウンセラーなどによるチーム体制を敷いて、保護者と連携しながら、家庭訪問やアセスメントを兼ねた対応の協議を行います。

> **プラスワン**
>
> **タッチ登校**
> 学校内で、校門・保健室やそこで待機する教師と触れる（タッチする）ことで登校とみなす取り組みを指す。不登校の状態や登校を渋って欠席が続く状態の児童・生徒が、再登校できるようになるための過程で実践される。

児童・生徒には、協議内容をふまえて**タッチ登校**や、保健室登校なども提案しながら、本人に負担にならないかたちで、かつ徐々に通常の登校に戻れるように仕掛けていくことが有意義です。

不登校への対応は、欠席が長期化するほど難しくなります。なぜならば、その日までの不登校という状態そのものが、明日の不登校を維持させる（たとえば「これまで休んできたことが気まずいから、休み続けざるを得ない」という気持ちが現れるなど）という、いわゆる悪循環が生じてしまっているからです。この場合、悪循環から抜け出させることを目指して、場合によっては適応指導教室やフリースクールへの登校、生活の変化を支援していくカウンセリングを提案するなども視野に入れつつ、学校への復帰あるいは社会復帰を支えていく必要があります。

4 いじめ

国内でしばしば用いられる「いじめ」の定義は、「平成29年度児童生徒の問題行動・不登校等生徒指導上の諸課題に関する調査結果について」（文部科学省、2018）にも記され、次のとおりです。

「児童生徒に対して、当該児童生徒が在籍する学校に在籍している等当該児童生徒と一定の人的関係のある他の児童生徒が行う心理的又は物理的な影響を与える行為（インターネットを通じて行われるものを含む。）であって、当該行為の対象となった児童生徒が心身の苦痛を感じているもの」で、「起こった場所は学校の内外を問わない」というものです。

同調査ではこの定義に基づいて、いじめの認知件数（および１校当たりの認知件数）を算出しており、小学校で31万7,121件（15.7件）、中学校で８万424件（7.7件）、高等学校で１万4,789件（2.6件）、特別支援学校で2,044件（1.8件）となっています。

同調査においては、いじめが認知されていない学校があることも報告されていますが、一見仲良しに見える関係のなかでいじめが起こっていることも珍しくなかったり、あるいは近年ではネットいじめもあったりして、日常的に「認知されにくい事例」もあり得ます。少なくとも認知件数の総数をふまえる限りは、いじめはどこの学校や学級でも起こり得るという前提に立って、予防や対応に留意することが望ましいでしょう。

いじめの予防には、学級集団を対象とした情緒面への教育と、認知・行動面への教育が考えられます。前者では、学級の雰囲気を高める開発的なカウンセリング、具体的には**構成的グループエンカウンター**などのプログラムの実践や、**肯定的メッセージ法**とよばれる技法などが考えられます。後者の認知・行動面への教育は、「いじめを許さない」という規範を明確にした学級経営が軸になるでしょう。並行して、個に対する関わりとしては、特に加害者になりうる児童・生徒に対するリスクを、児童・生徒への日ごろのアセスメントから見定めておくことが必要です。

いじめの対応については、被害者と加害者に分けて行うことになります。

ディスカッションしてみよう！

学級のいじめの問題に教師として向き合う場合、日ごろから学級のいじめを予防することを目的とした取り組みが重要になります。そこで、学級単位で実践することが可能な具体的な手立てについて、短期的または長期的な手立て、授業または学級経営の仕掛けなど、幅広い視点からアイデアを出してみましょう。

たとえば・・・

プラスワン

構成的グループエンカウンター
「ふれあい」と「自他発見」を目標とした、グループ体験のプログラムを指す。エクササイズとよばれる数分から数十分で行う多様な課題があり、教育目的に応じて各課題を組み合わせて集中的に実施する。

プラスワン

肯定的メッセージ法
教師から児童・生徒、あるいは児童・生徒同士で、学活でのやりとりやメッセージカードなどを通じて、能力があり、優れており、個性的な存在であると肯定する（ほめる）情報を伝え合う取り組みのことを指す。

まずは被害者に対しては、対人関係のストレッサーによるストレス反応が生じることがあります。たとえば、心理的反応としては抑うつ、不安、恐怖感、身体的反応としては頭痛、不眠、行動的反応としては不登校や自殺念慮などがあげられます。特に、被害者のストレス反応は苦痛が大きいほど長期化してしまい、心的外傷後ストレス障害（PTSD）と診断されるようなこともあります。それゆえ、長期的な視野に立った心理的な支援が求められます。

他方、加害者に対しては、基本的には反社会的行動を引き起こした児童・生徒への対応と同様に、加害行為が社会秩序から外れた行動であるという前提に立った毅然とした対処、さらに再発予防の教育的な介入が必要です。

> **プラスワン**
> **心的外傷後ストレス障害（PTSD）**
> 事件や災害などの被害を受けたり目撃をしたりするという心の傷（トラウマ）がストレッサーとなって、精神的な苦痛が続く障害を指す。

5 情報モラルに関する問題

情報モラルに関する問題に向き合う際には、本講の冒頭でふれた「問題行動の発見は容易ではない」という事実を、別な角度から突きつけられることになります。それは、インターネットの世界における児童・生徒の活動自体の見えにくさということに起因する発見の難しさということです。

情報モラルに関する問題の内容はさまざまです。大きくは、図表7－6のとおりにまとめることができます。

こうした問題は、学校関係者や保護者などに認知された時点で、速やかに反社会的行動、非社会的行動、いじめなどの問題行動への対応に沿ったかたちですすめていくことになります。しかし、すでに情報の拡散や、深刻な加害者や被害者を生むといった、解決困難な根深い課題になっていることもあります。それゆえ、情報モラル教育として、情報のアクセスや発信に関する適切な判断力の育成、インターネット利用に関するルールの指導、日常のコミュニケーションの重要性の理解などを念頭に置いた、普段からの予防的な教育が欠かせません。並行して、家庭に対しては、情報通信端末の使用に関する家庭内ルールの明確化をはじめ、フィルタリング*についての理解や協力などを求めていくことも重要になります。

> **語句説明**
> **フィルタリング**
> 青少年の保護を目的として、インターネットから提供されている有害情報へのアクセスを制限するための、情報通信端末（コンピュータ、スマートフォンなど）に備わる機能のこと。

図表7－6　情報モラルに関する問題行動の種類および代表例

種類	代表例
状況にふさわしくない情報通信端末の利用	学校の規則に反する携帯電話の所持や使用。不適切な場所（電車の優先席、病院など）や状態（歩行中や自転車運転中など）での使用。
過度な情報通信端末の利用	インターネット上でのコミュニケーションへの過度な傾倒。インターネットゲームに対する嗜癖。その他「インターネット依存症」に通じる使用。
氾濫する情報に対する不適切な対応	違法情報（わいせつ物の公然陳列や薬物犯罪等の実行に関する情報など）や有害情報（違法行為を引き起こす可能性のある情報、自殺を誘発する情報など）へのアクセス。不正確な情報に対する思慮のない対応。
思慮分別のない個人情報の発信	ブログ、SNS、メールなどを通じた自らの情報や写真などの書き込みや送信。
他者との間でトラブルの発生するインターネット利用	クラスメートや知人を中傷したり名誉を棄損したりする記事の掲載。ネットいじめに通じるやりとり。コミュニティサイトなどをきっかけとしたトラブル。

復習や発展的な理解のために
知っておくと役立つ話

ポジティブな行動の介入と支援（PBIS）

アメリカの学校では、PBIS（Positive Behavior Interventions and Supports）という、児童・生徒の行動支援に関する実践モデルが広がっています。応用行動分析という心理学理論に基づき、すべての児童・生徒に対して、望ましい行動を確実に習得させるという方針のもと、３つの異なる水準からなる行動支援のシステムを設けて、各児童・生徒の行動のリスクに応じて、３つの水準のいずれかあるいはそれらを組み合わせた問題行動の予防や対応を行います。

まず、すべての児童・生徒は、一次予防とよばれる１つ目の水準に相当する行動支援が行われます。一次予防の行動支援では、児童・生徒が期待される行動（学びを達成する、責任を果たすなど）について、学校の場面（教室、廊下、トイレなど）ごとに、あらかじめ明確にしておくことが行われます。そのうえで、個人または学級や学校全体がそうした行動を実現すれば、「ごほうび」（ほめ言葉、証明書など）を一貫して与えていきます。並行して、個人が望ましくない行動を示す場合には、やはり一貫したかたちで、ほかの望ましい行動がとれるように支援していきます。

一次予防を行っていても、さらに問題行動を続ける児童・生徒には、２つ目の水準に相当する二次予防が行われることになります。大体15％ぐらいの児童・生徒が対象となります。二次予防では、児童・生徒のグループも活用しつつ、ソーシャルスキルトレーニング、相互の学習支援（ピアチュータリング）、自己管理の強化などを行うことで、問題行動のリスクを減らしていくのです。

二次予防を行っても問題行動を示す場合は、三次予防といった支援システムのもと、個々の問題行動に合わせてさらなる支援を付加していきます。対象となる児童・生徒は、大体５％程度となります。

なお、PBISによる行動支援のモデルは、「PBISピラミッド」とよばれる図でしばしば表現されます（図表7-7）。

図表7-7　PBISピラミッド

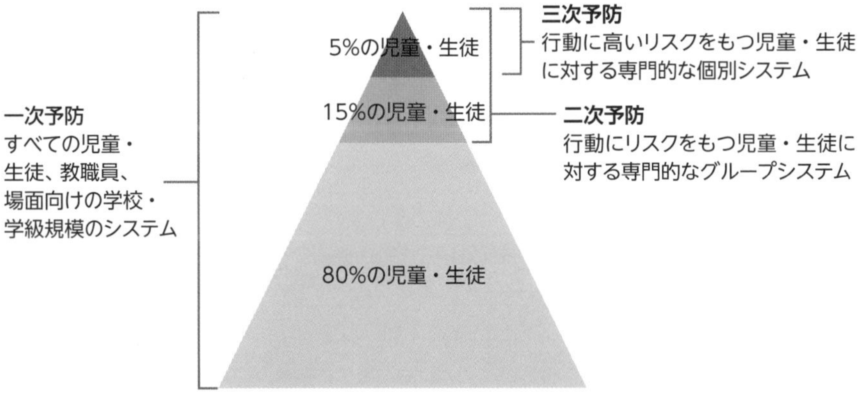

ちゃんとわかったかな?

復習問題にチャレンジ

類題（沖縄県　2018 年）

①次の文は、障害のある児童生徒等に対する早期からの一貫した支援について（通知）（平成25年10月4日付け25文科初第756号）の一部である。文中の［　　］に入れるのに最も適切な語句を、あとの1～5の中から一つ選びなさい。

学習障害又は注意欠陥多動性障害の児童生徒については、［　　］の対象とするまでもなく、通常の学級における教員の適切な配慮やティーム・ティーチングの活用、学習内容の習熟の程度に応じた指導の工夫等により、対応することが適切である者も多くみられることに十分留意すること。

1．特別支援学級
2．特別支援学校
3．特別支援教育支援員
4．通級による指導
5．専門家チーム

類題（大阪府／大阪市・堺市・豊能地区　2018 年）

②次の各文のうち、「不登校児童生徒への支援の在り方について（通知）」（平成28年9月14日文部科学省）の中の、「不登校児童生徒に対する効果的な支援の充実」に関する記述の内容として誤っているものはどれか。1～5から一つ選びなさい。

1．不登校児童生徒の支援においては、予兆への対応を含めた初期段階からの組織的・計画的な支援が必要であること。
2．不登校児童生徒が登校してきた場合は、温かい雰囲気で迎え入れられるよう配慮するとともに、保健室、相談室及び学校図書館等を活用しつつ、徐々に学校生活への適応を図っていけるような指導上の工夫が重要であること。
3．家庭訪問を行う際は、その意図・目的・方法及び成果にとらわれることなく、できるかぎり家庭訪問の回数を増やし、児童生徒の理解に努める必要があること。
4．学校においては、相談支援体制の両輪である、スクールカウンセラー及びスクールソーシャルワーカーを効果的に活用し、学校全体の教育力の向上を図ることが重要であること。
5．家庭訪問や電話連絡を繰り返しても児童生徒の安否が確認できない等の場合は、直ちに市町村又は児童相談所への通告を行うほか、警察等に情報提供を行うなど、適切な対処が必要であること。

理解できたことをまとめておこう！

ノートテイキングページ

学習のヒント：個別の課題を抱える児童・生徒に対して、どのようなことに気をつけて関わるとよいでしょうか。具体的に書き出してみましょう。

第8講

教育相談と生徒指導

理解のポイント

教育相談と生徒指導は、それぞれ児童・生徒に対する教育活動内容では異なる概念ですが、いずれも学校の場では児童・生徒を支える教育活動として位置づけられています。本講では、両者の共通性と差異性をふまえ、そのうえで教育相談の体制づくりおよびそのすすめ方についての理解を深めていくことにしましょう。

1 教育相談と生徒指導との関係

教育相談は、生徒指導とともに、学校生活への適応、人間関係の形成、進路の選択など、生徒の発達を支えることを共通の目的とした学校の教育活動として位置づけられています。また、両概念が指し示す教育活動は、すべての児童・生徒を対象として、すべての教師が、教育課程の内外で実践することを前提にしているという点でも共通性がみられます。

その一方で、学校教育のもとで、教育相談と生徒指導の用語が使い分けられるときには、両者は異なる活動として位置づけられてきました。図表8－1は、「生徒指導提要」に記された、教育相談と生徒指導の相違点について整理したものです。

それでは、教育相談と生徒指導は、どういった関係にあるのでしょうか。代表的な考え方は２つあります。

図表８－１　教育相談と生徒指導

	教育相談	生徒指導
活動の概要	一人ひとりの（児童）生徒の教育上の問題について、本人またはその親などに、その望ましいあり方を助言する。	一人ひとりの児童・生徒の人格を尊重し、個性の伸長を図りながら、社会的資質や行動力を高めることを目指して行われる。
児童・生徒への焦点の当て方	主に個に焦点を当てる。	主に集団に焦点を当てる。
活動の手続き	面接や演習を通して個の内面の変容を図る。	行事や特別活動などにおいて、集団としての成果や変容を目指し、結果として個の変容に至る。

文部科学省『生徒指導提要』教育図書、2010年をもとに作成

プラスワン

教育相談とカウンセリングマインド

教育相談における教師の姿勢を表す表現として、カウンセリングマインドという概念が1990年代に日本の学校で急速に広まった。教育相談が一部の教師のみで行われるものではなく，すべての教師が教育相談に向き合う必要性があることを示す役割を果たした。ただし、概念自体の抽象性ゆえに、具体的な実践のあり方が教師にとってわかりにくく、結果として「子どもたちにやさしくしさえすればよい」という誤解をもたらしたこともあったようである。

1つ目は、教育相談が生徒指導に含まれるという考え方です。たとえば、『生徒指導提要』のなかでは、「教育相談」の内容が「第５章」として一つの章にまとめられており、生徒指導の一環としての活動とみなされています。

２つ目は、教育相談と生徒指導とは、車の両輪のごとく相補的な関係にあるという考え方です。小学校・中学校・高等学校「学習指導要領」（文部科学省、2017、2018）の「第１章　総則」には、教育課程の編成及び実施に当たっての配慮すべきこととして「主に集団の場面で必要な指導や援助を行うガイダンスと、個々の生徒の多様な実態を踏まえ、一人一人が抱える課題に個別に対応した指導を行うカウンセリングの双方により、生徒の発達を支援すること」と記されています。ここでのガイダンスとは生徒指導の重要な機能を意味し、またここで述べられたカウンセリングについては、教育相談を広く指すとみなせます。すなわち、教育相談と生徒指導とが、学校の教育活動における相補的な関係にあることが読み取れます。

なお、国内の学校を広く見渡すと、校内組織として、生徒指導部のなかに教育相談係が組み込まれている場合や、教育相談部が独立している場合などがみられます。教育相談と生徒指導の関係についての２つの考え方が、現実の教育の場でも併存していることを示すものといえるでしょう。

2　教育相談の体制づくり

1　学校内での教育相談体制の充実

教育相談は、従来は相談を受ける事案が発生してから対応することに重点がおかれる傾向にありました。しかしながら、近年では生徒指導の基本的な考え方と同様に、日ごろから相談事案の発生を未然に予防し、個の内面を積極的に育むという活動も重視されるようになってきました。もちろん、事案の発生後においては、系統的に支援にあたる必要があります。こうしたことから、教育相談が目的に沿ったかたちで機能するためには、理にかなった体制を構築して充実させることが欠かせません。

教育相談の体制が充実するための重要なポイントを示します。

① 校内組織の整備

学校内で教育相談の体制を充実させるためには、まずは校長のリーダーシップのもとで、「チーム学校」体制の組織を整備していくことになります。具体的には、校務分掌としての教育相談部・係、あるいは教育相談委員会などを、各学校の実情に沿ったかたちで設置します。そのうえで、各種連携を含めた校内組織を適切に運営していくためには、教職員のなかから教育相談に関する十分な知識や判断力をもつ者を選任し、**教育相談コーディネーター**を置くことが必要になります。教育相談コーディネーターは、校内および校外との情報の共有および交換、ケース会議をはじめとした各種会議や研修会の企画・運営、関係者の役割分担といった、組織内のさまざまな連絡調整を行うことになります。

> **プラスワン**
>
> **教育相談コーディネーターの配置**
>
> 文部科学省の「教育相談等に関する調査研究協力者会議（平成27年12月4日～）報告」の「児童・生徒の教育相談の充実について（報告）」（2017年1月）のなかで、学校では「教育相談コーディネーター」を中心とした教育相談体制を構築する必要性があると記されている。さらにさかのぼると『生徒指導提要』（2010年）のなかでは、「コーディネーター役」としての「教育相談担当教員」という表現が用いられ、先と同様に組織的な教育相談体制のあり方について述べられている。

② 教育相談のプロセスの明確化

教育相談体制の充実には、その活動のプロセスを明確にしておくことが必要です。その出発点となるのが、計画の立案です。教育相談に関する計画は、学校の全体的な教育計画に含まれることが前提となります。そのうえで、全体計画、年間計画、さらにはそれらの計画をふまえた具体的な実施計画を立案することになります（図表8－2）。

特に、個別の児童・生徒に関する問題解決や支援が必要な場合は、具体的な実施計画を立てる前の段階でアセスメントを行うことが重要となります。アセスメントとは、査定や評価、あるいは見立てなどともいわれ、個々の児童・生徒に関する問題の解決や支援を適切に行うために、その個人の特性およびその背景にある環境等の情報を集めて、理解することを指します。図表8－3に、アセスメントの観点について整理したものを示します。アセスメントの方法はきわめて多様です。たとえば、児童・生徒の行動観察、児童・生徒とのコミュニケーション、学習活動の記録の確認など、日常の教育実践を生かして行う方法があります。また、質問紙調査、心理検査（知能検査、学力検査、性格検査、職業適性検査など）、関係者への面接（インテーク面接*）などのように、アセスメントのために意図的に実施する方法もあります。

教育相談コーディネーターは、アセスメントで得られたデータをふまえ

語句説明

インテーク面接

相談者との間で行う最初の面接で、相談のきっかけとなる問題および、その背景について明らかにすることを主な目的とした面接を指す。

図表8－2　教育相談に関する諸計画

計画の種類	内容
全体計画	教育相談の理念や自校の課題を踏まえて、その学校の教育相談の目標や重点事項、組織および運営、相談計画の骨子などを示した計画。
年間計画	相談活動の実施計画を始め、相談室の整備と運営、児童・生徒理解の手立て（心理検査の実施等）、教育相談に関する教員研修、保護者や関係機関との連携などに関する事項を、学期・月ごとに整理して示した計画。
具体的な実施計画	それぞれの事項がどのような方針の下に、だれが、いつ、どのように行うかの細目を、わかりやすく構造化して示した計画。

文部科学省『生徒指導提要』教育図書、2010年をもとに作成

図表8－3　アセスメントにおいて重要となる情報

観点	情報の内容
個人	児童・生徒の学習面、心理・社会面、進路面、健康面、家庭生活での悩みや実態。学年進行に伴う経年変化。
学校	学級・学年の児童・生徒たちの学習面、心理・社会面、進路面、健康面、家庭生活での悩みや実態の全体的傾向。
家庭	保護者間の関係、保護者と児童・生徒の関係、家庭適応度、家庭内暴力や配偶者間暴力（DV）の有無、経済的な不安や悩みや実態。
地域	家庭の所在地の周辺情報（繁華街・各種店舗および公共施設などの物理的環境や家庭からの距離）。暴走族・非合法集団などとの接触可能性。
緊急性	上記4つの情報をもとに、緊急対応が必要であるか、ある一定期間の観察を要するか、現段階では注意深く見守るだけでよいか、といった児童・生徒の抱えるリスクの程度。

八並光俊・國分康孝編『新生徒指導ガイド――開発・予防・解決的な教育モデルによる発達援助』図書文化社、2008年、34-35頁をもとに作成

て、個別対応のための具体的な実施計画を立てることになります。たとえば、対象の児童・生徒の支援に必要となるチームの教職員や専門家の範囲を定め、支援の全体方針を決めるための会議を招集し、それぞれの役割分担などを明確にして計画を具体化します。その後、具体的な計画のもとで、チームによる実際の支援がすすめられていくのです。

さらに、上述のプロセスを振り返り、計画の修正点を把握するなど、継続的な支援活動を行うための評価も欠かせません。評価の対象には、当初の計画の適切さ、研修会の内容および効果、情報・資料・施設等の管理や運営のあり方、校内・校外の連携のあり方、緊急の対応を要した活動の適切さなどがあります。また、継続的に教育相談の支援が必要な児童・生徒に対しては、必要に応じて再アセスメントを行うことになります。

以上のプロセスを経て、さらに新たな計画立案や実践が行われることになります。このプロセスは、PDCAサイクルにも一致します。

③ 教師の資質向上

教育相談についての資質向上は、特定の教師を対象にすればよいというものではなく、すべての教師に期待されています。学級担任やホームルーム担任の教師は、自らが関わる児童・生徒に教育相談のニーズが生じたときには、「チーム学校」体制のもとで、その支援の一翼を担うことが期待されているのです。このことから、すべての教師が教育相談に関する資質向上を目指すためにも、教育相談の研修の機会を与えられることが重要です。

そのため、教育相談に関する適切な内容の校内研修を企画・運営することは、学校にとって必要不可欠であり、教育相談コーディネーターをはじめとした担当教師の力量が要請されることになります。

2 教育相談における校内および校外の連携

先述のとおり、教育相談コーディネーターは、学校が「チーム学校」の体制のもと、組織的な教育相談を行っていくうえでの連絡調整を担います。そうしたなかで、校内組織での連携および校外との連携を行うことになります。

校内組織においては、案件に応じて、養護教諭、特別支援教育コーディネーター、学級担任教員、その他当該児童・生徒に関わる教職員との連携が行われます。そのうえで、各学校の実情に応じて配置されるスクールカウンセラー*（SC）やスクールソーシャルワーカー*（SSW）との連携が行われます。これにより、心理および福祉の視点からの高度な専門性が加わり、教育相談体制がより充実することになります。

さらに、校内組織の連携のみでは対応が困難な案件においては、校外との連携が必要となります。具体的には、医療機関、福祉機関、就労支援機関、特別支援学校などの専門機関やそこに所属する専門家との連携、そして保護者などとの連携が含まれます。

語句説明

スクールカウンセラー

児童・生徒の心の問題や不登校やいじめなどの問題に対応する専門家である。国内では1995年よりスクールカウンセラー活用調査研究委託事業が開始され、2001年より本格実施された。臨床心理士の資格を有する者が配置されていることが多い。

語句説明

スクールソーシャルワーカー

児童・生徒が生活する虐待や貧困などの環境の問題に介入することで彼らを支援する専門家である。国内では2008年からスクールソーシャルワーカー活用事業が展開されている。

ディスカッションしてみよう!

「これまで学習活動に積極的であったにもかかわらず、この１週間においては学習活動でやる気を失っている」と思われる生徒が、あなたが教科の指導をしている学級にいるとします。さて、やる気を失っている理由として、いかなることが考えられるでしょうか。その生徒へのアセスメントを行うという視点に基づき、いろいろな可能性を考えましょう。

たとえば・・・

3 教育相談のすすめ方

1 教育相談の3つの側面

教育相談は、「チーム学校」の体制のもとで、すべての教師が担う活動です。以下では、すべての教師が、主体的な立場で教育相談としてすすめることが期待される実践の内容についてまとめることにします。

まず、留意しておくべきことは、教育相談の活動の内容には、大きく３つの側面があるということです。それは、問題解決的な教育相談、予防的な教育相談、開発的な教育相談です。

問題解決的な教育相談は、メンタルヘルス＊が不調で心理的に不安定な児童・生徒に対する個別の支援による問題の解決を目的とします。すなわち、児童・生徒が、個別に課題を抱えている場合に行われる教育相談活動です。

これに対して、開発的な教育相談は、児童・生徒における個の内面の成

語句説明

メンタルヘルス

心の健康、精神的健康を表す。心の不健康の状態に対する予防や回復の意義を強調する場合にしばしば用いられる。

図表8-4　教育相談の3つの側面のイメージ

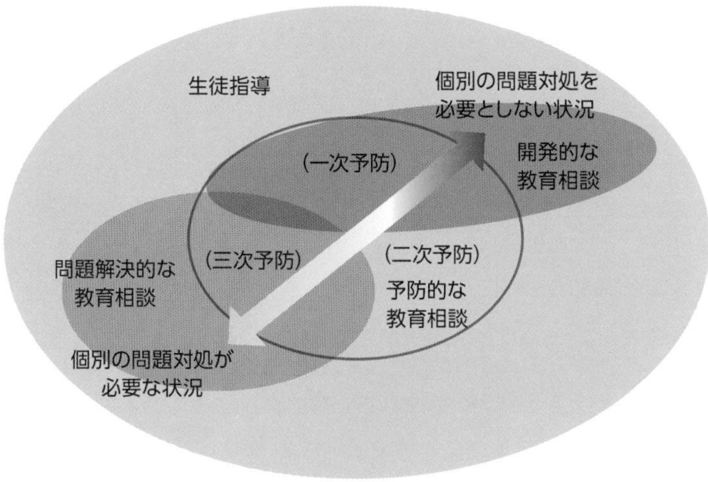

教育相談が生徒指導に含まれるという考え方に基づいたイメージ

長発達を支えることを目的としています。つまり、個別の対応を必要としない状況において、一人ひとりの児童・生徒のメンタルヘルスを保持増進させる教育相談活動ということができます。

予防的な教育相談とは、問題を未然に予防、あるいは問題の再発を予防することを目的としています。予防的な教育相談が対象とする活動は幅広く、さらに3つの概念で分類できます。1つ目は、開発的な教育相談と並行しながら、児童・生徒たちのメンタルヘルスの不調を防ぐという一次予防（リスクマネジメント*）です。2つ目は、児童・生徒個人に、メンタルヘルスの不調の兆しがうかがえるときに、より深刻な問題に陥らないようにする二次予防（早期のクライシスマネジメント*）です。3つ目は、個別の問題を抱えてメンタルヘルスの不調な状態が続く児童・生徒に対して、その不調をより悪化あるいは再発させないために、問題解決的な教育相談とともに行う三次予防（中長期的なクライシスマネジメント）です。

学校におけるさまざまな教育活動を、教育相談の3つの側面から整理することも理論的には可能です。図表8-4は、それをイメージで表したものです。

2　問題解決的な教育相談

問題解決的な教育相談は、「治療的な教育相談」ともよばれます。児童・生徒の個別的な問題に対して、主に心理カウンセリングの技法など治療的な関わりをふまえた面接を行い、その結果として、心の安定やメンタルヘルスの回復を目指します。予防的な教育相談の三次予防の取り組みとともに行われる場合もあります。

問題が深刻であるほど、教育相談コーディネーターを中心とした「チーム学校」の体制のもとで対応することが求められます。そこで、問題解決的な教育相談を円滑にすすめるために、「チーム学校」の体制を前提とす

語句説明

リスクマネジメント

問題（危機）が発生する前から、不安定な状態を回避すること。

語句説明

クライシスマネジメント

問題（危機）が発生した後に、被害を最小限に止めて安定した状態に回復すること。

プラスワン

リフレーミング

他者の行動や性格などに対して普段用いている表現のあり方を変えるという、心理療法で用いられる技法を指す。たとえば、「落ち着きがない」は「活動的である」へ、「泣き虫」は「感受性豊か」へと表現を変える。問題解決的な教育相談の場では、児童・生徒が、自らや他者に対して過度に否定的な見方をしている様子に直面することがある。教師のリフレーミングによる語りかけを通じて、肯定的な見方があることを児童・生徒に気づかせ、その児童・生徒の頑固なものの見方をほぐし、問題の解決につなげていくという応用のしかたである。

る手続きについて、次の事例をふまえつつ整理しておきましょう。なお、事例中の（a）～（d）の記号は、その後の本文で説明するために示したものです。

事例

あなたは中学校の教師で、1年生の担任をすることとなりました。K君は新年度から担任する学級の生徒で、性格は穏やかで真面目な印象でした。4月中旬のある日、その学級で、4人1組による学習班での課題に取り組ませる授業を実践しました。学習班での生徒たちの様子を見回っていたところ、K君が机に顔を伏せていました。声をかけたところ、顔を上げたものの明確な返事はなく、その後の学習班のほかの生徒からの働きかけに対しても、下を向いたままでした。…（a）

放課後、K君に「10分だけ一緒に話をしたいのだけどいい？」と声をかけると、K君は応じました。K君に「さっきの授業で下を向いていたけど何かあったの？　もし役に立てるようならば、力になるよ」と言葉をかけました。K君は「班のなかで、自分の意見を言っても無視される。あの子たちとはできれば話し合いをしたくない」と答えました。翌日、同じ班にいるMさんをよび止めて、学習班でのやりとりについて話を聞きました。すると、「K君が自分の意見を無理やり押し通そうとするので、『ちょっと待ってよ』と私たちが言ったところ、K君が機嫌を損ねてしまったのです。それからあのような感じになってしまって…」と語りました。班内のTさんとH君にも話を聞いたところ、Mさんと同じ趣旨のことを話しました。…（b 1）

学習班でのK君の様子は、次の授業でも同様だったため、あなたは教育相談コーディネーターに相談をしました。教育相談コーディネーターがほかの教師から聞き取りを行った結果、K君の穏やかで真面目な一面については皆同じ見立てですが、「自分の考えにこだわり、それを押し通そうとする」特性もみられるようでした。…（b 2）

教育相談コーディネーターとスクールカウンセラー、あなたとの3名で、今後の対応を協議する会議を行いました。別の機会に行われた教育相談コーディネーターとK君との面接から、K君はあなたを信頼しているとのことでした。会議の結果、K君が授業での学びで困難を感じたときに、あなたが面接を行うこととなりました。…（c）

あなたがK君にそのことを伝えたところ、K君は承諾しました。K君が授業で困難を感じた日には、放課後にあなたに知らせること、その場合はその日のうちに、あなたと10分程度の相談面接を行うことにしました。…（d）

そのうえで、授業では、学習班で話し合う際の基本的な考え方（お互いにそれぞれの意見を受け止めること、自分の意見が通らなくても、それは人格の全否定を意味しないこと）について、学級全体で共有する機会をもちました。

プラスワン

児童・生徒に用いられる心理検査

心理検査には、さまざまなものがある。児童・生徒のいかなる特徴を理解するかによって、知能検査（田中ビネー式知能検査、ウェクスラー式知能検査など）、発達検査（新版K式発達検査など）、性格検査（Y-G性格検査、東大式エゴグラムなど）、適性検査（SG式進路適性検査など）といったものを使い分けることになる。学校に通う児童・生徒に対して実施する場合、検査をすること自体が目的ではなく、彼らへの適切な教育および支援の計画と実践を支えるための手段、すなわちアセスメントとして活用されるものとして考えておきたい。

事例を読んで、ポイントとなる部分にアンダーラインを引いてみましょう。

① 問題ならびに対応についての基本的な理解

教育相談に関する児童・生徒からの訴えとしてしばしばあがる問題は、学業不振、学校での対人関係上の困難、学校不適応、進路に関わる課題、学校外の生活への不適応、といったものです。そうなると当然、それらの問題への対応を知っておく必要があります。教師として教育相談に関わるにあたっては、研修などを通じて、これらの問題とその対応について基本的な考え方を習得しておくことが求められます。

② 問題の発見・確認およびアセスメント

児童・生徒の問題については、本人や保護者からの直接的な訴えや、学校に来ないなどの明らかな行動があれば、通常はインテーク面接を通じてアセスメントしていくことになります。しかしながら、児童・生徒の問題は、必ずしも顕在化したものだけではありません。そのため教師は、児童・生徒の日常の行動観察、彼らとの会話、学習活動の成果などの記録といった手がかりから、問題を発見する力量が求められます（事例（a））。

問題を発見あるいは確認するきっかけとなった情報は、問題解決に向けた計画・実践をするためのアセスメントの情報としても活用することができます。ただし、その時点で得られた情報のみでは、適切な計画・実践をするのに十分ではありません。そこで、問題を明確にするために、当該の児童・生徒および関係者への呼び出し面接や、場合によっては質問紙調査や心理検査などを通じてアセスメントを続けます（事例（b１、b２））。

③ アセスメントに基づくPDCAサイクルでの取り組み

アセスメントを行うことにより、当該児童・生徒の現状、さらには問題の要因などが把握できます。そこで、アセスメントから得られた情報をふまえ当該案件の解決に向けたチームを結成し、チーム体制でPDCAサイクルによる問題解決的な教育相談をすすめていきます。相談面接については、誰がどのように行うのか具体的な計画を立てます。相談面接は、スクールカウンセラーではなく、教師が行うこともあり得ます（事例（c））。

児童・生徒の話を聴く場合は、「視線（適度に目を向ける）」「うなずき・相槌（話に合わせて首を縦に振ったり、『うん』『なるほど』などと言ったりする）」「繰り返し（共感的な理解に通じる言葉を繰り返す）」「明瞭化・言い換え（言語化されていない気持ちや話のわかりにくい部分を代わりに言語化する）」「要約（話の要点をまとめる）」「質問（不明な点を尋ねたり、児童・生徒に話のきっかけをつくったりする）」といった相談の技法を用いながら、面接を行います（事例（d））。

数回の面接の経過について、適宜、振り返りをしながら評価を行います。その結果によって、再アセスメントや支援計画の修正を行い、継続的に支援していきます。

なお、面接のなかで児童・生徒が話した内容については、自傷・他害行為や命に関わることなどの例外を除き、守秘義務の原則で保護しなければなりません。チームによる支援の場合は、チーム内での集団守秘義務が生じます。

プラスワン

機能的アセスメント

アセスメントのなかでも、問題行動とその前後関係に着目しながら、その行動がもつ機能（いかなる状況のもと、どういった理由で問題行動が起きているのか）を推測しつつ理解することを指す。これにより、見た目は同じ問題行動が、実のところ異なる意味があり、結果として異なる対応が必要であることの理解へとつながる。たとえば、ある子どもが班活動のなかで突然黙ってしまうという行動について、その理由を探れば、「自分の思考に集中したいため」ということもあれば「周囲に気づかってもらいたいため」ということもある。「突然黙る」ということの機能的アセスメントによって、より適切な対応の仕方を見通せるのである。

3 予防的な教育相談

予防的な教育相談は、問題の生起あるいは再発を予防する目的で行うものです。予防的な教育相談は、概念上は先述のとおり、一次予防、二次予防、三次予防に分類されます。いずれも機能的には、問題を防ぐことを目指した取り組みであるという点で違いはありません。

予防的な教育相談の具体例をあげます。教育相談自体を目的として行われるものとしては、予防的な心理カウンセリングをはじめ、ストレスマネジメント、アンガーマネジメントといった取り組みです（図表8－5）。

また、普段の学校生活のなかで教師との間で交わされるコミュニケーションは、一次予防という意味で、重要な役割を担っている場合もあります。さらに、授業での児童・生徒の対話的な学び合いの活動も、他者との関係性の維持につながるという意味では、予防的な教育相談の一翼を担っているとみることもできます。

4 開発的な教育相談

開発的な教育相談は「発達促進的な教育相談」ともいわれ、メンタルヘルスの保持増進を目的としており、年間計画などの長期的な計画のもとで実施される活動が主体となります。教育相談の一次予防の活動と組み合わせながら行うことも可能です。

開発的な教育相談そのものを目的として実践されるものとして、ソーシャルスキルトレーニング、構成的グループエンカウンター、アサーショントレーニング、キャリア・カウンセリングといった取り組みがあります（図表8－5）。加えて、対話的な学び合いの活動や、教師との間での日常的なコミュニケーションも、教育相談の開発的な側面に通じるとみなすことができます。

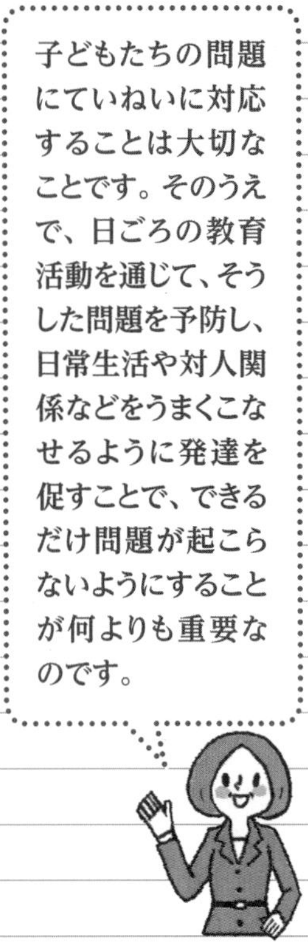

子どもたちの問題にていねいに対応することは大切なことです。そのうえで、日ごろの教育活動を通じて、そうした問題を予防し、日常生活や対人関係などをうまくこなせるように発達を促すことで、できるだけ問題が起こらないようにすることが何よりも重要なのです。

図表8－5　予防的・開発的な教育相談のためのプログラムの例

プログラムの総称	概要
ストレスマネジメント	日常生活でのストレスから自分の精神的健康を守るために、必要な行動を選択し実践することを指す。ストレスマネジメント教育を通じて、ストレッサーを減らしたり、あるいはストレスを緩和したり対処したりするためのスキルを身につけたりする手法を学ぶ。
アンガーマネジメント	怒りの感情が生じるのを予防したり、あるいは生じた怒りを適切にコントロールしたりすることであり、同時にアンガーマネジメントを学ぶためのプログラムを指している。
ソーシャルスキルトレーニング	対人行動をはじめとした社会生活に必要な技能を習得し、これにともない日常生活の困難を減らすことを目指す訓練技法を総称したものである。広義では、ストレスマネジメントやアサーショントレーニングなどの、社会生活に必要な技能の向上につながるほかのプログラムも含まれる。また、関連の深いプログラムとして、WHO（世界保健機関）の提唱するライフスキル（「日常生活で生じるさまざまな問題や要求に対して、建設的かつ効果的に対処するために必要な能力」と定義されている）をふまえた、ライフスキルトレーニングも知られる。
構成的グループエンカウンター	「ふれあい」と「自他発見」を目標とした、グループによって実践される複数の課題（エクササイズ）からなるプログラムを指す。ファシリテーターとしての教師が、教育目的に応じて、各課題の特徴をふまえながらそれらを組み合わせて実践する。
アサーショントレーニング	自分と他者の両者の欲求や感情などをともに尊重しながら、適切な自己表現をする力を育むための訓練技法を指す。
キャリア・カウンセリング	社会的あるいは職業的な自立に児童・生徒が向き合ったときに生じる、自己理解および自己管理、働く意義の理解などのさまざまな課題について、カウンセリングの手法を通じて支援する活動を指す。

復習や発展的な理解のために

知っておくと役立つ話

生徒指導を支える対照的行動

教師は、教育的な目標に向けたリーダーシップを発揮することが期待されています。リーダーシップのさまざまな考え方のなかには、近年では経営者のリーダーシップのあり方を説明するのに提唱された「フレキシブルリーダーシップ」とよばれる概念を見出すことができます。

フレキシブルリーダーシップとは、状況に応じて行動を適切に選んで対応するリーダーの指導性のことを指します。特に重要な点として、組織のリーダーが、フレキシブルリーダーシップを発揮するためには、さまざまな状況に対応できるように、あらかじめ対照的行動を習得しておくことが有意義であると考えます。代表的な対照的行動として知られるのは図表8－6のとおりです。

図表8－6　代表的な対照的行動

強制的行動		授権的行動
グループの成員の先頭に立つ行動	対	グループの成員が先頭に立つ状態をつくり出す行動

戦略的行動		戦術的行動
中長期間な見通しを立てることに焦点化した行動	対	短期間で成果を出すことに焦点化した行動

リーダーとしての教師のあり方を、フレキシブルリーダーシップの観点から具体例を考えてみます。

児童・生徒が何らかの問題を抱えているとき、教師として「～という方法で解決してみなさい」と指導する方法があり得ます。その一方で、「どういった解決方法があるか考えてみてごらん」と提案することも可能です。それぞれは、対照的行動とみなすことができるでしょう。

ところで、教育相談と生徒指導の活動は、前者の活動が「支援的」「受容的」「内面への焦点化」であるのに対して、後者の活動が「指導的」「統制的」「行動（外面）への焦点化」であることは、学校でしばしば認識されてきました。まさに、両者は対照的行動とみることができます。

教育相談と生徒指導が、相補的な関係にあることは、本講で説明してきたとおりです。そのうえで、フレキシブルリーダーシップの対照的行動の観点もふまえるならば、教師がリーダーシップを発揮するにあたっては、両者の視点を勘案して、状況に応じて、活動のあり方を適宜使い分けることが必要といえそうです。

最後に、教師として対照的行動を習得するためのポイントを補足しておきます。それは、児童・生徒たちのリーダーとしての実践を通じて、絶えず学び続ける姿勢を維持することです。これにより、指導方法のレパートリーを広げていき、結果として、さまざまな対照的行動を習得していくことができます。

ちゃんとわかったかな?

復習問題にチャレンジ

類題（埼玉県／さいたま市　2018 年）

教育相談に関する事柄について説明した文章として適切でないものを、次の1～4の中から1つ選びなさい。

1. 教育相談と生徒指導の相違点としては、教育相談は主に個に焦点を当て、面接や演習を通して個の内面の変容を図ろうとするのに対して、生徒指導は主に集団に焦点を当て、行事や特別活動などにおいて、集団としての成果や変容を目指し、結果として個の変容に至るところにある。
2. スクールソーシャルワーカーは、不登校を始めとする児童生徒の問題行動の未然防止、早期発見・早期対応等のために、児童生徒の悩みや不安を受け止めて相談に当たり、関係機関と連携して必要な支援をするための「心の専門家」である。
3. 教育相談で用いる技法として、傾聴、受容、繰り返し、明確化、質問、相談者の自己解決を促すこと等が「生徒指導提要」に示されている。
4. 教育相談で活用できる手法等の一つにアサーショントレーニングがある。このトレーニングは、対人場面で自分の伝えたいことをしっかり伝えるためのトレーニングである。

理解できたことをまとめておこう！

ノートテイキングページ

学習のヒント：教育相談をすすめていくにあたり気をつけたいことについて、できるだけ具体的に書き出してみましょう。

第9講

学校内および家庭・地域・関係機関との連携

理解のポイント

いまや学校は、担任教師一人だけで自分のクラスの子どもたちの教育を考える時代ではありません。複雑な問題の多い現代社会において、同僚や管理職教職員はもちろん、ほかの専門職や機関、あるいは保護者や地域のボランティアの方々とともに、子どもたちの心身や知性を育むことを考えなければなりません。そのための知識を深めていきましょう。

1 学校の組織とさまざまな教師の役割

1 学校内の教職員による連携

第４講の図表４－２（48頁）は、ある中規模高等学校の校務分掌の組織図です（校務分掌の詳細な説明は、第４講を参照）。校務分掌の組織構成については校長の判断に任されており、教職員の人数や学校経営の実情などを総合的に判断しながら、設置や改廃、教職員の兼務なども含め、校長により策定されます。

第４講の図表４－２を改めて見てみましょう。校長を中心に、教職員の連携のあり方を組織図からいろいろと考えることができます。

また、校務分掌は、学校の規模や教職員数、個々の教職員に適した職能、さらには、地域事情や時代のニーズなどに応じて、柔軟に組織することができ、所属と役割が学校によって異なる場合も多くあります。

これらを効果的に運用していくためには、校長をはじめとした管理職のリーダーシップが重要になります。2015年12月に開催された**中央教育審議会***では、「チームとしての学校の在り方と今後の改善方策について」というテーマで議論が行われ、答申としてまとめられました（中教審第185号）。その内容の一部を紹介すると、「校長のリーダーシップの下、カリキュラム、日々の教育活動、学校の資源が一体的にマネジメントされ、教職員や学校内の多様な人材が、それぞれの専門性を生かして能力を発揮し、子供たちに必要な資質・能力を確実に身に付けさせることができる」ことが求められています。とりわけ、「校長がリーダーシップを発揮できるような体制の整備や、学校内の分掌や委員会等の活動を調整して、学校の教育目標の下に学校全体を動かしていく機能の強化等を進める」とされています。

重要語句

中央教育審議会

「文部科学大臣の諮問（専門家に検討を託すこと）に応じて教育、学術または文化に関する基本的な重要施策について調査審議し、およびこれらの事項に関して文部科学大臣に建議する」と定められている。

そのほか、主幹教諭の配置の促進や、副校長、教頭の役割や意義などについても述べられています。ただし、この文言は、校長をはじめとする管理職が学校の運営を独善的に行っていくことを目的としたものではなく、教職員の適性に応じて、誰もが職能を十分に発揮できるようにマネジメントの役割を十分に行っていくことの重要性を明記したものといえます。

そして、近年では、教員の過重な業務を見直すために「教員の働き方改革」について議論がすすめられており、2019（平成31）年１月の中央教育審議会にて、「新しい時代の教育に向けた持続可能な学校指導・運営体制の構築のための学校における働き方改革に関する総合的な方策について」が答申でまとめられました。このような実情に応じて、教職員の誰もが未来社会を担う子どもたちのために、やりがいをもっていきいきと教育活動に専念できるよう、役割と連携による機能強化が現代の学校には求められています。

プラスワン

チーム学校の構成要件

「チーム学校」のあり方の答申では、「養護教諭や栄養教諭、スクールカウンセラー、スクールソーシャルワーカー、看護師等の数が少ない、少数職種が孤立しないよう、学校全体で意識改革を行い、専門性や立場の異なる人材をチームの一員として受け入れること」とされている。

ディスカッションしてみよう！

学校内の連携についてシミュレーションしてみましょう。学校教諭としての勤めには、やりがいとともにさまざまな悩みも生じることと思います。しかし、あなた一人がすべてを抱え込む必要はありません。むしろ、ほかの教職員とともにチームとなって問題解決にあたっていくべきなのです。現在、学校の中には、さまざまな職種の人々が存在します。どんな悩みごとのときに、どんな職員の方に相談すればよいのでしょうか？　いろいろと想像しながら書き出してみましょう。

もちろん、複数の立場（職種）との連携や、順番・段階的な連携を考える必要もあると思います。MEMO欄やノートテイキングページも利用して、どんどん考えを広げて書いていきましょう。

> **プラスワン**
> **職務連携のシミュレーションの重要性**
> 職務の連携は、日ごろの教育活動や、新たな法令や教育時事の情報共有と対応などもあるが、学校や地域で生じる事件や事故、災害等についても重要である。あらゆる事態へのシミュレーションを検討しておくことが求められる。

現在、学校にはさまざまな役割の教職員が存在しますが、それぞれの専門性や得意分野があることを意識しながら、連携のあり方を考える必要があります。また、直接、教育に関わっていない教職員であっても、学校という環境で勤務するなかで、意外な気づきや提言を与えてくれることもあります。

たとえば、「あるクラスだけ給食の残飯率が高い」という状態があるとすれば、授業以外の時間帯で、学級に何か問題が生じている可能性も考えられますし、あるいは時間割の構成に無理が生じていることなども想像できます。また、食育指導の計画につなげることも考えられます。

このように、文部科学省でも「チーム学校」という連携による業務形態を推奨していますが、そのためには、教育現場において学校内の教職員の立場や役割、専門性、得意とすることなどを、日ごろから勤務内でお互いによく理解し、積極的に協力し合いながら解決する姿勢をもつようにしましょう。また、学校で生じるさまざまな問題に対し、あらかじめ連携のシミュレーションをしておくことも大切です。

2 教職員の役割に応じた校外との連携

前項でも述べたとおり、校務分掌によって教職員にもさまざまな立場や役割があります。そして、その立場や役割に応じて、保護者や校外の機関、専門職の人々の協力を得ながら、学校運営にあたっていく必要があります。家庭や各機関、専門職の特徴などについては後述しますが、まずは学校内においてどのような立場や役割の教職員が、校外との連携に対して主体的に取り組むことになるのかをみていきましょう。

① 校長（または副校長・教頭）

校長は、学校の管理・運営上の責任者であり、その職務権限については「校務をつかさどり、所属職員を監督する」と定められています（「学校教育法」第37条４項）。校長は学校内の運営、監督はもちろん、教育委員会や関係機関等との連携や依頼の全責任者となり、校外との交流は多岐にわたります。

② 生徒指導部

学校全体の年間指導計画等に基づき、生徒指導体制の構築や運営を実質的につかさどる部門で、代表者として「生徒指導主事」が置かれます。校外との連携については、問題行動や心身に心配のある児童・生徒などの指導・支援、児童・生徒の校外での諸活動の連絡・調整などがあります。そのために、日ごろから地域のさまざまな専門機関との情報交流も重要となります。

③ 進路指導部

在校する児童・生徒の進路指導計画を立案したり、中学校においては職場体験の指導、さらには「生きる力」を育むためのさまざまな指導企画を担当します。代表者として

「進路指導主事」が置かれます。校外との連携については、進学や就職に関する機関との情報交流や相談、交渉などが役割となります。

④ 渉外部（委員会）

PTAや同窓会、地域ボランティアの方などとの協議や依頼、学校便りやホームページなどによる情報発信等の広報活動にも携わります。校外委員を含む学校運営協議会への対応を校長の監督下で担当する場合があり、学校行事での地域の方との交流を推進する役割もあります。

そのほか、校務分掌の組織形態はさまざまですので、たとえば、教育や発達の相談については、生徒指導部ではなく、「保健・安全委員会」が管轄するケースもありますし、学級担任は担当する児童・生徒の家庭との連携を日常的に行っています。内容によっては、学級担任・養護教諭・学年主任など複数の立場での共同的対応や、段階的な関わり方が求められる場合もあります。

2 学校の教育活動と家庭・地域・関係機関との具体的な連携活動

1 学校と家庭との連携

いうまでもなく、児童・生徒の生活の主体は、基本的に家庭にあります。ただし、なかには、さまざまな事情によって「家庭が居場所とならない」、あるいは発達的な事情などから「家庭を居場所と感じられない」というケースがあるのも事実です。しかしながら、児童・生徒を保護する立場の大人は必ず存在するわけですから、個々の事情を十分に把握し、対応することが求められます。

そのためには、学校側が個々の家庭の事情をどこまで理解し、具体的にどのような対応が可能なのかを考えておかなければなりません。そこで、まずは家庭との連携について、「学校（教師）」「児童・生徒」「保護者」の三者の関係から考えてみることにしましょう（図表9－1）。

みなさんは図表9－1を見て、具体的にどのような内容が思い浮かぶでしょうか。たとえば、学校から保護者であれば、「運動会を成功させるために、保護者の方に会場設営の協力を要請する」こともあるでしょうし、保護者から学校であれば、「小学校と幼稚園の運動会の日が重なっているので、同一学区については日をずらすなど、考慮してほしい」などの要望もあり得ます。このように、学校と保護者が、率直かつ具体的に要望や相談を伝え合うことによって、信頼関係が形成され、ひいては児童・生徒にとっての望ましい環境が構築されていきます。

なお、図表9－1で家庭において、「保護者」と「児童・生徒」を分離して考えている点に違和感をもつ方もいるかもしれません。この点については、いろいろな考え方があるのですが、特に思春期になると、「保護者の想い」と「子どもの自立心の芽生え」によって行き違いが生じることも

プラスワン

現在、国や地方自治体、NPO法人などを中心に「子どもの居場所づくり」について議論され、活動がすすめられている。背景には、貧困や虐待、家庭教育への理解など、さまざまな事情があるが、子どもたちの誰もがいきいきと暮らせる社会づくりを目指して、学校や教師にできることを考える必要がある。

図表9－1　学校（教師）・児童・生徒・保護者の立場と関係性

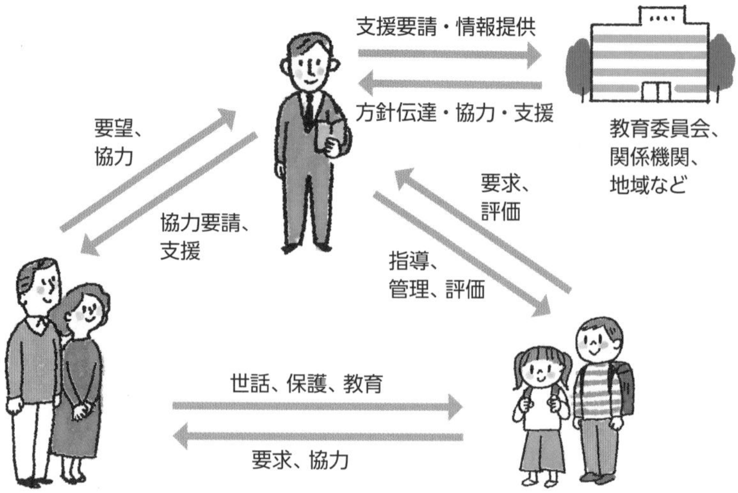

少なくありません。しかし、児童・生徒もまた家庭の構成員であり、保護者と全く別個の関係性で成り立っているものではありません。

たとえば、進路相談であれば、「親は普通科の高校に行けというが、自分はいろんな技術を身につけたいから工業科の高校に行きたい。でも、親は怖いし、育ててもらっているんだから、親には言えない」などのように、同じ家庭であっても、親には言えないけど、先生だから言えるということも実際には多くあります。このような場合、まずは大人に向けて自立しようとする子どもの思いを「個」としてきちんと受け止めることが大切です。そのうえで、保護者の子どもに対する思いを聞き、子どもの自己実現に向けて最善の方法をともに考えていきます。

また上記のような例ではなく、虐待や貧困、性に関する問題などであれば、家庭生活における親と子の事情について、別個に対応を考えるべきケースもあります。いずれの場合であっても、学校という環境において児童・生徒を育む教師の立場として、決して「家庭内で相談し、結論を学校へ報告するように」というような対応にならないようにしたいものです。すなわち、家庭との連携を対「保護者」というように単純視せず、子どもやほかの家族を含めた「組織体」として考え、両者の信頼関係をつくり上げていくよう心がけましょう。

家庭の事情は、さまざまです。個々の事情に応じて、家庭との信頼関係をしっかりと構築していくことが大切ですね。

2　学校と家庭との連携の具体的なあり方

① 保護者との連携について

家庭によって経済状況や生活環境などの事情が異なり、これによって保護者が考える家庭教育の方針や子どもの進路などにも影響が生じてきます。そこで、担当するそれぞれの児童・生徒の家庭状況を可能な範囲で理解するように努め、学校での子どもの成長、あるいは不適応行動などについて背景的な要因も含めて考えることが望まれます。

日ごろからの機会や方法としては、以下のような例が考えられます。

プラスワン

保護者との連携の方法

現代では、「校務の情報化」が推進されており、日ごろからの事務連絡や災害時の連絡対応などに、電子メールや学校関係者用掲示板などを活用するケースも多くみられる。

〈保護者との連携の機会や方法（小学校の例）〉

- ・連絡帳でのやりとり
- ・学級・学年・学校通信の発行
- ・授業参観
- ・（公開の）学校行事
- ・懇談会
- ・家庭訪問

次に、保護者との相談機会をもつ必要がある場合について考えていきましょう。これには、「保護者からの要請があった場合」と「学校側が保護者に相談を求める場合」とがあります。いずれも、日ごろからの信頼関係の形成ができていることが大切です。

まず、「保護者からの要請があった場合」については、当然ながら、保護者の思いに寄り添い、じっくりと話を聞く「傾聴」の姿勢や「共感的な理解の態度」が求められます。日ごろから、保護者と軽口が交わせるなどの関係である場合ならば別ですが、一般的に保護者がわざわざ学校の先生に相談を求めてやってくるということは、そこに至るまでに相当の苦悩や覚悟があったと考えられます。まずは、教育のプロの立場として、子どもについて真剣に考え悩む経緯を労い、学校とチームとなってともに問題解決を目指そうという姿勢で関わることが望まれます。

なかには、学校側に対する不満や、理不尽とも思えるような要求を訴えてくる保護者がいるかもしれません。その際は、直情的に即応をするのではなく、まずは発言をていねいに受け止め、「真意がどこにあるのか」「そ

ディスカッションしてみよう!

皆さんは、中学生や高校生のころ、親には言えない悩みはありましたか。そして、どのようにそれを解決しようとしたのでしょうか。思い出して書き出し、そのころの考え方や気持ちについて、話し合ってみましょう。

たとえば・・・

青年期は、「心理的離乳」の時期であるともいわれており、保護者と生徒の想いの違いが生じ得ることも、教師は想定しておかなければなりませんね。

の思いに至った客観的事実は何なのか」などを冷静に考えて、管理職や関連する同僚職員とともに問題整理をしながら、その後の対応に臨むことが求められます。

一方、「学校側が保護者に相談を求める場合」については、多くの場合、「呼び出し面談」といわれるように、児童・生徒の問題行動や不適応行動がみられるケースであると思われます。当然ながら、保護者も不安であり、愉快でない心理状態で来校されることになるでしょう。なかには、反論の準備をして来られる保護者もいます。

そのような場合、学校側が保護者に伝えたい内容を主張するだけで円満に問題解決に至るでしょうか。そもそも、学校側が保護者に相談を求める場面とは、学校側の不満を保護者にぶつけたり、家庭教育に注意をするためのものではありません。学校としては、どの児童・生徒も健やかで心身ともに伸びやかに成長することを願っています。この前提に立てば、自ずと来校された保護者への対応や発言は前向きなものに変わっていくはずです。

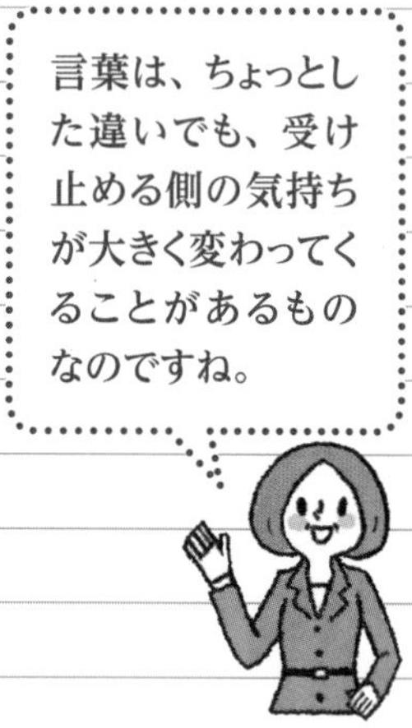

言葉は、ちょっとした違いでも、受け止める側の気持ちが大きく変わってくることがあるものなのですね。

「〜で困っています」→「〜なので心配しています」

文部科学省『生徒指導提要』教育図書、2010年

同じ出来事の伝達であったとしても、このように伝え方のわずかな違いで、保護者の受け止め方やその後の姿勢が変わってくることが多くみられます。もちろん、保護者の想いや考えを聞くことも大切です。私たちは「教育のプロ」として、多くの学びや児童・生徒と関わった経験をふまえ、いかなるケースであっても保護者と「共育」の姿勢で臨むようにしたいものです。

② 児童・生徒、その他家族との連携について

「家庭との連携」の節において、保護者とは別にこの項を設けたのは理由があります。近年、「家庭の教育力」についてさまざまな問題が示されており、虐待やDV（ドメスティック・バイオレンス）を子どもが目にしてしまうなど、保護者自身が問題の当事者となっていることもあります。なかには、保護者の主張よりも、当該児童・生徒、兄弟姉妹や祖父母などが家庭事情を的確にとらえていて、その説明によって子どもが就学困難になっている事情や、子どもに心的外傷が生じていることが発覚する場合もあります。

ただし、たとえば、家庭内の事情を他人に知られることを「恥」と考える祖父母もいれば、保護者から虐待を受けているにもかかわらず、子どもがそれを自責的にとらえ、保護者をかばうケースもあります。したがって教師は、児童・生徒の日ごろとの違いを見逃さないこと、また、日ごろから信頼関係を築き、話しやすい関係づくりに努めることも大切です。子どもが安心して学校に通うために家庭環境の再構築を図る必要がある場合でも、子ども自身が家庭との連携の入口になることもあり得ます。

なお、虐待が疑われるケースについては、児童相談所への通告義務があります（「児童福祉法」第25条）。専門機関としての児童相談所の特徴については後の節で述べますが、通告ダイヤル「189」（いちはやく）を覚

えておきましょう（図表９－２）。

3 学校と地域との連携

児童・生徒の健全な育成については、学校や家庭だけですべてが身につくものではありません。「近隣の人々にあいさつをする」「人に助けてもらったらお礼を言う」「困っている人を見かけたら助ける」など、社会生活での望ましい行動は、地域の人々との交流のなかで育まれることが多いものです。

しかしながら、急速な都市化や高度情報システムの普及によって、地域による教育への期待が難しくなっているのも事実です。人口の流動化によって、都会に人口が集中すれば、当然、地方の人口は減少します。その結果、地方では大人と子どもたちとの交流の機会は少なくなってしまいます。

また、高度情報システムの普及は、私たちの身近な生活のなかにもみられ、たとえば、インターネットなどの検索で、大抵の答えは正誤にかかわらず見つけられるでしょうし、AI（人工知能）の発達によって、その精度は増していくでしょう。その結果、他人との交流の必要がなくなり、個人で生きる方が楽という発想が生まれ、そのような行動も実際にみられます。電車のなかやカフェなどでも、一人ひとりが各々にスマートフォンに向き合っている様子はよく見る光景ではないでしょうか。

さらに、核家族化や少子高齢化によって、地域による教育の実現が難しくなっていることもあります。これは、今に始まったことではありませんが、核家族化によって、多世代間交流や地域の社会的な教育支援を受ける機会は明らかに少なくなっています。子どもの数が減れば、当然ながら、支援の必要数も少なくなるとみることができます。加えて、子どもたちへの詐欺や凄惨な事件もみられることから、保護者が他人との交流を拒むという残念な社会状況も生じています。

そこで、地域社会による教育の重要性を再認識し、その活性化を促していこうという方策が策定されました。2015（平成27）年12月に、中央教育審議会より「新しい時代の教育や地方創生の実現に向けた学校と地域の連携・協働の在り方と今後の推進方策について（答申）」が取りまとめられ、これを受けて、文部科学省でも必要な施策がすすめられています。

家庭環境の改善を考える場合、スクールソーシャルワーカーとの相談や支援を受けることも有効です。

図表９－２　子どもの虐待に関する通報は189へ

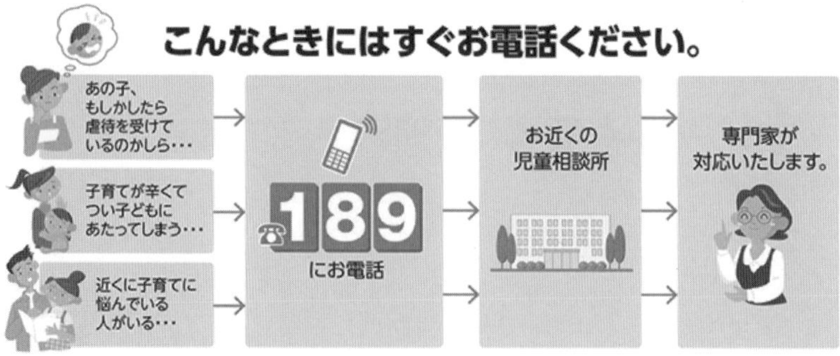

厚生労働省ホームページ「児童相談所虐待対応ダイヤル「189」について」
https://www.mhlw.go.jp/bunya/koyoukintou/gyakutai/（2020年2月10日閲覧）

このように、地域社会による教育は子どもたちの将来における協働的な社会形成に重要であるとされ、国をあげて推進されているのです。そのなかでは、新しい組織や制度の構築についても述べられていますが、まずは改めて、私たちの身の回りで実現されている内容について考えていきましょう。

1　地域とともに児童・生徒を育む学校のあり方

各地域において児童・生徒の教育の中心となるのは、やはり学校です。学校が地域社会の人々に対し、協力要請をしたり、地域行事について情報を受けて参加を促すなどの役割を担っていくことなどが起点となります。

事例１　通学路見守り活動

通学路の途中にも、自動車の往来が多い危険な箇所や、人通りの少ない場所、暗くて危険な場所などがあります。通学や帰宅の時間帯にその重要なポイントに地域の大人が立つことで、子どもたちの安全を守ることができます。その役割を担う事例として多いのが、PTA*の組織、町内会・自治会、シルバー人材センターなどです。また、学校側の指導と役割を担う大人の協力で、あいさつ運動を展開することもできます。児童・生徒の社会性の育成とともに、子どもの様子がいつもと違うようであれば、学校への連絡により何らかの対応が可能となります。

プラスワン

児童相談所への通告義務

「要保護児童を発見した者は、これを市町村、都道府県の設置する福祉事務所若しくは児童相談所又は児童委員を介して市町村、都道府県の設置する福祉事務所若しくは児童相談所に通告しなければならない。ただし、罪を犯した満十四歳以上の児童については、この限りでない。この場合においては、これを家庭裁判所に通告しなければならない」（「児童福祉法」第25条）

通学路見守り活動を効果的に実践するためには、安全教育を含めて、地域の通学路マップなどを用いて協議しておくことが大切ですね。

重要語句

PTA（Parent-Teacher Association）

児童・生徒の親と学校の教師が協力して教育効果の向上を図ることを目的とする組織。

事例2　地域行事への参加

地域によって事情は異なりますが、たとえば地蔵盆や神事など、地域で開催される祭りへの参加が考えられます。特に、祭りが盛んな地域においては、その参加を通じて、団結力や礼儀作法などを学び、地域への帰属意識を高める重要な機会となることもあります。

そのほか、夏休み中の早朝ラジオ体操、地域の公民館や自治会館などでの各種イベントなども、児童・生徒にとって地域の人々と交流するよい機会となります。さらに、地域の一斉清掃日などのボランティア活動に参加することも、特別活動の一環として推奨されており、子どもたちの自己有能感や自尊感情を高めるうえでも有益と思われます。

学校としては、地域からの情報を得て積極的な参加をよびかけたり、地域の人々と意見交換会を設けるなどをして、企画を要請・提案するような積極的な関わりも、地域と学校の望ましい連携のあり方であると考えられます。その際、学校側の一方的な要請による地域住民への負担や迷惑ではなく、地域にとって喜ばれるような活動であってほしいものです。

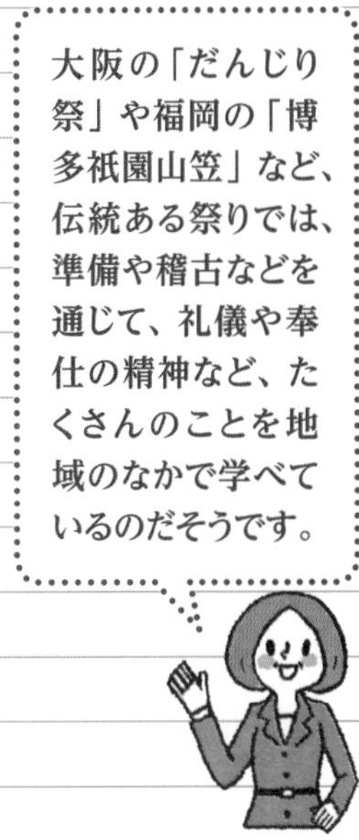

大阪の「だんじり祭」や福岡の「博多祇園山笠」など、伝統ある祭りでは、準備や稽古などを通じて、礼儀や奉仕の精神など、たくさんのことを地域のなかで学べているのだそうです。

2　これからの学校と地域との連携のあり方

近年、「地域の教育力」が減退している状況を問題視する指摘が多くみられます。確かに、個々の児童・生徒の問題は、保護者による家庭教育によるものではありますが、年齢を経るにつれ、地域社会との関わりのなかで学び、成長していくことも多くあります。次世代社会の担い手として、学校と地域がさらに積極的に協力して、児童・生徒の成長を考えていく必要があります。

そのため、前述の中央教育審議会答申「新しい時代の教育や地方創生の実現に向けた学校と地域の連携・協働の在り方と今後の推進方策について」によって、以下の提言が示されています（以下、文部科学省「地域と学校の連携・協働の推進に向けた参考事例集」を参考にしています）。

①「地域学校協働本部」の整備による活動の推進

「地域学校協働本部」は、これまでにみられた地域と学校の連携体制を基盤として、より多くのより幅広い層の地域住民、団体等が参画し、緩やかなネットワークを形成することにより、地域と学校の協働活動を推進する体制の拠点となるものです。

地域学校協働本部の整備にあたっては、公民館等の機能を活用しながら、①コーディネート機能、②多様な活動、③継続的な活動という３要素を基本とした活動が重要とされています。この制度は、社会教育の分野に位置づけられており、地域住民のボランティアなどが中心となって、地域の学校に対してさまざまな学校支援活動を企画し、学校側と連携しながら「子どもの学習支援活動」や「土曜日や放課後の各種活動の運営」などを担っていくことが期待されています。

②「コミュニティ・スクール（学校運営協議会制度）」の活動推進

これまでにも、学校と地域の連携活動は推進されてきましたが、その関係性においては、一方が他方を支援するという実態が多くみられていました。しかし、少子高齢化の時代を迎え、地域社会の存続と活性化、そして学校が地域活動の重要な拠点となるためには、「学校と地域がパートナーとして連携・協働する」というあり方に転換していく必要があります。

「コミュニティ・スクール」（学校運営協議会制度）は、学校と地域住民や保護者等が力を合わせて学校の運営に取り組むことが可能となる「地域とともにある学校」に転換するための仕組みとされています。「学校運営協議会」は、教育委員会の任命によって委員が構成され、学校内の組織と連携するかたちで、校長の学校運営の基本方針を理解しながら、地域の声を学校運営に生かし、地域ならではの創意や工夫を生かした特色ある学校づくりをすすめていくことができるものです。

このように、「地域学校協働本部」と「コミュニティ・スクール」が有効に機能して、地域と学校との連携・協働がさらに推進されることを想定したものが、図表9－3です。

現代では、「開かれた学校」を目指すことに留まらず、「学校と地域がパートナーとなってともに子どもたちを育成する」という考え方に変化しているのですね。

3 地域の専門（関連）機関との連携

専門機関の役割や機能、権限についてはさまざまあり、学校教育との連携が必要な場合も多くあります。関係する専門機関について熟知するとともに、それぞれのケースによって、どの機関のどの部門や係と連携できるのか、日ごろからシミュレーションしておくことが大切です。また、学校として、関連機関との情報交流に努めることも求められます。

・児童相談所（こども家庭センターなど）

児童相談所は、児童*の福祉増進のため、「児童福祉法」第12条に基づいて都道府県や政令指定都市等に設置される機関で、全国に208か所設置されています。児童の生活全般に関して保護者や学校からの相談に応じ、児童や家庭について調査や判定を行って、必要な指導や措置をすることが主な業務です。

具体的な相談内容としては、①養護相談（父母による養育困難、虐待など）、②保健相談、③心身障害相談（障害に関すること）、④非行相談（家出、性的な逸脱、触法行為など）、⑤育成相談（不登校など）など多岐にわたります。学校との連携では、上記のとおり、求められる内容が非常に多いことがわかります。また、福祉行政や医療機関などへの助言や連携についても相談ができる機関として、理解しておきましょう。

・病院と医師

病院は、疾病や疾患を抱えた人に対し医療を提供し、病人を収容する施設を指します。学校との連携では「学校保健安全法」23条により、保健管理に関する専門事項の技術、指導にあたる医師として「学校医」を委託することが義務づけられています。

重要語句

児童

児童の定義は、法律や関係機関によって異なる。たとえば、「学校教育法（第17条1項および第18条）では、小学校の課程、特別支援学校の小学部の課程に在籍して、初等教育を受けているおおむね6歳から12歳をさす。一方、「児童福祉法」およびその関連法では、年齢が18歳に満たない者をいう。

図表9-3　学校と地域の効果的な連携・協働と推進体制のイメージ

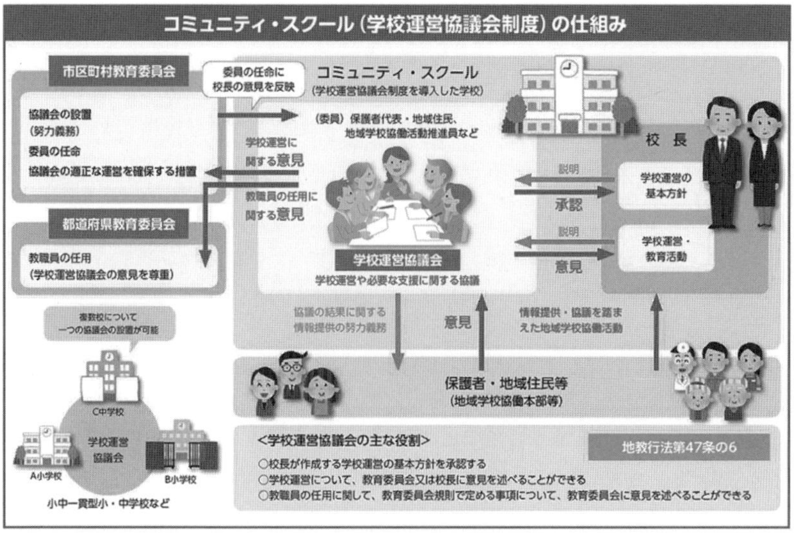

文部科学省ホームページ「コミュニティ・スクール（学校運営協議会制度）」
https://manabi-mirai.mext.go.jp/torikumi/chiiki-gakko/cs.html（2020年2月10日閲覧）

また、近隣の専門医の専門分野を把握しておくことも必要です。たとえば、発達障害などについて、診断が可能なのは医師ですから、これにより必要な支援などの手立てが可能になることもあります。なお、就学児の健康診断や感染症への対応については、保健所や市町村保健センターなども関係機関となります。

・警察

警察は「警察法」２条１項により、「個人の生命、身体及び財産の保護に任じ、犯罪の予防、鎮圧及び捜査、被疑者の逮捕、交通の取締その他公共の安全と秩序の維持」を責務とする行政機関です。

学校との連携については、学校外での非行少年等の補導、保護、捜査などがイメージされがちですが、近年では、学校内での教師に対する暴行やいじめの問題に関して、指導における**有形力の行使**範囲と体罰の禁止（学校教育法11条）により、教師の抑止力には限界が設けられており、警察への相談・通報が必要とされています（文部科学省初等中等教育局長通知2013年５月ほか）。

警察の介入をめぐってはこれまで、「警察に引き渡すことは、教育の限界を示すものであり、問題児童・生徒を学校が見放したことにならないか」という疑義が少なくありませんでした。しかし、現在では、生命や傷害の危機がある場合には、ためらわず警察への相談・通報が必要であることを理解しておきましょう。

プラスワン

学校運営協議会制度における学校の役割

法律に基づいて教育委員会が学校に設置する学校運営協議会には、主な役割として、「①校長が作成する学校運営の基本方針を承認する。②学校運営に関する意見を教育委員会又は校長に述べることができる。③教職員の任用に関して、教育委員会規則に定める事項について、教育委員会に意見を述べることができる」とされている。

プラスワン

有形力の行使

児童・生徒の粗暴な行動について誤解されがちであるが、左記の文部科学省の局長通知等のほか、法的には正当防衛（刑法第36条1項）の権利や、「現行犯人は、何人でも、逮捕状なくしてこれを逮捕することができる」（刑事訴訟法第213条）と規定されている。

復習や発展的な理解のために

知っておくと役立つ話

防犯・防災教育と地域との連携

現代生活において、犯罪や災害の被害にあう可能性は、誰にもあり得ることです。しかし、皆が防犯・防災に関する知識を身につけ、日ごろから予防を心がけることで、回避できたり、被害を最小限に留めることができます。

そのためには、さまざまな機関などとの情報共有、すなわちネットワークづくりが大切になります。学校内では、児童・生徒に対して避難訓練や防犯教室が定期的に行われており、地域でも会社や自治会などでは、消火器使用訓練や災害時避難所設置の検討などが行われています。

しかしながら、豪雨や大規模地震などが発生した場合、それぞれが独自の防犯・防災行動を行うだけでは、対処できることに限界があります。さらに近年、核家族化がすすんでいることに加えて、個人または家庭のプライバシーの保護のため、近隣との交流を避ける傾向がみられ、地域社会での防犯・防災対策の大きな課題となっています。

そこで、第３節２項「これからの学校と地域との連携のあり方」で述べているように、学校を地域の拠点としてさまざまな組織との協働的な活動が求められています。たとえば、「学校と地域住民との共同避難訓練の実施」「子どもや成人、高齢者などさまざまな視点による地域ハザードマップ作成への提言」「避難準備・高齢者等避難開始（避難準備情報より改称）時における誘導行動の策定」など、取り組めることはたくさんあります。また、地域全体にその理解を求めていくことも重要となります。

「開かれた学校」から「地域とともにある学校」を目指し、理念の理解に留まらず具体的に何ができるのか、学校の教職員として主体的に取り組めるようになってほしいものです。

ちゃんとわかったかな?

復習問題にチャレンジ

類題（北海道／札幌市　2018 年）

「生徒指導提要」に示されている外部の専門機関の内容として、適切なものの組合せを選びなさい。

① 児童自立支援施設は、非行少年についての調査、審判を行うほか、親権や養育等の親子親族に関する家事調停や審判も行う施設である。
② 少年サポートセンターは、教育課程、学習指導、生徒指導に関する相談・指導・助言、法的な助言を行う。
③ 少年鑑別所は、法務省の施設であり、監護措置決定を受けた少年の収容、資質鑑別を行う。
④ 児童養護施設は、保護者のいない児童、虐待されている児童その他環境上養護を要する児童を対象とした入所施設である。
⑤ 児童相談所は、保護者や関係者から子どもに関する相談に応じ、子どもや家庭について必要な心理判定や調査を実施し指導を行う。

ア　①②③　イ　①②④　ウ　①③⑤　エ　②④⑤　オ　③④⑤

理解できたことをまとめておこう!

ノートテイキングページ

学習のヒント：教師、保護者、児童・生徒の誰もが、学校を「地域の重要な拠点である」と考えられるようになるために、どのような役割や機能が求められるでしょうか。新しい時代の「学校のあり方」について、書き出してみましょう。

第10講

キャリア教育を生かした現代の進路指導のあり方

理解のポイント

わが国において「キャリア教育」という言葉がはじめて公的に登場してから、およそ20年になります。そして今日、幼稚園から大学までのすべての学校段階をとおした体系的なキャリア教育が指向されています。キャリア教育とは何か、なぜそれが提起されるようになったのかを理解することは、現在の、そして、これからの進路指導と指導者にとって必須のことがらなのです。

1 進路指導と生徒指導、そしてキャリア教育

文部科学省が「生徒指導に関する学校・教職員向けの基本書」として2010年に発刊した『生徒指導提要』では、冒頭近くに「生徒指導と進路指導」と題するコラムを設け、次のように述べています。

> 進路指導は、生徒が自ら、将来の進路選択・計画を行い、就職又は進学をして、さらには将来の進路を適切に選択・決定していくための能力をはぐくむため、学校全体として組織的・体系的に取り組む教育活動である。近年では、キャリア教育の推進の中に位置付けられ、キャリア発達を促す指導と進路決定のための指導が系統的に展開され、幅広い能力の形成を目指している。
>
> こうした進路指導と、児童生徒の社会生活における必要な資質や能力をはぐくむという生徒指導は、人格の形成に係る究極的な目的において共通しており、個別具体的な進路指導としての取組は生徒指導面における大きな役割を果たすなど、密接な関係にある。

多くの大学の教職課程で「生徒指導・進路指導論」と一つにくくった科目が設定され、本書の構成も同様であるのはこうした理由によります。

この第10講から第15講までは、キャリア教育との関係に留意しながら、学校における進路指導について解説していきます。

2 学校教育への職業指導の導入と戦時下の職業指導

わが国に現在の「進路指導」につながる「職業指導」という概念が紹介され、またその実践が始まったのは、大正時代のことでした。東京帝国大学助教授の入澤宗寿*が著書『現今の教育』（1915年）で、Vocational Guidanceを「職業指導」と訳出し、アメリカにおける職業指導を紹介しています。

一方、ドイツに留学して治療教育学と心理学を学んだ医師・三田谷啓*は、1914年に帰国した後、東京で日本児童学会内に児童教養相談所を設立し、また、北垣守が設立した児童教養研究所に付設された児童相談所で「選職相談」を行い、1918年春に大阪市社会部に児童課が設置されると、その課長に迎えられました。翌1919年、彼が開設した大阪市立児童相談所の相談事項のなかに「児童職業の選択紹介及指導に関する事項」が明記されており、これがわが国における進路指導の始まりとされています。

また1921年に「職業紹介法」が公布され、職業紹介事業は原則として市町村が運営することになり、主に成人を対象とした公立職業紹介施設の設置が本格化しました。1925年７月の内務省・文部省通牒*「少年職業紹介ニ関スル件」が職業紹介所と小学校の連携による職業紹介を求めたことで、はじめて学校教育に職業指導が導入されました。

1927年４月、文部省は文部省・内務省・職業紹介所・東京府東京市の教育当局・小学校等の関係者・心理学者を集めて少年職業指導協議会を開催しました。６月には文部省の後援で、現在の公益財団法人日本進路指導協会の前身である「大日本職業指導協会」が創設されました。11月には文部省訓令*第20号「児童生徒の個性尊重及職業指導ニ関スル件」が発せられ、学校における職業指導が必須のこととされるなど、画期的な年であったといえます。また、大日本職業指導協会は1929年から全国職業指導協議会を開催し、同じ年に小学校高等科および中学校の担当者のために『職業指導読本』を刊行するなど、社会および学校における職業指導をリードする存在になっていきます。

日中戦争がはじまった翌年の1938年には「国家総動員法」が施行され、日本は戦時体制に入りました。学校における職業指導も、これに対応したものになっていきました。1938年10月の厚生省・文部省訓令第１号「小学校卒業生ノ職業指導ニ関スル件」では「国家の要望に適合する職業」に就かせるべく「職業指導の強化徹底」が強調されました。小学校が「国民学校」に改組された1941年の９月に出された厚生省・文部省通牒では、国民職業指導所（職業紹介所の後身）が斡旋する職業、就業地が児童の希望するものと異なっても、前者に順応させるよう求めました。また、1942年11月の文部次官通牒は「高度国防国家体制即応」と「職分奉公」を強調しています。さらに1944年には、国民学校高等科の生徒は通年勤労動員ということになったのでした。

入澤宗寿
1885-1945
鳥取県出身。東京帝国大学卒。専門は欧米教育思想史。1932年東京帝大教授。

三田谷啓
1881-1962
兵庫県出身。大阪府立高等医学校卒。教育者・社会事業家。1927年現芦屋市に三田谷治療教育院を開設。

語句説明
通牒
戦前の中央官庁が所管の諸機関・職員・都道府県などに諸事項を通知する文書。戦後は「通達」となった。

職業指導は、先駆者たちによる概念の紹介と実践のおかげで、早い時期から学校教育に入ってきました。

語句説明
訓令
中央官庁が所管の諸機関・職員に対してその職務遂行・権限行使を指揮するために発する命令。

「学習指導要領」は1958年の改訂から文部省によって告示され、法的拘束力をもつようになりました。

語句説明

高校三原則

旧制中等学校が格差を前提としたシステムだったのに対し、新制高校を希望者すべてに開かれたものにするため、①小学区制（通学距離をできるだけ短く）、②総合制（一校に複数の学科を設置）、③男女共学（旧制中学校と高等女学校をシャッフル）が「高校三原則」とされた。

3 戦後教育改革と新制中学校での職業指導

日中戦争・太平洋戦争は日本の敗戦に終わり、日本は連合国軍の占領下に置かれ、ポツダム宣言の趣旨に沿った非軍国主義化・民主化が行われました。教育の民主化はほぼアメリカの教育思想に沿って行われ、義務教育はそれまでの６年から９年に延長されました。1947年は国民学校が小学校に戻った年であり、新たに義務教育となった前期中等教育を施す新制中学校が創設された年です。翌1948年には戦前の中等教育機関が改組され、後期中等教育を実施する新制高等学校が発足しましたが 、その際「高校三原則*」がうたわれました。また1947年度中には、全国統一の教育課程の基準である小学校・中学校・高等学校の「学習指導要領」が「試案」として刊行されていきました。

新制中学校が義務教育となったことによって、職業指導は中学校段階以降に移されました。新制中学校初期の特徴は、従来からの職業指導に加え、中学校卒業後すぐに就職する生徒のために「職業科」という教科が新設されたことです。『学習指導要領一般編（試案)』（1947年）は「中学校の職業科は、生徒がその地域で、職業についてどういう経験を持っているかを考え合わせて、農・工・商・水産・家庭のなかの一科又は数科を選び、これを試行課程として労働の態度を養い、職業についての理解を与え、職業指導によって更に職業について広い展望を与える」ものとしています。

この教科はのちに再編されて、1951年から「職業・家庭科」に変わり、「家庭生活、職業生活についての理解を深め、実生活の充実・発展を目指し学習する」（文部省「中学校職業科および家庭科の取扱いについての通達」1949年）ものとされました。

4 職業指導から「進路指導」へ

さて、戦後教育改革によって新制中学校（前期中等教育）までが義務教育となり、中学校へは小学校卒業生の全員が進学することになりましたが、そうなると、今度は中学校の卒業生のどのくらいの割合が新制高等学校（後期中等教育）に進学するか、すなわち高校進学率が問題となりました。

1950年の新制中学校第１期卒業生の高校進学率は、全国平均で42.5％でした。また、高校・大学の年ごとの進学率は図表10−1のとおりです。高校進学率は45.6％、47.6％、48.3％と年々上昇し、1954年には中学卒業生の半数を超える50.9％が高校に進学しました。

学力増進を目指す補習などを含めて、高校進学のための指導の場面がしだいに増えてきた中学校の現場では、「これまで通りの職業指導のままでよいのか」という戸惑いが教職員の間に広がっていきました。

図表10-1　高校・大学進学率の推移

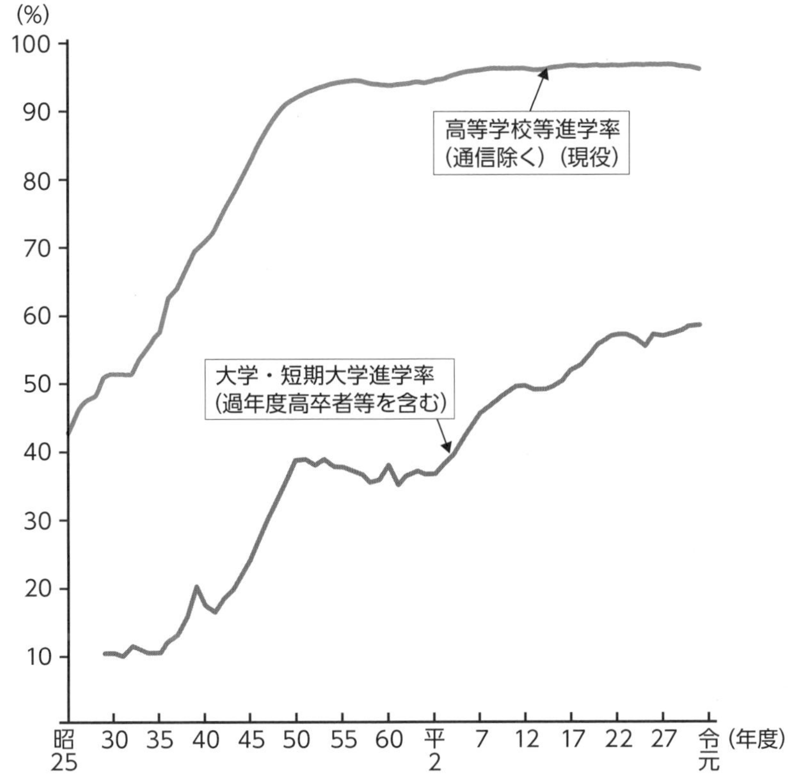

(注) 高等学校等進学率(通信除く)(現役):中学校・義務教育学校卒業者及び中等教育学校前期課程修了者のうち、高等学校・中等教育学校後期課程・特別支援学校高等部の本科・別科、高等専門学校に進学した者の占める比率(高等学校の通信制課程(本科)への進学者を除く)。
大学・短期大学進学率(過年度高卒者等を含む):大学学部・短期大学本科入学者数(過年度高卒者等を含む)を、18歳人口(3年前の中学校卒業者及び中等教育学校前期課程修了者数、以下同じ)で除した比率。
文部科学省「学校基本調査」2019年をもとに作成

高校進学率が51.4%となった1957年の４月、文部大臣は中央教育審議会(中教審)に対し、「科学技術教育の振興方策について」と題する諮問を行いました。中央教育審議会は４か月後の同年11月に同題の答申を提出しましたが、高等学校および中・小学校における科学技術教育について述べた部分のなかで、「中学校においては、義務教育の最終段階にあることにかんがみ、高学年においては、いっそう進路・特性に応ずる教育を行うことができるように、教育課程を改善すること」「高等学校および中学校においては、進路指導をいっそう強化すること」としています。これが公的文書のなかで「進路指導」という言葉が使用された最初の例とされています。

これを受けて、翌1958年３月に告示された次期の「中学校学習指導要領」では、職業・家庭科は廃止されて「技術・家庭科」という純然たる一教科となり、職業指導は「進路指導」に改められて、特別活動の「学級活動」のなかで行われることになりました。続いて、1960年３月に告示された次期「高等学校学習指導要領」においても、職業指導に代わる進路指導が特別活動の「ホームルーム活動」のなかで行われることになっています。

プラスワン

高校三原則のその後

①小学区制
いろいろな事情で当初から全県一区の大学区制や中学区制がほとんどで、小学区制もやがて廃止されていった。

②総合制
これもほとんど実現せず、旧制中学校は普通科、実業学校は商業科・工業科・農業科などの単科高校になった。

③男女共学
国公立高校はほとんど実現。私立高校は多数が男女別学のままだった。多数の単科高校や1学区内の複数の普通科高校の存在は、学校間格差の原因となった。

日本は1955年から高度経済成長期に入りますが、一般家庭では子どもの大学進学にはまだ遠かったのでしょう。1961年から大学進学率が伸び始めたというのは、前年に「60年安保闘争」が終息し、池田内閣が「所得倍増計画」を本格化させたこととタイミングが合いますね。

1964~65年の2年間は「証券不況」とよばれる不景気でしたが、政府は克服に成功し、高度経済成長期は1973年秋の第1次石油危機まで続きました。これも大学進学率の一次下降と再上昇と符合しますね。

ちなみに、高校進学率はこの間も順調に伸び、1962年には64.0%、1963年には66.8%となっています。

5 進学率の上昇と「進路指導」への変更

高校進学率の順調な上昇は、後期中等教育を受けたうえで就職・進学する人の増加を意味します。こうした、中学校段階での生徒の進路の多様化が、職業指導から進路指導への変更につながったと思われます。

さて、この間の大学進学率の推移をみますと、1954年が10.1%、1960年が10.3%で、この6年間は細かな上下はあるものの、まず停滞といってよい状態でした。しかし、その次の期間には様相が変わります。1961年には11.8%と前年比1.5ポイント増です。以後、毎年上昇して1964年には19.9%。大学進学者は4年間で倍増し、5人に1人は大学・短大にすすむ時代になったのです。

こういった状況をふまえて、1960年代に入ると中学校においても、大学・短大卒業を経て就職に至るという進路も含めての指導が必要になってきます。より広い意味をもつ「進路指導」という用語への変更、「教科」という枠を離れて特別活動に移し、学校教育全体のなかで指導を行うという変更は、時代に先行したものだったといえます。

大学進学率は、高度経済成長の中だるみの影響で、1966年にはいったん16.1%まで下降しましたが、翌年から再び上昇して1976年には38.6%に達します。大学進学率は10年間で2.4倍、1960年の10.3%と比べれば16年で3.75倍に上昇し、同世代の4割近くの人が大学にすすむようになったのです。中学校の状況からは遅れながらも、高校生の進路も多様化したといえるでしょう。

「寺子屋」は、江戸時代に手習師匠が町人・百姓の子弟に読み書き・計算などを教えた施設です。幕末には全国で1万7,000軒近くあったといわれています。

6 「希望者高校全入」への熱意と高校進学率の上昇

高校進学率が「順調に伸びた」と先述しましたが、それはけっして自然に伸びたわけではなく、当然ながら学校関係者やとりわけ保護者の熱意、そしてこれに応えた行政側の努力が大きいのです。

日本人の向学心や教育熱心な様子は、江戸時代の寺子屋の普及にすでに表れていますが、明治期に入っては近代化の推進に向け、近代的な学校教育の整備は国家的な課題となり、国民もまたこれに応えてきました。

戦争によって焼け野原になった国土に、復員者（戦地からの帰還兵）や引揚者（日本の統治が終わった旧領域・委任統治領などから日本国内に返った人々）で膨れ上がった人口という状況のもとで、日本人は復興に向けて立ち上がりました。1950年、義務教育となった新制中学校第1期生の高校進学率は42.5％でした。戦前の最高となった1945年の中等教育機関（小学校卒業者のうち、旧制中学校・高等女学校・実業学校・師範学校に進学した者の比率）への進学率45.3％（図表10-2）に迫る数字です。当時の保護者も、中学校卒業生自身も、「義務教育９年だけで十分」とは考えていなかったのです。高校進学率は、この後も年々少しずつ伸びていきます。復興という直面する課題もあって、学校教育の大切さは国民の共通の認識であったのです。

図表10-2　中等教育機関への進学率

年　度	男（%）	女（%）	平均（%）
明治28（1895）年	5.1	1.3	4.3
33（1900）	11.1	2.7	8.6
38（1905）	12.4	4.2	8.8
43（1910）	13.9	9.2	12.3
大正 4（1915）	10.8	5.0	8.1
9（1920）	19.7	11.5	15.8
14（1925）	19.8	14.1	17.1
昭和 5（1930）	21.1	15.5	18.3
10（1935）	20.4	16.5	18.5
15（1940）	28.0	22.0	25.0
20（1945）	46.9	43.6	45.3
25（1950）	55.0	38.0	46.7
30（1955）	55.5	47.4	51.5
35（1960）	59.6	55.9	57.7
36（1961）	63.6	60.3	62.0

（注）昭和22年以前は小学校（尋常科またはそれと同程度）の卒業者のうち、旧制中学校・高等女学校（実科を除く）・実業学校（甲）および師範学校（第1部）のそれぞれ本科へ進学した者の割合をとった。昭和23年以降は新制中学校を卒業して新制高等学校（本科）へ進学した者の割合をとった。
文部省「日本の成長と教育（昭和37年度）」第2章2「わが国の教育普及の史的考察」(3)をもとに作成

よく知られているように1947～49年の３年間、日本には「ベビーブーム」（第１次）が現出して、この３年間の新生児数は日本の人口ピラミッドのなかでも突出した数字になっています。いわゆる「団塊の世代*」です。

彼らの高校入学の第一陣は1963年ですが、大幅な高校増設を行わないと進学率が極端に下降する事態が予想されました。これを警戒したPTA諸団体、教職員団体、労働団体などは、1950年代後半から「希望者全員の高校入学」を目指す「高校全入運動」を開始し、署名集めなどの運動を展開して、政府や地方公共団体に対し、教育予算の増大や高校増設を要請していきました。行政側もこの危惧は共有しており、これらの声に応えて可能な限りの高校増設を行った結果、高校進学率は1961年で62.3%、62年で64.0％、63年で66.8％、64年で69.3％と伸びが鈍ることなく、1965年には70.7%と高校進学者はついに同世代の７割を超えたのです。

語句説明

団塊の世代

第１次ベビーブームの際に生まれた人々を、作家・堺屋太一が1976年に発表した同題の小説でこうよんだことから名称が一般化した。戦後の時代を「団塊」のまま生きて来たこの世代は、日本社会にさまざまな現象をもたらしてきた。2020年現在は68～72歳という年齢で、まだまだ存在感は大きい。

7　高校への「希望者ほぼ全入」の状況と「出口指導」

高校進学率はその後も順調に伸び、1970年には８割超えの82.1％、1974年にはついに９割を超えて90.8%となりました。「希望者高校全入」がほぼ実現したわけですが、そこには20年前に高校全入運動を始めた人たちが予想もしなかった状況が待ち構えていました。90％超という進学率のもとでは、従来の高校での学習内容に相応しない学力の生徒や、高校進学を希望しない生徒を含むことになり、「底辺校」「教育困難校」などといった好ましくない表現が世間で使われるようになりました。

ここでは、高校全入という状況が中学校での進路指導にもたらした変化を考えてみましょう。就職指導の対象者が数えるほどになった中学校では、進路指導は実質的に進学指導とほぼ同義になります。高等学校の学科には普通科のほかに商業科・工業科・農業科などの職業科があります。戦前の実業学校を受け継ぐ職業科は、各分野での実際の働き手を養成する学科ですから、そこにすすむ人は基本的には高校卒業後すぐに就職することになります。普通科は上級学校にすすむことを目指す人と、事務・営業などの職種への就職を目指す人のための学科です。同時期1975～80年の大学進学率は37～38％台ですから、中学校の教師は４割程度の生徒については大学・短大への進学を展望しながら、６割前後の生徒は高校卒業後の就職ということをふまえて指導していくことになります。

しかし、高校ほぼ全入という状況は最終的な進路決定を高校卒業時に持ち越すことになり、「当面どの高校に進学するか、させるか」ということが保護者・生徒本人・教師の主な関心事になっていきます。

大学進学率が上昇に転じ始めたころから、普通科進学の希望がしだいに増加し、将来の職種の希望にかかわらず、高校の学科の階層化（「普商工農」）が定着していきました。しかし、この間の高校進学率を上昇させるための増設の結果、普通科高校の数は大幅に増えているのに学区の細分はすすまず、その結果、普通科高校同士のなかの階層化もすすんできていました。中学校を卒業した満15歳での「高校浪人」を避けたいのは保護者・生徒本人・教師の心情として当然であり、何とか受験校数を少なくしながらそのなかで保護者・生徒の希望をできるだけかなえる、ということが教師の至上命題ということになります。

本来ならば本人の人生をどう考えるか、いかに社会において自己実現を図るか、という入口から出発して、自己の適性と希望に基づく職業選択、そのための進学の計画、学校や職種の資料の収集・検討と進学希望先の決定、といった段階を踏むべき進路指導が、「とりあえず入れる高校を選び、そのための準備をする」という出口に関する指導に矮小化されてしまう、「出口指導」と批判されるような状況が現出してしまったのです。

8 高校でも出口指導

前節で「高校ほぼ全入という状況は生徒の進路決定を高校卒業時に持ち越させた」と述べました。それでは、高校での進路指導はどのように行われてきたのでしょう。

高校進学率は1977～91年の93～94％台、1992～2002年の95％台を経て2004年以後は96.3～96.6％に落ち着きました。これはあくまでいったん高校に進学する人の比率であって、この間の高校卒業率は同世代の88％前後とされています。一方で、大学進学率は1989、90の両年に36.6％まで下降したものの、翌年から再び上昇し、2018年には57.9％に

プラスワン

底辺校・教育困難校
増加していく高校進学者のほとんどが普通科を志望したため、この間に増設された高校は普通科ばかりだった。1学区の普通科高校の数は増える一方で、その序列は細分された。最下層の学校が「底辺校」であり、下位の普通科高校は生徒の低学力、授業妨害、校内暴力、校外での非行・問題行動が集中したため「教育困難校」とよばれるようになった。

プラスワン

普商工農
大学進学率が上昇し始めたころから、大学進学のために普通科高校の、特に上位校を目指す中学生が増え、学力を競い合うこともあって、進学組の上位者は普通科、以下、高卒後の進路にかかわりなく、商業科・工業科・農業科の順に受験先が振り分けられることになった。その結果、高校の学科とその受験生に序列ができてしまい、当時は江戸時代の身分の序列と考えられていた「士農工商」になぞらえて、この言葉が使われた。

達しています。同じ年の高校卒業者に占める就職者の比率は17.3%、先ほどの卒業率88%を乗ずれば、同世代の15.3%程度が高卒就職者となります。数字だけでみれば、現在では高校においても進学希望者の比率が圧倒的に大きいということになります。こうした状況下で、高校においても、進学指導の内容が「どの大学・短大を受験するか」を中心に行われることになってしまっています。

また、高校での就職指導については、厚生労働省の統計によると、2010～15年の6年の間に新規に高校を卒業して直後に就職した人の3年以内での離職率が40%前後に上っています。早期離職にはさまざまな理由があるでしょうが、自分の生き方や自己実現のしかたなど十分に検討したうえでの就職ではなかった場合が多い、と考えざるを得ません。進路指導の事実上の先送りの結果、高校3年間を経ても上記のような実質的指導が不十分であった。つまり、高校においても「出口指導」批判に甘んじなければならない状況になっているようです。

中学校の進学希望者への出口指導は、「普商工農」という言葉ができたあたりから始まっていますね。

9 キャリア教育の提言とフリーター・ニートの問題

こうして、学校現場の進路指導が本来あるべき姿から遠いものになっていることが明らかになってきました。21世紀に入る前後、進路指導に関して中央教育審議会・文部科学省は新たに「キャリア教育」の考え方を打ち出します。「キャリア(career)」とは職業・技能上の経験・経歴のことをいいます。そして2011年1月の中央教育審議会答申は、キャリア教育を「一人一人の社会的・職業的自立に向け、必要な基盤となる能力や態度を育てることを通して、キャリア発達を促す教育」、キャリア発達を「社会の中で自分の役割を果たしながら、自分らしい生き方を実現していく過程」と定義しています。

キャリア教育は「自立の基盤となる態度や能力を育てる」こと。「キャリア発達を促す教育」。考えてみればむずかしいですね。

中央教育審議会・文科省がキャリア教育の導入に踏み切った背景には「フリーター」「ニート*」問題の顕在化があります。「フリーター」は、和製の造語「フリー・アルバイター」が詰まって形成された語形と思われますが、日本においては正社員・正職員以外の就労雇用形態（契約社員・契約職員・派遣社員・アルバイト・パートタイマーなどの非正規雇用）で生計を立てている人を指す語として使用されています。

内閣府や厚生労働省の定義では、フリーターは中学校卒業後の年齢15歳から34歳の若者に限定され、学生は含まれません。1980年代後半のバブル経済の時期に小発生し、バブル経済崩壊後にいわゆる「氷河期フリーター」が大発生した、といわれます。厚労省定義のフリーターの総人口は、統計を取り始めた1991年には約62万人でしたが、その後急増して2003年には217万人になります。フリーター・ニートの大量発生は経済状況の

重要語句

ニート(NEET)

Not in Education, Employment or Trainingの略語である。
就学・就労・職業訓練のいずれも行っていないことを意味する用語。日本では15～34歳の非労働力人口のうち通学・家事を行っていないものを指し、「若年無業者」とよぶ。

「若者自立・挑戦プラン」は政府全体のプロジェクト。文科省の「キャリア教育総合計画」はその一環だったんですね。

「8能力」「基礎的・汎用的能力」は第12講、第13講で紹介されます。

激変を反映したものですが、学校における進路指導が「出口指導」に矮小化され、その本来の目的が達せられていないこともその要因の一つです。

こうした情勢のもと、1999年12月に文部大臣に提出された中央教育審議会答申「初等中等教育と高等教育との接続の改善について」は、わが国において「キャリア教育」という文言がはじめて公的に登場し、その必要性が提唱された文書とされます。同答申は、わが国において「キャリア教育を小学校段階から発達段階に応じて実施する必要がある」とし、さらに「キャリア教育の実施に当たっては家庭・地域と連携し、体験的な学習を重視するとともに、各学校ごとに目的を設定し、教育課程に位置付けて計画的に行う必要がある」と提言しています。

これを受けて、文部科学省と関係諸団体ではキャリア教育に関する調査研究がすすめられ、国立教育政策研究所生徒指導研究センターは2002年11月、「児童生徒の職業観・勤労観を育む教育の推進について（調査研究報告書）」を発表しました。この報告書は、キャリア発達に関わる能力を、人間関係形成能力、情報活用能力、将来設計能力、意思決定能力の４つの領域にまとめ、さらにそれぞれの領域を２つずつの能力で示しました。これが、いわゆる「４領域８能力」の例です。

「フリーター」「ニート」と定義される若年層の雇用問題に対し、21世紀に入ると政府全体の対策が急務となってきましたが、2003年４月、文部科学省・厚生労働省・経済産業省および内閣府の関係４府省は関係４大臣による「若者自立・挑戦戦略会議」を発足させ、６月に教育・雇用・産業政策の連携強化等による総合的な人材対策として「若者自立・挑戦プラン」を取りまとめました。このプランにおいて文部科学省は、小学校段階からの勤労観・職業観の育成、企業実習と組み合わせた教育の実施、いわゆるフリーターの再教育、高度な専門能力の育成など、それぞれの立場に応じた支援策を「キャリア教育総合計画」として具体化し、若者の「人間力強化」を目指すことになりました。

10 キャリア教育の本格的実施

2006年11月、「小学校・中学校・高等学校キャリア教育推進の手引き」（文部科学省）において、キャリア教育の内容構造案が提示され、全国の学校における本格的な取り組みが促されました。また、2011年１月の中央教育審議会答申「今後の学校におけるキャリア教育・職業教育の在り方について」は、それまでの論議をふまえ、前述のとおりキャリア、キャリア発達、キャリア教育を改めて定義したほか、「４領域８能力」をめぐって指摘されてきた諸課題を克服するため、その後に提示された類似性の高い各種の能力論（「人間力」「社会人基礎力」「就職基礎能力」など）とともに改めて分析を加え、「分野や職種にかかわらず、社会的・職業的自立に向けて必要な基礎となる能力」として「基礎的・汎用的能力」を提示しました。

さらに、2017年3月に告示された次期の「小学校学習指導要領」および「中学校学習指導要領」、2018年3月に告示された次期の「高等学校学習指導要領」では、それぞれの「第1章　総則」の「第4　生徒の発達の支援」の「1　生徒の発達を支える指導の充実」のなかで、「児童（中学校・高等学校では「生徒」）が、学ぶことと自己の将来とのつながりを見通しながら、社会的・職業的自立に向けて必要な基盤となる資質・能力を身に付けていくことができるよう、特別活動を要としつつ各教科（・科目）等の特質に応じて、キャリア教育の充実を図ること」と「キャリア教育」の文言がはじめて明記されました。中学校・高等学校では上述の文の後に「その中で、生徒が自らの生き方（高等学校では「自己の在り方生き方」）を考え主体的に進路を選択することができるよう、学校の教育活動全体を通じ、組織的かつ計画的な進路指導を行うこと」という文が加わります。

2006年の「キャリア教育推進の手引き」の発表後、各都道府県の教育委員会も次々に同様の手引きを取りまとめ、学校現場でのキャリア教育の取り組みを促してきましたが、中央教育審議会の最初の提言から約20年を経て学習指導要領にも明記されることになり、取り組みが遅れている学校にもキャリア教育の充実が求められることになったのです。

11 キャリア教育を生かした現代の進路指導のあり方

2011年1月の中央教育審議会答申「今後の学校におけるキャリア教育・職業教育の在り方について」（全文で100ページ）は、その「第1章　キャリア教育・職業教育の課題と基本的方向性」（全12ページ）のなかで、キャリア教育・職業教育の基本的方向性を、①幼児期の教育から高等教育に至るまでの体系的なキャリア教育の推進、②実践的な職業教育の重視と職業教育の意義の再評価、③生涯学習の観点に立ったキャリア形成支援の3点としています。

第2章が「発達の段階に応じた体系的なキャリア教育の充実方策」（全14ページ）で、その「3」で幼児期の教育・義務教育・後期中等教育・特別支援教育・高等教育の各学校段階における推進のポイントを4ページにわたって述べています。そのうえで第3章を「後期中等教育におけるキャリア教育・職業教育の充実方策」として24ページを費やしています。第4章の「高等教育におけるキャリア教育・職業教育の充実方策」が23ページですから、後期中等教育すなわち高校におけるキャリア教育・職業教育を大学におけるそれらと同等に、もっとも重視していることがわかります。

さて、第2章の3で、義務教育のうち中学校におけるキャリア教育・職業教育については、①「社会における自らの役割や将来の生き方・働き方等についてしっかりと考えさせるとともに、目標を立てて計画的に取り組む態度を、体験を通じてその重要性について理解を深めさせつつ育成し、

プラスワン

キャリア教育・職業教育の基本的方向性

①「体系的なキャリア教育の推進」という方針に基づき、次期の「学習指導要領」には、小学校・中学校・高等学校のすべての段階で「キャリア教育」の文言が明記された。次期の幼稚園教育要領にキャリア教育の文字はないが、「基礎的・汎用的能力」のなかの「人間関係形成・社会形成能力」と幼児教育5領域のなかの「人間関係」に密接な関係があることが研究者から指摘されている。

②職業教育の意義の再評価とその体系的整備の提言は、児童生徒に自主的な職業選択の能力を育成するうえで大きな力になるものと考えられる。

③生涯学習の観点の導入は、学校が生徒の職業生活への移行後もそのキャリア形成を支援するということを意味している。

進路の選択・決定へと導くこと」、②進路指導についても「中学校の段階から、生徒一人一人の将来を十分見据えたものとしていくこと」、③「各学校においては、キャリア教育の視点で、各教科・道徳・総合的な学習の時間・特別活動や日常生活におけるそれぞれの活動を体系的に位置付けることにより、能力や態度の効果的な育成を図ること」、④職場体験活動の「効果をより引き出すための指導の改善・充実や、円滑に実施するための条件整備を図ること」、⑤教員は「生徒や保護者が個性や適性を考える学習を望んでいるという認識を持って、組織的・計画的に進路について指導・援助すること」が推進のポイントである、としています。

「第３章　後期中等教育におけるキャリア教育・職業教育の充実方策」はキャリア教育・職業教育の全体的な課題と基本的な考え方を示し、各教育機関ごとの課題と充実方策をまとめて述べています。このうち、高等学校については、高等学校普通科・高等学校専門学科*・高等学校総合学科*の学科別に次のように述べられています。

・高等学校普通科
進路意識や目的意識が希薄な傾向や、他の学科に比べ厳しい就職状況にある。このため、キャリアを積み上げていくうえで必要な知識等を教科・科目等を通じて理解させることや、体験的な学習の機会を十分提供し、これをとおして自己の適性理解や将来設計の具体化、勤労観・職業観の形成・確立を図らせることが重要である。また、科目「産業社会と人間」のようなキャリア教育の中核となる時間を教育課程に位置づけることの検討や、職業科目の履修機会の確保、進路指導の改善・充実を図る必要がある。
・高等学校専門学科
卒業者の約半数が高等教育機関に進学する状況にある。また、職業の多様化や職業人として求められる知識・技能の高度化への対応が求められている。このことをふまえ、専門分野の基礎的・基本的な知識・技能の定着、一定の専門分野に共通する知識・技能を身につけさせること、課題研究等による問題解決能力の育成、長期実習等実践的な教育活動の実施、職業教育に関する学習成果の積極的な評価、地域企業との密接な連携による学科整備・教育課程編成、実務経験者の教員への登用、施設・設備等の改善・充実等が期待される。
・高等学校総合学科
安易な科目選択を行う傾向や、中学生や保護者等の理解・認知度の低さ、教職員の理解の不十分さ、多様な教科・科目開設に係る教職員の負担等の状況が見受けられる。このため、総合学科に対する理解の促進や、生徒に目的意識等をもたせる教育活動・体制整備等、教育環境の充実が求められる。

語句説明
専門学科
正しくは「専門教育を主とする学科」。農業科・工業科・商業科・水産科・情報科・福祉科など職業教育に関する学科と、国語科・理数科・体育科・音楽科・美術科・英語科・国際科など特定の普通教科系科目を重点的に学習する学科とに分類される。

語句説明
総合学科
普通教育および専門教育を、選択履修を旨として総合的に施す学科。1991年４月の中央教育審議会答申の提言に基づき、1993年３月に文部省が設置を通達、普通科・専門学科に並ぶ新たな学科として1994年4月に発足した。

高等学校の現状が厳しい眼で見られるとともに、各学校に対し、その現状と課題に見合った方策をとることが求められています。

また、「幼児期の教育から高等教育に至るまでの体系的なキャリア教育の推進」が、キャリア教育・職業教育の基本的方向性の第一にあげられていることと関連して、「第６章　キャリア教育・職業教育の充実のための様々な連携の在り方」「４．学校間・異校種間の連携」では、異なる学校種の活動を理解し指導計画を作成するとともに、児童生徒のキャリア発達に関する情報を次の学校段階に引き継いでいくことが重要であり、学校間で、「各学科の教育力をいかした協力や先進的な取組の共有等が必要」としています。学科や学校段階の異なる学校を含めた他の学校との緊密な連携がなければ「体系的なキャリア教育」ができないのは明らかで、学校間・異校種間の頻繁な交流や協議の体制をつくっていくことが重要になるでしょう。

この第６章では、ほかに地域・社会との連携、産業界等との連携、家庭・保護者との連携、関係行政機関との連携についても述べられています。学校は社会のなかの存在であって、地域・社会その他と無縁では存在し得ません。近年では、キャリア教育に限らず、学校はその教育活動を周囲との連携のなかですすめていかなければならないという意識が高まり、実際に数々の実践が行われています。

こうした状況を受けて、次期の学習指導要領は前文で「教育課程を通して、これからの時代に求められる教育を実現していくためには、よりよい学校教育を通してよりよい社会を創るという理念を学校と社会とが共有し、それぞれの学校において、必要な学習内容をどのように学び、どのような資質・能力を身に付けられるようにするのかを教育課程において明確にしながら、社会との連携及び協働によりその実現を図っていくという、社会に開かれた教育課程の実現が重要となる」としています。キャリア教育・職業教育のための連携を深めることもまた、学校教育を真に地域のものにするための「教育コミュニティ」の形成を促進することになります。

ディスカッションしてみよう！

フリーターやニートの問題については、子どもたちに職業と社会における自己実現について考えさせることが重要です。社会のなかにはさまざまな職業があり、多くの人はその職業を通じて自己実現を図っているのが現実です。児童・生徒にどの段階でどのようなことを知らせ、考えさせるのがよいのでしょうか。話し合ってみましょう。

たとえば・・・

プラスワン

教育コミュニティ

「教育コミュニティ」そのものは、大阪府で実際に行われている取り組みの名称だが、全国で類似の試みが行われている。教育や子育てに関する課題を学校、家庭、地域の団体・グループ等が共有し、課題解決に向けた協働の取り組みを重ねて、地域の教育や子育てに関する共同体をつくっていこうというもの。文科省は学校運営協議会を置く学校を順次コミュニティ・スクール（地域運営学校）に指定、2017年4月で全国で3600校を指定しているが、これも教育コミュニティに発展していく要素をもっている。

復習や発展的な理解のために

知っておくと役立つ話

学習指導要領と「学校の実態」

次期の学習指導要領は、本文で述べたとおり「キャリア教育」という語句をはじめて公式に使用していて、学校における進路指導の歴史のなかでも画期的なものとなっています。また、次期学習指導要領は、①基礎的・基本的な知識及び技能、②思考力、判断力、表現力等、③主体的に学習に取り組む態度と多様な人々との協働、という学力の３つの視点を明確にし、これを柱にしています。こうして、生徒の学力を高めるとともに、道徳教育や体験活動、多様な表現や鑑賞の活動等をとおして豊かな心や創造性を涵養し、体育・健康に関する指導によって自らの健康と安全に留意し、活力ある生活を送れるようにするなど、生徒に生きる力を育むことが目指されています。

キャリア教育の充実は「生徒が、学ぶことと自己の将来とのつながりを見通しながら、社会的・職業的自立に向けて必要な基盤となる資質・能力を身に付けていくことができるよう」にするためのものであり、「生徒が自己の在り方生き方を考え主体的に進路を選択することができるよう」な進路指導を行うためのものです。さらに次期学習指導要領は「社会に開かれた教育課程の実現」ということも打ち出しています。

いずれを見ても、実に立派な方針・方策です。これらのことが実現できれば、将来の日本は安泰ですし、日本人は世界に対し多大の貢献ができることでしょう。しかし、高校現場に長くいた筆者などは思うのです。完全な実現などできるものだろうか、と。教師のなかには、こういった立派な方針を読んで身体中に勇気が満ちてくる人もいれば、過去の至らなかった自分を顧みて打ちひしがれる人もいるはずです。

一方で、学習指導要領の総則の冒頭にはこうも述べられています。「各学校においては、(中略）生徒の人間として調和のとれた育成を目指し、生徒の心身の発達の段階や特性、課程や学科の特色及び学校や地域の実態を十分考慮して、適切な教育課程を編成するものとし、これらに掲げる目標を達成するよう教育を行うものとする」（下線は筆者による）この「実態を考慮して」とか「実態に応じて」という表現は以下、至るところに繰り返し登場します。「実態を考慮」するのは至極当たり前のことのようですが、教育に困難を感じる学校では、この表現に救われる思いがすることでしょう。こうして、現実に学習指導要領本来の方針や内容から離れた教育課程を編成されることもあるのです。

たやすく実現できるものではありませんが、学習指導要領には児童・生徒の学習意欲を高めるための方策も述べられています。「学校の実態を考慮して」ということばが、教育課程の内容を薄めることにつながらないよう、すべての学校と教師は努力を続けなければなりません。

ちゃんとわかったかな?

復習問題にチャレンジ

類題（徳島県　2019年）

次の各文はキャリア教育について述べたものである。これらのうち、誤っているものはどれか、1〜5から１つ選びなさい。

1. キャリア教育とは、一人一人の社会的・職業的自立に向け、必要な基盤となる能力や態度を育てることを通して、キャリア発達を促す教育である。
2. 社会の中で自分の役割を果たしながら、自分らしい生き方を実現していく過程を「キャリア発達」という。
3. キャリア教育の評価においては、各学校における到達目標とそれを具体化した教育プログラムの評価の項目を定め、その項目に基づいた評価を適切に行い、具体的な教育活動の改善につなげていくことが重要である。
4. 平成23年の中央教育審議会答申では、キャリア教育で育成するべき力として「応用的・個別的能力」が提唱されたが、これは「人間関係形成・社会形成能力」「自己理解・自己管理能力」「課題対応能力」「キャリアプランニング能力」の4つの能力によって構成される。
5. これまでのキャリア教育においては、勤労観・職業観の育成のみに焦点が絞られ、平成11年の中央教育審議会答申以降、継続的に求められてきた能力や態度の育成が、やや軽視されてきたという経緯がある。

理解できたことをまとめておこう!

ノートテイキングページ

学習のヒント：戦前・戦後のわが国の学校教育の発展と、学校教育における職業指導・進路指導の変遷とを概観しましょう。また、戦後の中学校・高等学校の推移と進路指導の性格の変化のあとをたどってみましょう。そして、キャリア教育が打ち出されてきた理由や、キャリア教育を今後の進路指導にどう生かしていけばよいかを考えてみましょう。

第11講

進路指導およびキャリア教育の課程と指導体制

理解のポイント

学校教育における進路指導は、戦後当初は職業教育が主でした。その後、進学率の向上による中学校や高等学校などの各教育課程の役割の変化、ニートなど社会課題の解決の必要性などを背景に、現在ではキャリア教育に変化しています。各教育課程におけるキャリア教育で重要なポイント、問題点について把握しましょう。

1 キャリア教育の変遷――職業指導から進路指導へ、そしてキャリア教育への転換

日本における高等学校への進学率は、1950年度は42.5%、1960年度は57.7%、1970年度は82.1%、1980年度は94.2%、2018年度は98.8%となり、ほぼ高校全入となっています（図表11-1）。1950年代は中学校卒業後、就職する生徒が多数であり、中学校では職業指導が行われていました。

次に、大学・短期大学進学率の推移をみましょう。1955年度は10.1%、1965年度は17.0%、1975年度は38.4%、1995年度は45.2%、2005年度は51.5%、2018年度は54.8%（就職率は17.6%）と増加傾向にあります（図表11-2）。

高校進学率・大学進学率が上昇するにつれて、職業指導から進路指導への転換が行われるようになりました。歴史的経過を検討しましょう。

図表11-1　高等学校への進学率

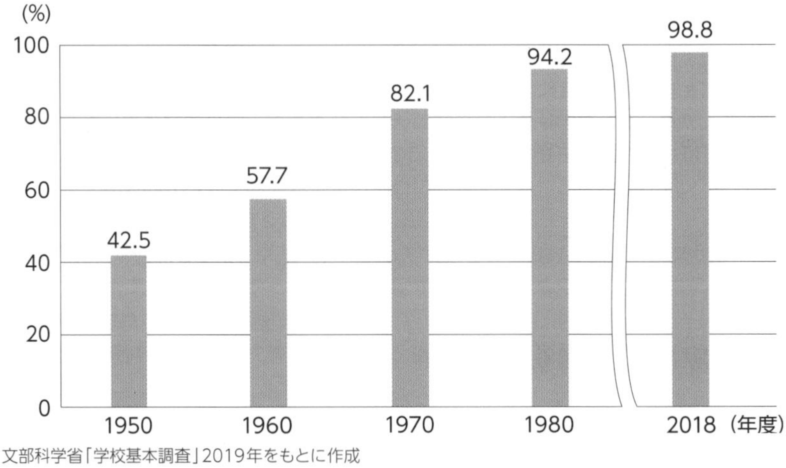

文部科学省「学校基本調査」2019年をもとに作成

図表11－2　大学・短期大学進学率

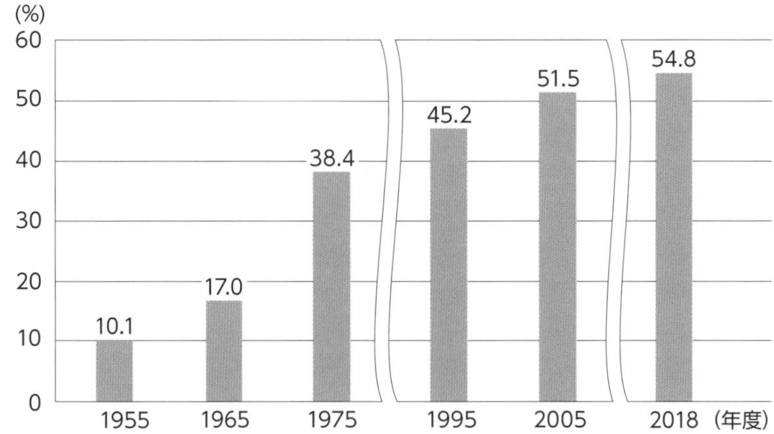

文部科学省「学校基本調査」2019年をもとに作成

図表11－3　「職業・家庭科」（1956年）の学習内容

群	分野	群	分野
第１群	栽培、飼育、農産加工	第６群	産業と職業（産業とその特色・職業とその特色）、職業と進路（学校と職業・個性と職業）、職業生活（能率と安全・職業生活と適応）
第２群	製図、機械、電気、建築		
第３群	経営、簿記、計算事務、文書事務		
第４群	漁業、水産製造、養殖		
第５群	食物、被服、住居家族、家庭経営		

藤田晃之「教育課程と進路指導」仙﨑武・野々村新・渡辺三枝子・菊池武剋編『入門進路指導・相談』福村書店、2000年、53-64頁をもとに作成

1947年に初の学習指導要領が告示され、中学校に「職業科」が開設され、農業・工業・商業・水産・家庭の各領域が「試行過程」（「啓発的経験」に該当）として構想されました（藤田、2000）。

1951年の学習指導要領の改訂では、「職業・家庭科」となり、中学校３年間で315～420時間開設され、内容は６群・22分野・52項目から構成されていました。第１～３、５～６群は各35時間以上が必修、残った時間を第１～５群のなかから任意の２群を選んで学ぶことになっていました。第６群は、就職と進学の双方を想定した内容でした（藤田、2000）（図表11-3）。「職業生活と社会保険」「職業生活の悩みとその解決」「転職と失業」といった内容は、キャリア教育にとっても大切な学習事項だといえます。

しかし、1958年の学習指導要領の改訂では、「職業・家庭科」が「技術・家庭科」に置き換えられ（男女別修）、職業指導に相当する部分が「技術・家庭科」では消滅し、以降は学級担任が指導する特別活動の学級活動に組み込まれました。

1980年代になると、高校入試で推薦入試が実施されるようになり、学力試験のみならず、**調査書***や面接などを加味した多様な入試が行われるようになりました。1990年代後期に**業者テスト活用の禁止通達**が出され、偏差値による「輪切り」から「生き方」「在り方」の指導へ、進路指導は大きな転換を迎えました。そして、第10講で述べられているように中央教育審議会や文部科学省から「キャリア教育」が提起されました。

プラスワン

男女別修
中学校の「技術・家庭科」では、電気・機械・木工などは男子を、調理・被服・保育などは女子を対象に男女別に授業が行われていた。完全に男女共修になったのは1989年である。なお、高校の「家庭科」の男女共修が実施されたのは1994年である。

重要語句

調査書
「内申書」の正式名であり、教科学習や特別活動、総合所見などが記載される。入試で課さない実技教科の成績は傾斜配点（1.5～2.0倍）にすることが多い。

プラスワン

業者テスト活用の禁止通達
授業時間中に業者テストを実施し、その結果（偏差値）に基づき合格できる高校を選ばせるという指導が当時行われていた。埼玉県教育委員会教育長の禁止発言をきっかけに全国に広がっていった。

2 キャリア教育の重要性

キャリア教育が重視されるようになった理由としては、不本意入学者や中退者の増加、モラトリアムの青年の増加、進路を自己決定できない生徒・学生の増加などがあります。さらに、ニートやフリーターの増加で、日本の経済に大きな損失を抱えていることも要因です。

ニート*は、「教育、雇用、職業訓練のいずれにも参加しない若者」を指しています。もともとは、イギリスのブレア政権時代に使われた用語であり、1998年当時、16～18歳の若者の９％がニートでした。日本では、「15～34歳の非労働力人口のうち 通学、家事を行っていない者」のことであり、2003年では約64万人と推定されています。日本型ニートの出現率は中学卒が最も多く、次いで高校卒です。中学卒者は、いったん、ニートになると抜け出すことが困難であることも示されています（小杉、2005)。ニートは、求職活動をしていなくても仕事に就きたいという希望をもっている者がかなりおり、決して「働く意欲がない」わけではありません。

フリーターとは、フリー・アルバイターの略であり、日本では「年齢が15～34歳で、卒業者であって、女性については未婚の者で、①現在就業している者については、勤め先での呼称が『アルバイト』または『パート』である雇用者で、②現在無業の者については、家事も通学もしておらず『アルバイト・パート』の仕事を希望する者」と定義されています。その数は、1990年代半ば以降急速に増え、2003年が217万人でピークでしたが、2016年では155万人と減少傾向がみられ（平成29年版「厚生労働白書」)、性別の比較では、女性の割合が男性と比べてはるかに多いことがわかります。

日本労働研究機構*の2000年の調査では、フリーターは図表11-４のように分けられました（小杉、2003)。フリーター志向の若者は、好きなときに働き、勤務の拘束も少なめで楽であると認識していることが多いのですが、国民年金や健康保険も自分で加入する必要があり、ボーナスや退職金もないか、あってもわずかであり、正規社員と比べると生涯賃金に大きな差がみられます。

ニートやフリーターへの支援は、学校でのキャリア教育に加えて、わかものハローワーク*、ジョブカフェ*、若者サポートステーション*などの機関（厚生労働省管轄で各県に設置）の活用が求められています。

語句説明

ニート（NEET）

→137頁を参照

語句説明

日本労働研究機構

現在の名称は「独立行政法人日本労働政策研究・研修機構」である。

語句説明

わかもの ハローワーク

正社員を目指す45歳未満の者にキャリアカウンセリングやセミナー、職業興味検査・適性検査などを行う。

語句説明

ジョブカフェ

雇用サービスを1か所でまとめて受けられるようにしたワンストップサービスセンターのこと。

語句説明

若者サポート ステーション

若者の「働き出す力」を引き出し、職場に定着するまで全面的にバックアップする。

図表11-４　フリーターのタイプ

タイプ	サブタイプ
①モラトリアム型	離学モラトリアム型、離職モラトリアム型
②夢追求値型	芸能志向型、職人・フリーランス志向型
③やむを得ず型	正規雇用志向型、期間限定型、プライベート・トラブル型

日本労働研究機構「フリーターの意識と実態――97人へのヒアリング結果より」2000年をもとに作成

3 進路指導主事・スクールカウンセラー・学級担任の果たすべき役割

職業指導主事は、1953年の「学校教育法施行規則」の一部改正により、中学校・高等学校に置くものとされました。その後1971年の「学校教育法施行規則」の改正により、職業指導主事の名称が進路指導主事に改められ、現在に至っています（藤田、2000）。そして、学校の校務分掌である進路指導部の中心になるのが進路指導主事です。

進路指導主事は、全教員に対する研修を企画することや、高校や大学、就労についての情報収集活動、キャリア教育の年間計画の立案、進路指導室の運営と整備、ハローワーク、上級学校、企業、関連諸機関との連携、**校長・副校長・教頭と協力**して学校経営や教育課程の方針にキャリア教育を適切に位置づけることなどが任務となります。

スクールカウンセラーは心理の専門職として、児童・生徒にカウンセリングを行ったり、教師や保護者にコンサルテーションを行ったりします。

スクールカウンセラーの仕事は、不登校やいじめ、さまざまな心の悩みのある児童・生徒への治療的カウンセリング（「3次的**援助サービス***」）だけではありません。すべての児童・生徒を対象とした開発的カウンセリング（「1次的援助サービス」）も行う必要性があります（図表11-5）。開発的カウンセリングの代表例が、**キャリア・カウンセリング**（進路相談）です。進路選択に悩む生徒、発達障害などの生徒の進学や就職、高校進学を希望する不登校生徒など支援すべき対象者は、とても多いのが現状です。「生徒指導提要」でも教育相談の新たな手法の一つに、キャリア・カウンセリングがあげられています。

キャリア・カウンセリングでは、進路適性検査や職業興味検査の結果をもとに、生徒の自己理解を促し、必要に応じて指示を行う特性－因子論的カウンセリングが中心になります。学力などの諸要因も加味しなければなりませんが、進学先を卒業した後、どのような職業に就きたいかまで考慮したカウンセリングが必要です。

学級担任がキャリア教育を担うことは、いうまでもありません。キャリ

図表11-5　学校心理学の3つの援助サービス

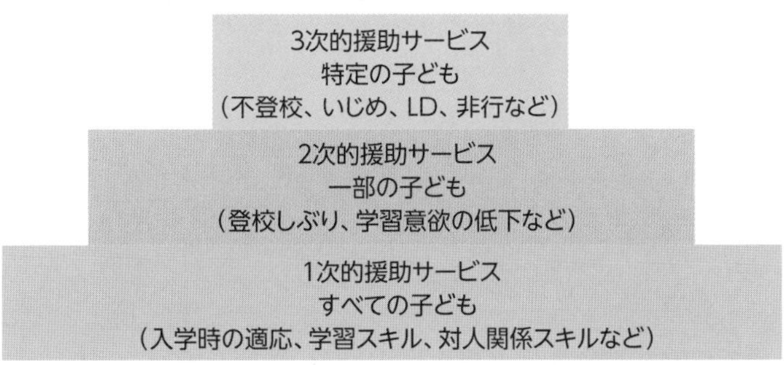

石隈利紀『学校心理学——教師・スクールカウンセラー・保護者のチームによる心理教育的援助サービス』誠信書房、1999年、144頁をもとに作成

プラスワン

校長・副校長・教頭と協力
キャリア教育を推進させるためには、校長・副校長・教頭などの管理職のリーダーシップが大切である。進路指導室の物的整備やゲスト講師の招聘なども校長の力量に負うところが大きい。

重要語句

援助サービス
学校心理学では、すべての子どもを対象とした1次的援助サービスから、大きな援助ニーズをもつ子どもを対象とした3次的援助サービスまでを行う。

プラスワン

キャリア・カウンセリング
スクールカウンセラーや進路指導部が中心になって実施するが、学級担任もできることが望ましい。神奈川県の高校（進路多様校）の一部には、キャリア支援と学習支援を行うスクールキャリアカウンセラーが配置されている。

ア教育は、教科学習、特別活動をはじめ全教育活動をとおした指導の必要性があり、かつ児童・生徒と最もよく接するのが学級担任であるからです。児童・生徒の適性などの理解に努め、キャリア・カウンセリングも適切にできることが期待されています。進路情報の入手にも努め、必要があれば、進路指導主事から助言を受けることも大切です。卒業生に対する追指導も可能な限り行ってほしいと思います。

4 教育課程上のキャリア教育の位置づけ

キャリア教育は、特別活動を中心に教科学習、総合的な学習の時間をはじめ、すべての教育活動をとおして基礎的・汎用的能力の育成を中核としてすすめます。キャリア教育の視点に立った教科学習等を校種別に述べてみましょう。

1 小学校

生活科では、「家庭と生活」で家族の仕事の理解、「地域と生活」で地域の商業や公共施設を「町探検」等をとおして学びます。社会科では、3年生で生産や販売の仕事、消防署や警察署の役割、4年生で人々の健康や生活環境を支える事業（電気・ガス・水道）、5年生で自動車工場を取り上げ、見学や調査などの体験活動を取り入れて学びます。家庭科では「家族・家庭生活」で家族の仕事の理解を取り上げます。

特別活動の「学級活動」では、「一人一人のキャリア形成と自己実現」で、①現在や将来に希望や目標をもって生きる意欲や態度の形成、②社会参画意識の醸成や働くことの意義の理解、③主体的な学習態度の形成と学校図書館等の活用を扱うことになっています。

2 中学校

社会科では、地理的分野で日本および世界の産業を学び、公民的分野では「私たちと経済」で、現代の生産や金融などの仕組みや働き、勤労の権利と義務、労働組合の意義および労働基準法の精神を学びます。また、職業の意義と役割および雇用と労働条件の改善について考察させます。家庭科では、小学校に続いて「家族・家庭生活」を学びます。

総合的な学習の時間では、探究課題の一つに「将来や自己の将来に関する課題」があげられています。

特別活動の「学級活動」では、「一人一人のキャリア形成と自己実現」で、①社会生活、職業生活との接続をふまえた主体的な学習態度の形成と図書館等の活用、②社会参画意識の醸成や勤労観、職業観の形成、③主体的な進路選択と将来設計を扱うことになっています。「勤労生産・奉仕的行事」では、職場体験活動が含まれています。

プラスワン

総合的な学習の時間
小学3年から中学校まで設置され、探究的協同的な体験を取り入れた学習である。高等学校では「総合的な探究の時間」という名称で、「総合的な学習の時間」と比べてより探究的な学習をすることが期待されている。

特別活動は、小学校では「学級活動」「児童会活動」「学校行事」「クラブ活動」の4領域、中学校では「学級活動」「生徒会活動」「学校行事」の3領域、高等学校では「ホームルーム活動」「生徒会活動」「学校行事」の3領域からなります。

3 高等学校

学校設定教科の「産業社会と人間」では、①社会生活や職業生活に必要な基本的な能力や態度および望ましい勤労観、職業観の育成、②わが国の産業の発展とそれがもたらした社会の変化についての考察、③自己の将来の生き方や進路についての考察および各教科・科目の履修計画の作成を学習します。公民科の「公共」では、職業選択、雇用と労働問題を、「政治・経済」では、産業構造の変化と起業、多様な働き方・生き方を可能にする社会を、地理歴史科の「地理探究」では、産業について、家庭科の「家庭基礎」では、生涯の生活設計を取り上げます。総合的な探究の時間では、課題の一つに「職業や自己の進路に関する課題」があります。

特別活動の「ホームルーム活動」では、「一人一人のキャリア形成と自己実現」があり、中学校の内容をさらに発展させます。「勤労生産・奉仕的行事」では、就業体験活動が含まれています。

プラスワン

「公共」
2018年告示の「新学習指導要領」では、公民科の「現代社会」が廃止され、「公共」が新設された（2単位必修科目）。現行の「現代社会」「倫理」の一部を取り込み、規範や国際貢献と「道徳」の内容も含むことになった。

5 小学校でのキャリア教育の現状と課題

キャリア教育を進路指導に矮小化してとらえると、小学校のキャリア教育のイメージがつかめないかもしれません。キャリア教育は進路指導より広範囲の概念であり、児童期からキャリア形成に取り組む必要があります。

発達段階別に、キャリア発達課題（図表11-6）を紹介しましょう。低学年の実践例としては、生活科の「学校たんけん」で、インタビューをして学校には多くの人がいることに気づかせ、さらに身の回りの仕事への興味を高めます。日常生活では、皆のために働く経験（係・日直・給食当番など）をとおして、働くことへの関心を高め、きまりを守って生活したり、遊んだりできるようにします。

中学年の実践例としては、社会科の「町たんけんをしよう」で、地域の自慢を紹介し合ったあと町を探検し、発表会を行います。特別活動では、縦割り活動や学級集会で、協力し合える人間関係を築く態度を育て、自発的な活動への欲求の高まりなどを積極的に生かします。

高学年の実践例としては、総合的な学習の時間で最高学年の目標を立て

図表11-6　小学校のキャリア発達課題

低学年	①小学校生活に適応する ②身の回りの事象への関心を高める ③自分の好きなことを見つけて、のびのびと活動する
中学年	①友だちと協力して活動するなかで関わりを深める ②自分の持ち味を発揮し、役割を自覚する
高学年	①自分の役割や責任を果たし、役立つ喜びを体得する ②集団のなかで自己を生かす ③社会と自己の関わりから、自らの夢や希望をふくらませる

国立教育政策研究所生徒指導・進路指導研究センター「自分に気付き、未来を築くキャリア教育――小学校におけるキャリア教育推進のために」2009年をもとに作成

させ、各分野で活躍している人のインタビューやさまざまな職業を調べ、自分のやりたい仕事を見つけさせます。中学校調べを行い、中学生へのインタビューや体験入学をし、中学校で頑張りたいことや自分の姿のイメージを発表させます。

小学校のキャリア教育の特徴は、児童に夢と希望をもたせることです。教科学習、特別活動等の内容をキャリア教育の視点で整理することであり、白紙からつくりあげるものではありません。

小学校のキャリア教育の課題としては、キャリア・カウンセリングがほとんどできていないことです。国立教育政策研究所の2016年の調査によると、キャリア・カウンセリングを実施している小学校担任は、わずか4.7%です。また、37.4%がやり方がわからないと答えています。カウンセリングというと、カウンセラーが行う相談と狭義にとらえがちですが、キャリア・カウンセリングは広義の「対話」、つまり教師と児童との直接の言語的コミュニケーションまで含むものです。教師と児童との間に温かい人間関係を築き、児童の言語的コミュニケーション能力を高めることが肝要です。

また、キャリア教育の評価も遅れています。キャリア教育の実践が適切であったのか、どのようなキャリア発達がみられたのか、評価することが大切です。たとえば、キャリア・パスポート*やアンケート、ポートフォリオを活用します。キャリア・パスポートやポートフォリオは、児童・生徒の自己評価であり、振り返りと見通しをもたせることができます。

語句説明

キャリア・パスポート

キャリア教育の学習や活動の内容を記録したポートフォリオのことであり、児童・生徒の将来の希望や進路計画、自己評価などが記載される。上学年や上級学校へ引き継がれ、自己の生き方や進路の見通しをもてるようにする。

6　中学校でのキャリア教育の現状と課題

中学校におけるキャリア教育の目標は、①肯定的自己理解と自己有用感の獲得、②興味・関心に基づく勤労観・職業観の形成、③進路計画の立案と暫定的選択、④生き方や進路に関する現実的探索の４つです（国立教育政策研究所生徒指導・進路指導研究センター、2009）。

教科学習や総合的な学習の時間でのキャリア教育とあわせて、職場体験活動が実施されています。１年生で事前学習を行い、将来の夢や職業、働くことなど、自分の生き方について考えさせます。心理検査による自己理解、職業人の講話、職業調べなどがあります。

２年で職場体験活動をしますが、直前の指導では、ねらいを理解させ、自分の課題を明らかにさせます。職場体験活動は２～４日間が多いですが、一過性のイベントやマナー講習、発表会等の直前・直後の指導に終わらないように工夫します。保護者や体験先と連携し共通理解をすることや教師が体験先を訪問し、生徒の変化を観察し、不安なことや困ったことを聞くなど、見守り、励ますことが大切です。直後の指導では活動を振り返り、学びを共有させます。

３年で事後学習を行い、職場体験活動の経験をもとに学習意欲を高め、

ポートフォリオは生徒指導、進路指導いずれにも重要ですね！

図表11－7　職場体験活動実施日数別の学習意欲向上の認識率（中学2年生対象）

日　数	1日	2日	3日	4日	5日	6日以上
認識率	25.9%	34.7%	39.5%	38.7%	41.7%	57.1%

国立教育政策研究所生徒指導・進路指導研究センター「キャリア教育・進路指導に関する総合的実態調査」2016年をもとに作成

将来の進路に向けて主体的な学習をすすめながら、自分の進路を選択していくことになります（国立教育政策研究所生徒指導・進路指導研究センター、2009）。

学習意欲向上の認識率の**職場体験活動実施日数**別比較を図表11－7に示します。日数が増えるほど、学習意欲が向上していることがわかりました（国立教育政策研究所生徒指導・進路指導研究センター、2016）。たとえば、兵庫県では、連続５日間活動をする「トライやる・ウィーク*」が実施されています。

中学校でのキャリア・カウンセリングは、生徒一人ひとりの将来の生き方や進路に関する悩みや課題を受け止め、自己の可能性や適性についての自覚を深めさせたり、適切な進路情報を提供したりしながら、生徒が自ら積極的に進路を選択することができるようにするための個別またはグループ別に行う指導・援助のことです。職場体験活動の事後指導で、課題達成を確認することや進路に夢をもたせることも念頭に置いて実施します。

課題としては、中学３年になると進学が現実味を帯び、建前は「キャリア教育」であっても、実際には「進学指導」に矮小化されてしまうことです。また、少数であっても、就職希望の生徒に対するきめの細かな指導も忘れないでほしいと思います。

7　高等学校でのキャリア教育の現状と課題

高等学校におけるキャリア教育の目標は、①自己理解の深化と自己受容、②選択基準としての勤労観・職業観の確立、③将来設計の立案と社会的移行の準備、④進路の現実吟味と試行的参加の４つです（国立教育政策研究所生徒指導・進路指導研究センター、2010）。

高等学校の課程は、全日制、**定時制***、**通信制***に分けられ、学科は普通科、専門学科、総合学科に大別されます。2018年度の学校基本調査によれば、生徒数は全日制が314万1,402人、定時制が8万5,095人、通信制が18万6,580人で、通信制のみ生徒数の増加がみられます。定時制や通信制は、不登校や発達障害の生徒の受け皿になっていることも多く、少人数学級で「個」に応じた指導が行われています。高等学校在籍者の学科別内訳を図表11－8に示します。普通科が最も多いことがわかります。

専門学科では、古くから職業教育に取り組まれてきました。しかし、

プラスワン

職場体験活動実施日数

職場体験活動は、緊張の1日目、覚える2日目、慣れる3日目、考える4日目、感動の5日目といわれてきた。形だけの体験でなく、価値ある体験を充実させることが必要である。

語句説明

トライやる・ウィーク

この活動が始まったきっかけについては第13講で解説している。

語句説明

定時制

定時制課程は、昼間定時制、夜間定時制、フレックス（昼夜連続開講し、生徒が希望する時間帯で受講）に分けられる。

語句説明

通信制

レポートを提出してテストを受け、両方に合格すれば単位が認定される。体育や理科の実験、英会話、実技教科などは、登校して面接授業（スクーリング）を受ける必要がある。

図表11-8　高等学校在籍者の学科別内訳

普通科	工業科	商業科	総合学科	農業科	家庭科	看護科	その他
73.1%	7.6%	5.9 %	5.4%	2.5%	1.2%	0.4%	4.0%

（注）　その他には、水産科、福祉科、情報科などが含まれる。
文部科学省「学校基本調査」2018年をもとに作成

2000年代に入ると大学進学希望者も増え、生徒のニーズにあったキャリア支援が求められるようになりました。1994年に登場した総合学科は、普通科と専門学科の中間的な役割をもっています。最初に設置された筑波大学附属坂戸高校の教育課程を紹介しましょう。必履修科目として、１年の「産業社会と人間」があり、導入科目としての位置づけになります。必履修の科目群として、「生物資源・環境科学」「工学システム・情報科学」「生活・人間科学」「人文社会・コミュニケーション」の４群があり、生徒の興味・関心や希望する進路に合わせて「一般選択科目」が用意されています。

高等学校ではインターンシップ（就業体験活動）が行われます。高等学校のインターンシップは、将来進む可能性のある職業に関する活動を試行的に体験することをとおして社会人・職業人への移行準備に役立てることが中心的な課題となります。

工業科などでは、デュアルシステムを取り入れている学校があります。デュアルシステムとは、地域の企業と学校の連携のもと、企業実習と学校教育を組み合わせて実施し、一人前の職業人に育て上げる制度のことです。東京都立六郷工科高校の**デュアルシステム科**では、１年で企業見学を２回実施後、２社で５日間のインターンシップを実施し、２年および３年では前期・後期で１社ごとに長期就業訓練を行います。

インターンシップの実施率は普通科で低く、大学等卒業後を見据えたキャリア・カウンセリングが不十分であるという課題があります。高校卒業生に対する調査では、高校生のときに「取り組んでいない（指導がなかった）」が、卒業後に振り返って「もっと指導をして欲しかった」学習内容として、就職後の離職・失業など、将来起こり得る人生上の**諸リスク**への対応と転職や再就職希望者などへの就職支援の仕組みの学習があげられています（国立教育政策研究所生徒指導・進路指導研究センター、2017）。

プラスワン

デュアルシステム科
六郷工科高校では、2年で機械系（資格目標は旋盤技能士）と電気系（資格目標は電気工事士）に分かれ、機械系では「機械工作」「機械演習」を、電気系では「電気基礎」「電気演習」を学び、3年では両系ともに「課題研究」を行う。

プラスワン

諸リスク
諸リスクとしては、労働災害、整理解雇、ハラスメント（パワハラ、セクハラなど）などがあり、対応策を学ぶ必要がある。ブラック企業やブラックバイトの理解も必要である。中学校社会科や高校公民科「政治・経済」などで、労働三権（団結権・団体交渉権・団体行動権）と労働三法（労働組合法・労働基準法・労働関係調整法）をしっかりと学ばせたい。

8　特別支援学校でのキャリア教育の現状と課題

特別支援学校は、障害種別（知的障害、肢体不自由、病弱、視覚障害、聴覚障害）に設置されていますが、複数の障害に対応できる総合制の学校も増加しています。また、知的障害が軽度の生徒に一般就労を目指したキャリア教育を行う高等特別支援学校の設置も増えています。2007年度に特殊教育から**特別支援教育**＊に転換され、特別支援学校の学校数と学ぶ児童・生徒数も増加しました。特別支援学校高等部や高等特別支援学校では、卒

図表11-9　特別支援学校高等部卒業生（2017年度）の進路状況区分

	進学者	教育訓練機関等	就職者	社会福祉施設等入所・通所者	その他
視覚障害	33.2%	3.6%	11.6%	43.0%	8.7%
聴覚障害	35.9%	4.4%	43.2%	13.3%	3.1%
知的障害	0.4%	1.5%	32.9%	61.5%	3.8%
肢体不自由	3.1%	2.3%	5.1%	84.8%	4.8%
病弱・身体虚弱	4.9%	8.5%	15.8%	61.5%	9.3%
計	1.9%	1.8%	30.1%	62.2%	4.0%

文部科学省「特別支援教育資料（平成29年度）」2018年をもとに作成

業後の就労に向けて入念なキャリア教育が行われています。

特別支援学校の教育課程は、各教科、道徳科、総合的な学習の時間、特別活動に加えて、自立活動*があります。自立活動は、個々の児童・生徒が自立を目指し、障害による学習上または生活上の困難を主体的に改善・克服しようとする取り組みを促す教育活動です。障害特性に対応した教科としては、視覚障害特別支援学校（盲学校）の「保健理療」、聴覚障害特別支援学校（聾学校）の「印刷」「理容・美容」「クリーニング」があります。また、高等部卒業後、専門性を高める課程として専攻科があり、視覚障害特別支援学校では「保健理療」「理療」「理学療法」、聴覚障害特別支援学校の「理容・美容」「歯科技工」の教科を開設することができます。

特別支援学校高等部や高等特別支援学校の卒業生（2017年３月卒業）の進路をみてみましょう（図表11-９）。障害特性により、就職率や進学率に大差がみられる点に注目しましょう。

たとえば、京都府立城陽支援学校高等部ビジネス科の作業学習はものづくりと流通・サービスの２領域で、前者は「木工」「窯業」「縫製」を、後者は「製品管理」「販売」「ビルクリーニング」を３年かけて学びます。１年では、７月に職場体験実習、11月に校内実習（学校を事業所に見立てて実習）、２月に現場実習（３日間）、２年では６月に現場実習（２週間）、９月に現場実習（３日間）、２月に現場実習（１週間）、３年では５月に現場実習（３週間）、６月に前期進路相談、７月に職場実習（２週間）、11月に後期進路相談、11月以降に応募書類作成、採用内定という流れです。

滋賀県立長浜北星高等養護学校は、2006年に日本で最初に高校に併設された高等特別支援学校です。「しごと総合科」の専門教科では、園芸（１年）、工業（木工・縫工・窯業から１つ選択：２～３年）、学校設定教科として、「社会人基礎」「スキルアップ」「福祉基礎」があります。長浜北星高校とは、生徒会活動や部活動、学園祭などを合同で行っています。

9　大学入試センター試験と高校卒業程度認定試験

2011年度入試から大学入試センター試験で、発達障害の生徒の受験

重要語句

特別支援教育

障害種別による教育から子どもの特別な教育的ニーズに基づく教育へと転換し、知的発達の遅れのない発達障害（LD、ADHD、高機能自閉症、アスペルガー症候群）が特別支援教育の対象に加わった。特別支援学校は、地域の小・中・高等学校に在籍する障害のある児童・生徒を支援する「センター機能」の役割をもつことになった。

語句説明

自立活動

特別支援学校固有の教育課程で、「自立を目指し障害による学習上または生活上の困難を主体的に改善・克服するために必要な知識、技能、態度又は習慣を養い、もって心身の調和的発達の基盤を培う」ことを目標とした活動。健康の保持、心理的な安定、人間関係の形成、環境の把握、身体の動き、コミュニケーションの6つの内容からなる。

特別措置が行われるようになりました。これまでも、点字問題や拡大文字の印刷問題、試験時間延長、別室受験、代筆解答などの措置が視覚障害、聴覚障害、肢体不自由の受験生に対して行われてきました（藤岡、2012）。新たに特別措置を行うことになった発達障害としては、学習障害、ADHD、自閉症スペクトラムが該当します。

発達障害の生徒の受験特別措置としては、試験時間延長、別室受験、チェック解答（チェックすることで解答したと認める）、問題の文字拡大、注意事項等の文書による伝達などが行われます。受験特別措置を講じるためには、特別措置申請書、医師の診断書、高等学校等による状況報告書・意見書が必要となります。特に、高等学校等による状況報告書・意見書は、当該生徒にどのような支援や配慮を行ってきたのか記す必要があります。具体的には、「読み」「書き」における配慮、定期考査などの評価における配慮、個別の指導計画*や個別の教育支援計画*の作成の有無、知能検査などのアセスメントの結果などを記載し、個別の指導計画や個別の教育支援計画があれば、それらを添付します。受験特別措置が認定されるためには、事前相談（9月末までが原則）を行うことが望ましく、あわせて、個別の指導計画や個別の教育支援計画を高等学校入学当初から適切に作成しておくことが大切です（藤岡、2012）。2018年の大学入試センター試験で、発達障害のある生徒の受験特別措置が認められたのは310人でした（別室受験が最も多い）。

高校卒業程度認定試験とは、文部科学省が年2回実施する「高校を卒業した人と同等以上の学力がある」ことを認定する試験のことです。試験科目は、国語、数学、外国語、地理歴史、公民、理科の6教科17科目です。2018年度は2万1,220人が受験し、9,224人が合格（8～10科目合格が必要条件）しています。受験資格は、16歳以上で大学入学資格のない人です。たとえば、中卒、高校中退、高校には在学しているが通学していない人などです。1回の試験で全科目に合格できなくても、数回に分けて合格すればよく、また、高校、高等専門学校*、文部科学大臣が指定した専修学校高等課程へ通っていた人や英検、数検、歴検等の資格をもっている人は、試験科目の一部免除ができます。2018年度の出願者の最終学歴を図表11-10に示します。

高校在学中の生徒は、単位として認定されることもできます。高校卒業程度認定試験合格者は、国家試験や国の採用試験の一部の受験資格が得られます。

図表11-10　高校卒業程度認定試験の出願者（2018年度）の最終学歴

中学校卒業	高校中退	全日制高校在学	定時制・通信制高校在学	高専中退	その他
9.7%	55.4%	18.5%	9.1%	1.9%	5.3%

文部科学省「高等学校卒業程度認定試験パンフレット（一般用）」2019年をもとに作成

語句説明

個別の指導計画

幼児・児童・生徒一人ひとりの教育的ニーズに対応して、指導目標や指導内容・方法を盛り込んだ指導計画のことである。単元や学期、学年ごとに作成される。

語句説明

個別の教育支援計画

教育、福祉、医療、労働などが一体となって乳幼児期から学校卒業まで障害のある子どもおよび保護者に対する相談および支援を行うための計画のことである。作成に際しては、保護者の参加や意見を聴くことが求められる。

語句説明

高等専門学校

高等専門学校（高専）は、1962年に創設された中学校卒業者が学ぶ高等教育機関であり、在学期間は5年（商船学科は5.5年）となっている。全国で57校あり、工業系が多数である。卒業後は高専の専攻科（2年課程）への進学や大学に編入する学生が増加している。

ディスカッションしてみよう!

ニートやフリーターが増加すると、どのような問題が生じるか話し合ってみましょう。たとえば、税金の納付額、雇用の安定性、技術の継承の困難さ、経済問題などの視点があげられます。「労働経済白書」（厚生労働省）などの文献も参考にしてみましょう。

たとえば・・・

復習や発展的な理解のために
知っておくと役立つ話

職業調べ

日本における職業名の数はどれくらいあるでしょうか。厚生労働省の職業名分類（2011年）によれば、1万7,209種あるとされています。中学校や高校の教師になったとき、生徒から職業の内容を尋ねられることもあります。代表的な職業の内容についての知識をもってほしいものです。

村上龍『新13歳のハローワーク』（幻冬舎、2010年）では、593種の職業の解説がされています。また、13歳のハローワーク公式サイト（https://13hw.com/jobapps/ranking.html）の中学・高校生の人気職業ランキングでは、プロスポーツ選手、ゲームクリエイター、薬剤師、医師、パティシエなどが上位にきています（2020年１月時点）。また、労働政策研究・研修機構では「職業ハンドブック中高生版OHBY（Occupation HandBook for Youth）」を開発し、キーワード検索や職業解説や職業情報、職業興味や適性の自己理解ができるようになっており、楽しみながら学習できるようになっています。

次の職業について、その概要、キャリアパスと必要な学習歴について調べてみましょう。

①ヒーブ　②ディスパッチャー　③アクチュアリー　④テラー

最低賃金

最低賃金は、最低賃金法に基づき都道府県別に決められています。2019年10月の最低賃金（１時間当たり）は、全国加重平均が901円、最高額は東京都で1,013円、最低額は790円（15県）となっており、最大223円の地域差があります。首都圏や京阪神が高く、北東北や山陰、四国、九州が低くなっています。

自分の住んでいる都道府県の最低賃金を調べてみましょう。そして、１か月22日働くと仮定して、年収はどれくらいになるのか計算してみましょう。実際の所得は、合計値から税金などを差し引いたものになるので、想定より低いことがわかると思います。

ちゃんとわかったかな?

復習問題にチャレンジ

類題（大阪府　2018 年）

次の各文は、平成29年3月に文部科学省から示された中学校学習指導要領「総則」の生徒の発達の支援に関する記述の一部である。空欄A～Dに、あとのア～クのいずれかの語句を入れてこれらの文を完成させなさい。

・学習や生活の基盤として、教師と生徒との信頼関係及び生徒相互のよりよい人間関係を育てるため、日頃から（　A　）の充実を図ること。また、主に集団の場面で必要な指導や援助を行うガイダンスと、個々の生徒の多様な実態を踏まえ、一人一人が抱える課題に個別に対応した指導を行うカウンセリングの双方により、生徒の発達を支援すること。

・生徒が、自己の存在感を実感しながら、よりよい人間関係を形成し、有意義で充実した学校生活を送る中で、現在及び将来における（　B　）を図っていくことができるよう、生徒理解を深め、学習指導と 関連付けながら、生徒指導の充実を図ること。

・生徒が、学ぶことと自己の将来とのつながりを見通しながら、社会的・職業的自立に向けて必要な基盤 となる資質・能力を身に付けていくことができるよう、（　C　）を要としつつ各教科等の特質に応じて、キャリア教育の充実を図ること。その中で、生徒が自らの生き方を考え主体的に進路を選択することができるよう、学校の教育活動全体を通じ、組織的かつ計画的な進路指導を行うこと。

・生徒が、基礎的・基本的な知識及び技能の習得も含め、学習内容を確実に身に付けることができるよう、生徒や学校の実態に応じ、個別学習やグループ別学習、繰り返し学習、学習内容の習熟の程度に応じた学習、生徒の興味・関心等に応じた課題学習、補充的な学習や発展的な学習などの学習活動を取り入れることや、（　D　）による指導体制を確保することなど、指導方法や指導体制の工夫改善により、個に応じた指導の充実を図ること。

ア 学級経営　　イ 教育相談　　ウ 自己実現　　エ 問題解決　　オ 特別活動
カ 総合的な学習の時間　　キ 教師間の協力　　ク 地域社会との連携

理解できたことをまとめておこう!

ノートテイキングページ

学習のヒント：小学校から高校まで受けてきたキャリア教育について振り返り、教科学習や特別活動との関連性についてまとめてみましょう。また、大学生の立場から、高校までに受けたキャリア教育のなかで、十分でなかった、もしくはもっと学びたかった内容をまとめてみましょう。

第12講

職業理解やキャリア意識を育むカリキュラムの構築

理解のポイント

学校教育の目的や目標を達成するためには、教育内容を総合的に組織する必要があります。本講では、教育内容を系統的に配列し計画していくカリキュラム・マネジメントについて学習しましょう。そして、カリキュラム・マネジメントのポイントを押さえたうえで、職業理解やキャリア意識を育むためのカリキュラムの構築について考えてみましょう。

1 職業理解と自己理解

ここでは、職業理解と自己理解の関わりについて学びます。

1 職業理解とは

皆さんは、社会にはさまざまな職業があることを何歳くらいのときから意識したでしょうか。たとえば、スーパーマーケットで野菜や魚などの生鮮食品を買ったとしましょう。その食品がどこでだれによってつくられたのか、さらにその食品がどのようなルートをたどってだれによって家の近くのスーパーに運ばれてきたのでしょうか。生活には欠かせないさまざまなサービスの供給についても同じように考えると、そこにはいくつもの職業が関わっていることが理解できます。

社会生活がさまざまな職種・業種によって成り立っていることは、小学校、中学校、高等学校の各教科を通じて理解されます（図表12-1）。これら各教科もキャリア教育の一つとして位置づけられるということですね！

図表12-1　校種別の各教科におけるキャリア教育の一例

小学校	社会科、生活科、理科、算数などの各教科	家族の仕事調べ、街の探検、商店街での職場見学・体験
中学校や高校	技術・家庭科、公民科などの各教科 総合的な学習の時間 総合的な探求時間 特別活動	職場体験、上級学校の体験入学・体験授業、企業訪問、インターンシップ

ディスカッションしてみよう!

あなたが担当する校種または教科・科目のなかで実施できる職業理解にはどのようなものがあるか話し合ってみましょう。

たとえば・・・

職業理解をするためには職種・業種ごとに分類してみることが大切です(図表12-2)。その企業や事業所が社会で果たしている役割や、扱っている商品や生産物で分類できます。このように、児童・生徒が消費者の立場に立って身近な商品や生産物を分類しながら、社会にあるさまざまな職種・業種がどのようにして消費者である私たちと関わっているかを理解していくのです。

学校ではまず、社会にあるさまざまな職種・業種にふれ、実際に職場見学に行ったり、職場で働く人に話を聞いたりインタビューしたりして、その職業に対する知識を獲得していきます。そこで獲得されるものは知識だけではありません。次のようなことも得られるでしょう。

①人間関係の大切さを理解する
②勤労観、職業観を育む
③コミュニケーション能力、社会的スキルを高める
④学校で学んだ知識と社会のつながりを意識し、学校での学びを見つめ直す

プラスワン

職業観と勤労観の違い

職業観とは、ある職業に対して抱くイメージ、考え方、価値観を指す。それに対し、勤労観とは働くことに対するイメージ、考え方である。職業観は職業によってさまざまだが、どの職業においても「働く」ということに変わりはないため、勤労観はある程度一定している。

図表12-2　業種コード表（日本標準産業分類）

大分類	コード	中分類
A　農業、林業	01	農業
	02	林業
B　漁業	03	漁業（水産養殖業を除く）
C　鉱業、採石業、砂利採取業	04	水産養殖業
	05	鉱業、採石業、砂利採取業
	06	総合工事業
D　建設業	07	職別工事業（設備工事業を除く）
	08	設備工事業
E　製造業	09	食料品製造業
	10	飲料・たばこ・飼料製造業
	11	繊維工業
	12	木材・木製品製造業（家具を除く）
	13	家具・装備品製造業
	14	パルプ・紙・紙加工品製造業
	15	印刷・同関連業
	16	化学工業
	17	石油製品・石炭製品製造業
	18	プラスチック製品製造業（別掲を除く）
	19	ゴム製品製造業
	20	なめし革・同製品・毛皮製造業
	21	窯業・土石製品製造業
	22	鉄鋼業
	23	非鉄金属製造業
	24	金属製品製造業
	25	はん用機械器具製造業
	26	生産用機械器具製造業
	27	業務用機械器具製造業
	28	電子部品・デバイス・電子回路製造業
	29	電気機械器具製造業
	30	情報通信機械器具製造業
	31	輸送用機械器具製造業
	32	その他の製造業
F　電気・ガス・熱供給・水道業	33	電気業
	34	ガス業
	35	熱供給業
	36	水道業
G　情報通信業	37	通信業
	38	放送業
	39	情報サービス業
	40	インターネット附随サービス業
	41	映像・音声・文字情報制作業
H　運輸業、郵便業	42	鉄道業
	43	道路旅客運送業
	44	道路貨物運送業
	45	水運業
	46	航空運輸業
	47	倉庫業
	48	運輸に附帯するサービス業
	49	郵便業（信書便事業を含む）

大分類	コード	中分類
I　卸売業、小売業	50	各種商品卸売業
	51	繊維・衣服等卸売業
	52	飲食料品卸売業
	53	建築材料、鉱物・金属材料等卸売業
	54	機械器具卸売業
	55	その他の卸売業
	56	各種商品小売業
	57	織物・衣服・身の回り品小売業
	58	飲食料品小売業
	59	機械器具小売業
	60	その他の小売業
	61	無店舗小売業
J　金融業、保険業	62	銀行業
	63	協同組織金融業
	64	貸金業、クレジットカード業等非預金信用機関
	65	金融商品取引業、商品先物取引業
	66	補助的金融業等
	67	保険業（保険媒介代理業、保険サービス業を含む）
K　不動産業、物品賃貸業	68	不動産取引業
	69	不動産賃貸業・管理業
	70	物品賃貸業
L　学術研究、専門・技術サービス業	71	学術・開発研究機関
	72	専門サービス業（他に分類されないもの）
	73	広告業
	74	技術サービス業（他に分類されないもの）
M　宿泊業、飲食サービス業	75	宿泊業
	76	飲食店
	77	持ち帰り・配達飲食サービス業
N　生活関連サービス業、娯楽業	78	洗濯・理容・美容・浴場業
	79	その他の生活関連サービス業
	80	娯楽業
O　教育、学習支援業	81	学校教育
	82	その他の教育、学習支援業
P　医療、福祉	83	医療業
	84	保健衛生
	85	社会保険・社会福祉・介護事業
Q　複合サービス事業	86	郵便局
	87	協同組合（他に分類されないもの）
R　サービス業（他に分類されないもの）	88	廃棄物処理業
	89	自動車整備業
	90	機械等修理業
	91	職業紹介・労働者派遣業
	92	その他の事業サービス業
	93	政治・経済・文化団体
	94	宗教
	95	その他のサービス業
	96	外国公務
S　公務（他に分類されるものを除く）	97	国家公務
	98	地方公務
T　分類不能の産業	99	分類不能の産業

e-Stat「日本標準産業分類」2014年

職業理解によって、職業に対するイメージを新たに発見したり、はじめに抱いていたイメージとは違う面に気づいたり、改めて職業の多様性を感じたりします。次に、こうした職業理解から生徒自身の自己理解を深めることを考えてみましょう。

2 職業理解を通じた自己理解

自己理解とは、自らのことを正しく理解することを指します。皆さんは自分自身のことをどれくらいよく知っているでしょうか。「自分のことなので何でも知っている」と思っている人もいるかもしれません。特に、青年期は発達段階において、自己アイデンティティ＊の形成期・確立期にあります。自己アイデンティティ、つまり自分とはいったいどんな人間で、自分らしさとは何だろうかということを考える自分探しの時期ともいえます。

ここでの自己理解とは、自分が職業に対してどのような興味をもっているのか、職業に対してどのような価値観をもっているのかを知ることを指します。そのため、職業理解を通じて意外とこれまで意識していなかった自分の発見、つまり自己理解につながっていくのです。図表12－3で職業理解と自己理解を同時に深める視点を整理してみましょう。

職業理解と自己理解には、図表12－3に示したように両者を行き来しながら視野を広げていくことが大切です。大切なのは、自分の興味・関心を一つに絞って、早く自己理解にたどりつくことが必ずしも正解ではないことに気づくことです。自分の職業に対する興味・関心を「考える」ことが重要です。最初から興味がある職業だけに絞って理解することは、自己理解のチャンスから自らを遠ざけていくことになるかもしれないのです（図表12－4）。

次に大事なことは、職業理解を通じた自己理解は一人で行うよりも仲間とともに行った方がよいということです。職業や自分について、いろいろ

語句説明

自己アイデンティティ

自己同一性ともいう。自分が何者であるかについての信念のこと。

自己アイデンティティについては、第6講で詳しく説明されています。エリクソンや心理社会的発達理論についても復習しておきましょう！

図表12－3　職業理解と自己理解①

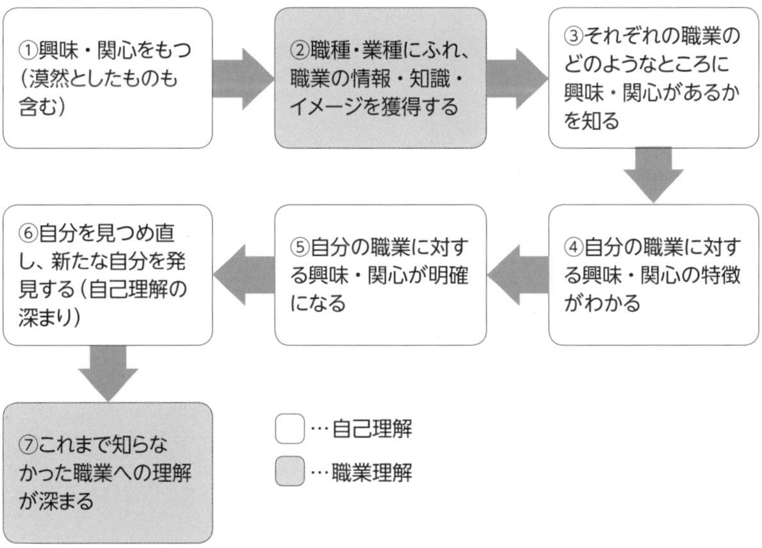

171頁のコラムにあるジョハリの窓で確認してみましょう。

プラスワン

妥当性と信頼性

性格判断テストや心理テストなど自分探しのためのあらゆるテストがあるが、結果を解釈するうえで注意する点がある。

妥当性：測りたいものをきちんと測定できているかどうか。たとえば、パーソナリティのなかで外向性の高さを測定したいと思っているのに、まったく別のパーソナリティを測定するテストを受けても意味がない。

信頼性：得られた結果を誰が解釈・判断するかによって異なってはならず、その結果は安定していなければならない。結果の信頼性を高めるために、他者の間で判断がどの程度一致するか確認したり、複数回テストしたりする必要がある（再テスト法など）。

図表12-4　職業理解と自己理解②

興味ある職業（A）　　考え中の職業（B）　　興味ない職業（C）

職業理解は必ずしも（A）や（B）だけについて行うものとは限らない
・（A）や（B）になぜ興味があるのかを考える ・（C）になぜ興味がないのかを考える

な他者（友人、先生、親など）と意見を交換してみることが大切です。自分のことは自分が一番よくわかっていると思う人もいるかもしれませんが、自分を理解するためには自分以外の周りの他者が自分のことをどのように理解しているか、どのようにみているかを理解することが重要です。

社会では他者との関わりを欠くことができませんから、他者からのみられ方は大きな意味をもちます。グループワークをとおして、新たな自分の側面に気づかされた経験のある人もいるかもしれません。同時に、自分も常に他者をみる視点に立つことが重要です。自己理解することは他者を理解することでもあり、互いにフィードバックする姿勢をもつことから始まるということも心に刻んでおきましょう。自己理解を深めるためのグループワークはさまざまありますが、グループワークのもつ意味を日ごろの学校生活で意識していくことが大切です。

青年期における職業理解は、自己理解を深めるうえで発達段階においても重要な役割を果たします。なぜなら、自己アイデンティティは、周囲の人の評価や期待によって形づくられることもあるからです。職業理解を通じた自己理解においても、複数の他者との相互作用から自分のことを理解し、それを最終的に自己と統合していく（自己概念）ことが求められます。

2　キャリア意識の育成

皆さんは小さいときに「将来の夢は何ですか？」と聞かれたことがあるのではないでしょうか。そのときに、どんな職業につきたいか考えたでしょう。では将来の夢がない、明確な目標がなく漠然としている児童・生徒について、皆さんはどうとらえどう向き合っていくべきなのでしょうか。将来の夢や目標を描くこと全般を、「キャリア意識」とよびます。

1　キャリア意識の測定

キャリア教育の目的の一つは、児童・生徒が将来自立した社会人・職業人として生きていくために必要な基礎的な資質・能力を育成することです。そのために必要な資質・能力として、４つの領域と８つの能力が示されています。このキャリア教育で育成する４領域８能力に対する自己評価によって、キャリア意識を測定することができます。

4領域8能力については、次の第13講のキャリア発達のところでもでてくるので、一緒に確認しておきましょう!

① 人間関係形成能力

他者の個性を尊重し、自己の個性を発揮しながら、さまざまな人々とコミュニケーションを図り、協力・共同してものごとに取り組む力。

１．自他の理解能力

自己理解を深め、他者の多様な個性を理解し、互いに認め合うことを大切にして行動していく能力。

２．コミュニケーション能力

多様な集団・組織のなかで、コミュニケーションや豊かな人間関係を築きながら、自己の成長を果たしていく能力。

② 情報活用能力

学ぶこと・働くことの意義や役割およびその多様性を理解し、幅広く情報を活用して、自己の進路や生き方の選択に生かす力。

３．情報収集・探索能力

進路や職業などに関するさまざまな情報を収集・探索するとともに、必要な情報を選択・活用し、自己の進路や生き方を考えていく能力。

４．職業理解能力

さまざまな体験などをとおして、学校で学ぶことと社会・職業生活との関連や、しなければならないことなどを理解していく能力。

③ 将来設計能力

夢や希望をもって将来の生き方や生活を考え、社会の現実をふまえながら、前向きに自己の将来を設計する力。

５．役割把握・認識能力

進路や職業などに関するさまざまな情報を収集・探索するとともに、必要な情報を選択・活用し、自己の進路や生き方を考えていく能力。

６．設計実行能力

目標とすべき将来の生き方や進路を考え、それを実現するための進路計画を立て、実際の選択行動などで実行していく能力。

④ 意思決定能力

自らの意思と責任でよりよい選択・決定を行うとともに、その過程での課題や葛藤に積極的に取り組み克服する力。

７．選択能力

さまざまな選択肢について比較検討したり、葛藤を克服したりして、主体的に判断し、自らにふさわしい選択・決定を行っていく能力。

８．課題解決能力

意思決定にともなう責任を受け入れ、選択した結果に適応するとともに、希望する進路の実現に向け、自ら課題を設定してその解決に取り組む能力。

職場などでの体験学習の効果は、児童・生徒の感想文や振り返り、ある第4講でもでてきた可視化を復習しておきましょう!

図表12-5　キャリア意識と学習の結びつき

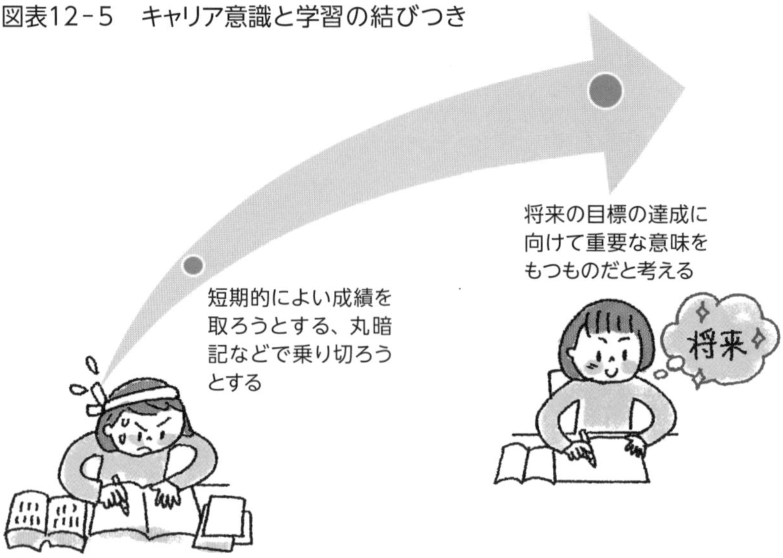
将来の目標の達成に向けて重要な意味をもつものだと考える
短期的によい成績を取ろうとする、丸暗記などで乗り切ろうとする
将来

いは先生の観察や行動から質的に評価できます。このような質的評価は体験学習による児童・生徒の変化をとらえることに適してはいるものの、その体験学習の効果を児童・生徒間で量的に比較することはできません。そこで、キャリア意識の変化を測定するため、８つの能力を量的にとらえ測定する自己評価尺度も開発されています。体験学習による効果を可視化するためには、質的な評価に加え、客観的な尺度をもとにした量的な測定が必要になるのです。

スーパー*によると、職業的な自己概念は生涯をとおして発達していきます。発達につれて個人が到達したレベルをキャリア成熟度によって測定することができます。キャリア成熟度もキャリア意識の一つです。

キャリア意識が高いということは、将来の職業に対する興味・関心が明確で、またそれは日ごろの学習にも結びつきます。なぜなら、将来へのビジョンや展望をもっているため、長期的な視点で学習をとらえることができるからです。たとえば、中間テストや期末テストに向けたテスト勉強という行動について考えてみましょう。同じテスト勉強という行動であっても将来へのビジョンをもつかどうかによって違った行動になります（図表12-5）。

キャリア意識の高さが学習へのモチベーションを高めたり、自己アイデンティティの形成、さらには学習の規律を守る姿勢、学校適応感、学校満足度にも影響を与えたりします。次にキャリア意識の変化をみていきましょう。

ドナルド・スーパー
1910-1994
アメリカの教育学者。自己概念に着目したキャリア研究の第一人者。第13講、第15講も参照。

2 キャリア意識の変化

キャリア意識は進路や就職を意識するものであることから、学年が進級することで変化します。また、キャリア意識は次のような学校生活や家庭環境などからの影響を受けても変化します。

図表12-6　キャリア意識の変化

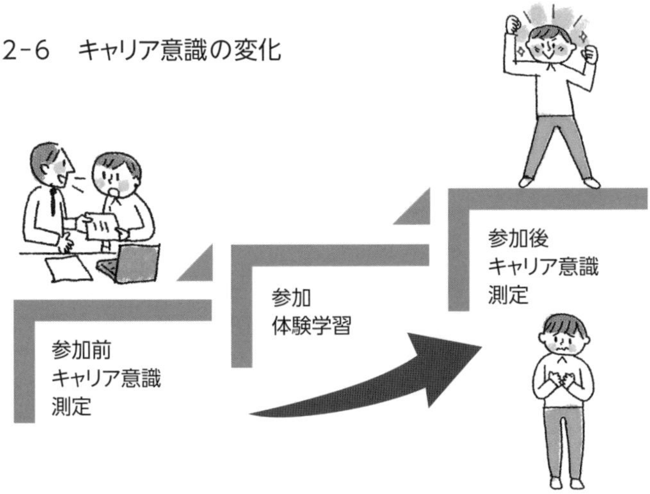

①進路選択・決定への自己効力感*
②学習への自己効力感
③進路に関する友人や家族とのコミュニケーション
④親の期待・不安や職業に対する価値観、学歴志向

体験学習によって、キャリア意識が変化することも明らかにされています。体験学習に参加する前と参加した後にキャリア意識を測定し、キャリア意識を比較することによって、体験学習の効果を明らかにできます（図表12-6）。もちろん体験学習によってキャリア意識が高まることもあれば、時期やタイミング、内容によっては変化がなかったり、キャリア意識が下がったりすることもあるでしょう。あるいは、生徒のさまざまな個人差（体験学習への期待や不安、キャリア成熟度など）によって、キャリア意識の変化に違いがみられることもあります。キャリア意識の変化を細かく分析していくことで、どのような体験学習が必要かというカリキュラムの構築のヒントになります。

たとえば、インターンシップを経験することによって、キャリア意識は変化します。実務に触れることで職業理解が深まる、自らの進路を考え直すきっかけになる、失敗を経験し反省点を見つけることができる、自己成長につながる、仲間と一緒に働くうえでのコミュニケーション力の大切さを実感できるなど、キャリア意識の変化は多岐にわたります。しかし、こうしたキャリア意識の変化も、キャリア成熟度が高い生徒と低い生徒によって異なることがわかっています。

3　資質・能力を育むカリキュラムの構築

これまで職業理解やキャリア意識について学習してきましたが、最後にこれらを育むカリキュラムの構築について学んでいきましょう。

語句説明

自己効力感

自分に対しある行動をうまくできるだろうという成功可能性の認知のこと。セルフ・エフィカシーともいう。

1 カリキュラム・マネジメントで心がけること

キャリア教育の推進には学校全体での一貫した教育活動が必要です。そのため、キャリア教育ではより一層カリキュラム・マネジメントを強化していく必要があります。ここではカリキュラム・マネジメントとは何か、カリキュラム・マネジメントを行ううえで心がけることをみていきましょう。

> カリキュラム・マネジメントとは、各学校が学校の教育目標の実現を目指し、児童・生徒や地域の実情、各学校の特色などをふまえて教育課程を編成し、それを実施・評価していくこと。

カリキュラム・マネジメントは、社会と連携しながら未来の創り手として必要な資質・能力を育む「社会に開かれた教育課程*」の実現に不可欠です。カリキュラム・マネジメントで心がけるポイントを次にあげます。

① 生徒の実態やニーズの把握・課題の明確化

まずは、生徒の状況についての情報や資料を収集したうえで、生徒につけたい資質・能力や、目指すべき児童・生徒像を共有し、課題を明確にします。そして、全体計画と達成目標、教育目標を具体化し、さらに児童・生徒の発達段階に応じて学年ごと学期ごとに到達目標を決めます。これがカリキュラム・マネジメントの第一歩です。

② 各教員で情報の共有と交換

次に、教職員が校務分掌に基づき役割を分担し相互に連携し、時には学年や校務分掌の枠を超えながら、カリキュラム・マネジメントの必要性、そして学校全体における各活動の位置づけを意識していきます。生徒の様子・変化や、各教科で実施した経験から得られるノウハウや知識を提供し合うことも、カリキュラム・マネジメントを行ううえで心がけるべきポイントです。そのためには、受けもつ学年や教科を超えて情報発信すること、近隣の学校・地域・家庭とも連携し、教員の情報不足を補うこと、トップダウン*のみならずボトムアップ*で情報を提案することが必要です。

③ 教科横断的視点

次に教育目標をふまえ、各教科の教育内容・教育活動を相互に関連づけます。さらに各教科がどのような点で教育目標とつながるかを考えます。これが教育課程全体と各教科の内容を教科横断的に行き来するカリキュラム・マネジメントです。

④ 地域の人材・資源の活用

教科横断的な視点に加えて必要になるのが、地域との連携です。学習活動の基盤は地域との連携にあるといえます。各教科の教育内容・教育活動を、地域の人材・資源と組み合わせて考えることもまた、カリキュラム・マネジメントです。

⑤ 指導と評価の一体化

カリキュラム・マネジメントでは、教育内容や教育活動を含めた指導だけでなく、それをどのように評価するのか、つまりどのような観点でどのような基準で評価するかを明確にする必要があります。また、ある指導を

重要語句

社会に開かれた教育課程

新学習指導要領の理念の一つ。「よりよい学校教育を通じてよりよい社会を創る」という理念を学校と社会とが共有し、教育課程をとおして社会との連携や協定の実現を図ることを目指す。

語句説明

トップダウンとボトムアップ

トップダウン：組織のリーダーや上部からの指示が伝達され、それにともなった管理・処理。
ボトムアップ：組織内の構成メンバーの意見を吸い上げて全体をまとめていく管理・処理。

したことで、何ができるようになったのか、何が身についたのかを、「客観的」「具体的」「現実的」に測定することができ、検証することができなければならないことにも十分留意しましょう。曖昧であったり抽象的であったりする評価は望ましいとはいえません（図表12－7）。

⑥ PDCAサイクル

カリキュラムとは、学校の教育目標とその達成に必要な教育内容を配列した教育課程を指し、マネジメントとは、教育目標の達成のためカリキュラムを動かす、つまり計画・実行・評価・改善の一連のプロセスを指します。教育課程を編成し、実施し、評価して改善を図る一連のプロセスがPDCAサイクルです（図表12－8）。

第4講でででてきた規準と基準を復習しておきましょう!

キャリア教育には汎用的なカリキュラムはなく、各学校で児童・生徒、学校、地域の特色を把握しながらその内容を検討します。測定の方法や測定可能な目標の作成は一般化できますが、一般的な達成水準や基準があるわけではなく、各学校独自のものでなくてはなりません。さらに、学年ごとに生徒の特色は異なっており、毎年多様な生徒が入学します。キャリア教育は現状を前提としているので、前年度の内容をそのまま踏襲することはできず、年ごとの生徒を見ながら内容を変更していく必要があります。

第4講の生徒指導体制でもでてきたPDCAサイクルです。キャリア教育においても重要な考えですね!

図表12-7　指導と評価の一体化

よい評価例	よくない評価例
「客観的」「具体的」「現実的」に測定ができる ・△と□を分類できる ・自分の考えを述べることができる ・○○ができるようになる	「曖昧」「抽象的」で測定が難しい ・理解できるようになる ・～を高める ・意欲的に取り組める

図表12-8　キャリア教育におけるPDCAサイクル

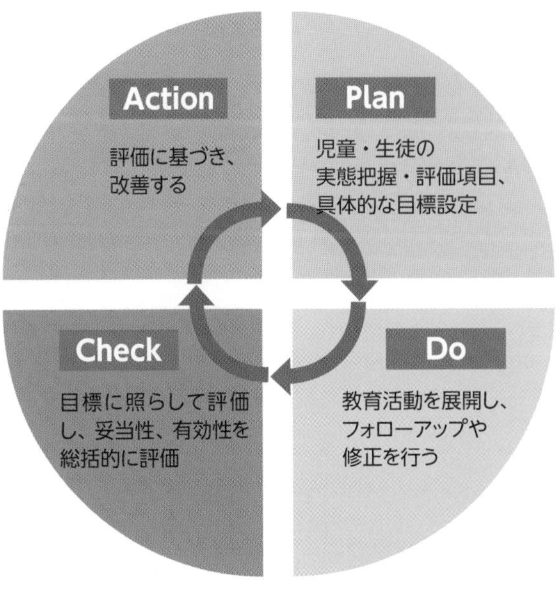

2 キャリア教育におけるカリキュラム・マネジメントのPDCA

キャリア教育を全体で行うにあたり、カリキュラム・マネジメントのPDCAを「学校経営－教育課程編成－授業改善」で相互に関連づける必要があります。教育課程を核とし、授業改善や学校経営の改善に一体的に取り組むのです。カリキュラム・マネジメントは、組織構造のすべての要素と要素間のつながりをマネジメントするともいえます（図表12－9）。

図表12－9　キャリア教育全体のカリキュラム・マネジメント

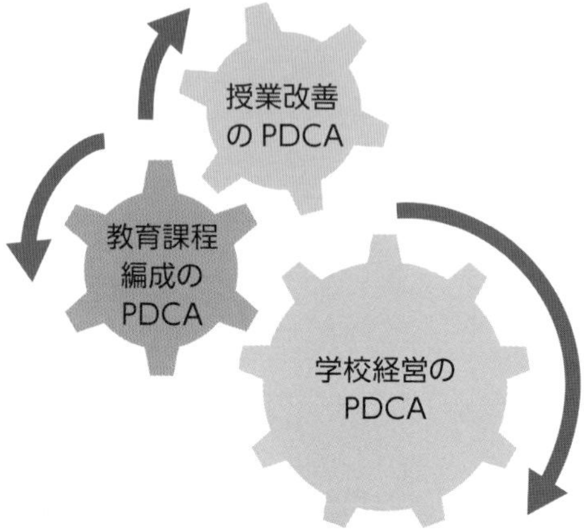

① 学校経営のPDCA

学校教育の活動全体に必要な条件を整備することは、カリキュラム・マネジメントの基盤ともいえます。校長のリーダーシップのもと、経営資源（ヒト・モノ・予算）を有効活用し、校長をはじめとする教職員全員が、日ごろから意識してキャリア教育に関する基本的な学校全体の考えや共通理解を図り、校内での体制を構築するのです（図表12－10）。

図表12－10　学校経営のPDCA

P	●学校経営計画や学校の教育目標・重点目標を具体化 ●中・長期的目標（行動目標）と短期目標（数値目標）を具体化 ●保護者・地域・関係機関へ学校の目指す方向性を周知
D	●実施
C	●学校経営の診断的＊、形成的＊、総括的評価＊ ●児童・生徒、保護者、地域、関係機関、教職員へのアンケート ●学校公開
A	●次期の学校経営計画や学校の教育目標や重点目標の具体化 ●保護者、地域、関係機関へのキャリア教育に関する情報の周知提言

重要語句

診断的評価
何かを始める前に現状を把握するための評価。

重要語句

形成的評価
区切りがいいところで実施する評価。

重要語句

総括的評価
すべての終了後に成果を確認する評価。

② 教育課程編成のPDCA

学校経営の重点目標、学校の教育目標、育成すべき資質・能力と各教科で育成する資質・能力との関係をふまえて、何をどのように学ぶかについて、教育課程の編成、実施、評価、改善を行います。特に、キャリア教育は教育活動全体に関連するため教科横断的な視点をもつことがポイントです（図表12-11）。

図表12-11　教育課程編成のPDCA

P	●キャリア教育の全体計画・年間指導計画の作成 ●キャリア教育で育成する力と各教科・領域で育成する力の関連を整理 ●各教科の位置づけと各教科・指導内容の関連の明確化
D	●授業時数、教育段階をもとに、目的、目標、指導内容・方法、育成する力、評価を編成
C	●管理職、教務部、研究部、教科部会と連携し教育課程の評価・改善 ●キャリア教育の全体計画、年間指導計画、指導内容の系統性や段階別の内容の再構成・再検討
A	●次年度計画に生かし時間割や指導体制に反映

③ 授業改善のPDCA

教育課程は、日々の授業によって具体化されます。キャリア教育の内容を教育課程に編成し、必要な資質・能力を育成していくための授業改善を行うことは現場のカリキュラム・マネジメントといえます。ここでも授業改善や指導法で終わらず、教務部を中心とした校務分掌の運営において、次年度の教育課程編成の改善、学校経営の改善に結びつけることがポイントです（図表12-12）。

図表12-12　授業改善のPDCA

P	●教科横断的な視点で、授業の単元ごと、1時間ごとの授業構成 ●授業目標、授業内容、教育活動、方法、評価についての指導計画を作成
D	●実施
C	●キャリア教育で育成する力と各教科のつながりから教科横断型の評価 ●学習指導の改善と、教育課程全体の改善に分けた評価
A	●校内研修 ●各教員や専門知識をもつ外部人材による授業観察 ●各教員の実態把握や助言により授業を客観的に検討し改善

3 キャリア教育のカリキュラムの構築

キャリア教育では将来、社会的・職業的に自立し、社会のなかで自分の役割を果たしながら、自分らしい生き方を実現するための力が求められます。児童・生徒が社会的職業的自立に向けて必要な基盤となる資質・能力を身につけていくことができるよう、特別活動を要としつつ、総合的な学習（総合的な探求）の時間や学校行事、道徳科や各教科の特質に応じ、学校の教育活動全体を通じて具体的なカリキュラムを構築していきましょう。特に、次の点でキャリアの視点を大事にしておきましょう。

・学校生活・学習と将来の社会生活や職業生活を関連づける
・職場の体験学習だけで終わらず社会への接続を意識する
・勤労観、職業観のみを育てるのではなく働くことの現実を知る

児童・生徒が、自らの学習活動の学びのプロセスを記録し振り返るポートフォリオ的な教材として、「キャリア・パスポート*」があります。児童・生徒の発達段階をふまえ、小学校から高等学校までの学びの記録とし一冊に綴じ込みます。学年の進級や進学時にも継続的に蓄積することができ、また教師の指導資料としても役立てることができます。キャリア・パスポートの記述や自己評価の指導にあたり、教師が児童・生徒と対話的に関わりながら、一人ひとりの個性を伸ばす指導へとつなげていくのです。さらに学校、家庭、地域における学びや各教科と行き来しながら、自己のキャリア形成に生かすことができます。

語句説明

キャリア・パスポートについての注意点

①学級活動・ホームルーム活動に偏らないよう、学級活動・ホームルーム活動以外の教科・科目や学校行事などでの記録も重視する。
②記録の活動のみに留まることなく、記録を用いた話し合い活動などの学習を重視する。
③児童・生徒個々の状況をふまえ、本人の意思とは反する記録を強いたり、無理な対話に結び付けたりしないようにする。またうまく書けない児童・生徒への対応や指導上の配慮を行う。
④キャリア・パスポートは学習活動や自己評価であり、そのまま学習評価とすることは適切でない。
⑤個人情報の保護や記録の紛失に十分留意する（特に学年間や校種間での引き継ぎには留意が必要である）。

ディスカッションしてみよう！

職業理解やキャリア意識を育むカリキュラムをつくってみよう。

たとえば・・・

復習や発展的な理解のために

知っておくと役立つ話

ジョハリの窓

自分が知っている自分と、他者が知っている自分に注目した考え方で、主にコミュニケーションを円滑にすすめるために提案されたグループワークです。ここでは、「自分も知っていて、他者も知っている自分Ⓐ窓」と「自分は知っていて、他者は知らない自分Ⓑ窓」、「自分は知らないが他者は知っている自分Ⓒ窓」と「自分も知らなくて他者も知らない自分Ⓓ窓」という4つの窓を想定します（図表12-13）。

ワークでは、人の性格や資質を表す言葉をみて、まず自分にあてはまるものを書き出します。その後、自分以外のグループのメンバーに対しその人にあてはまる言葉をそれぞれの紙に書き出し、メンバーにその紙を渡します。

メンバーで紙を交換したあとは、自分が書き出してメンバーも書き出した言葉をⒶ窓に、自分は書き出しているがメンバーは書き出していない言葉をⒷ窓に、自分は書き出していないがメンバーは書き出している言葉をⒸ窓に、自分もメンバーも書き出していない言葉をⒹ窓に分類します。

それぞれの窓に分類された言葉をみながら、自分と他者の認識のズレを理解し、その原因を探ってみましょう。すると、「周りからは○○と思われているかもしれない」「自分には、そういう一面があるかもしれない」などの気づきが生まれ、自己理解が深まっていくでしょう。

図表12-13　ジョハリの窓

人の性格や資質を表す言葉として、次のようなものがあります。

頭がよい／発想力がある／段取り力がある／向上心がある／行動力がある／表情が豊か／話し上手／聞き上手／親切／リーダーシップがある／場を和ませる／きれい好き／情報通／根性がある／責任感がある／プライドが高い／自信家／楽天的／頑固／真面目／慎重／積極的／決断力がある

ジョハリとは、この考えを提案したアメリカの心理学者ジョセフ・ルフトとハリ・インガムの2人の名前を組み合わせたものです。

ちゃんとわかったかな?

復習問題にチャレンジ

類題（岡山県　2019年）

次の文は、「幼稚園、小学校、中学校、高等学校及び特別支援学校の学習指導要領等の改善及び必要な方策等について（答申）（平成28年12月21日　中央教育審議会）の一部である。下線部A～Eについて正しいものを○、誤っているものを×として答えなさい。

○子供たちに将来、社会や職業で必要となる資質・能力を育むためには、A学校で学ぶことと社会との接続を意識し、一人一人の社会的・職業的自立に向けて必要な基盤となる資質・能力を育み、B社会性の発達を促すキャリア教育の視点も重要である。

○キャリア教育を効果的に展開していくためには、教育課程全体を通じて必要な資質・能力の育成を図っていく取組が重要になる。小・中学校では、C毎日の学級活動を中核としながら、総合的な学習の時間や学校行事、D特別の教科 道徳や各教科における学習、個別指導としての進路相談等の機会を生かしつつ、学校の教育活動全体を通じて行うことが求められる。高等学校においても、小・中学校におけるキャリア教育の成果を受け継ぎながら、特別活動のホームルーム活動を中核とし、総合的な探究の時間や学校行事、公民科に新設される科目「公共」をはじめ各教科・科目等における学習、個別指導としての進路相談等の機会を生かしつつ、学校のE進路活動全体を通じて行うことが求められる。

A（　　）　B（　　）　C（　　）　D（　　）　E（　　）

理解できたことをまとめておこう!

ノートテイキングページ

学習のヒント：職業理解やキャリア意識を育むカリキュラムの構築について考えてみよう。

第13講 ガイダンス機能を生かした進路指導・キャリア教育

理解のポイント

進路指導・キャリア教育は学校の教育活動全体のなかで推進していく必要があります。本講ではガイダンス機能を生かした進路指導・キャリア教育の意義や方法、留意点について、キャリア発達の考え方をもとに理解していきましょう。そしてキャリア発達の視点に立って、小学校・中学校・高等学校のそれぞれの発達段階に応じたキャリア教育を理解していきましょう。

1 ガイダンス機能を生かした取り組みの意義と方法

1 ガイダンス機能の意義と推進の手順

進路指導・キャリア教育の推進において、ここではガイダンス機能を生かした体系的・組織的な取り組みの意義と推進の手順を説明します。進路指導・キャリア教育は児童・生徒の発達段階やその発達課題の達成と関わりながらすすめられます。キャリア発達を促すという視点に立つことが重要です。

キャリア発達について詳しくは次の節で説明しますが、児童・生徒の教

図表13－1　進路指導・キャリア教育におけるPDCAサイクル

Plan (計画)	・育てたい児童・生徒像の明確化と共通理解 ・学校の教育活動全体へのキャリア教育の位置づけ ・教育課程の位置づけ ・全体の進路指導計画・年間指導計画（学期・週間）の作成 ・校内の推進体制、連携推進体制の構築と整備 ・各学校の特色や生徒・地域の実態、社会的な要請、保護者・地域の期待の把握
Do (実行)	・キャリア教育の実施・活動、体験授業 ・地域や企業など関係機関との連携 ・各教科・総合的な学習（総合的な探究）の時間・道徳・特別活動との相互連動
Check (評価)	・振り返りと内省報告 ・情報共有 ・効果検証と評価
Action (改善)	・評価に基づく教育課程編成の見直し、改善 ・指導計画や指導内容・方法、組織の改善

第4講と第12講でもでてきたPDCAサイクルですね！

育活動はキャリア発達に大きな影響を与えます。そのため、ガイダンス機能を生かした進路指導・キャリア教育の推進は、キャリア発達を支援する点において意義があるのです。ガイダンス機能を生かした進路指導・キャリア教育は、図表13-1に掲げたPDCAサイクルを意識して行います。

まずは各学校の特色を生かした目的、方向性や方針、理念などを明確にします。そのためには校長のリーダーシップのもと、組織や体制づくりを行い、教職員の共通理解を図ること（校内研修など）が不可欠です。そのうえで、具体的な目標設定や評価項目を策定し、指導計画・行事計画に盛り込んでいきます。こうした計画に基づいて教育活動を展開し、目標に照らした総括的な評価を行います。さらに評価をもとに次期計画として教育課程の編成を行います。

これに加えて、学校と社会との接続を意識した校外の諸機関（企業など）、家庭、地域との連携を図りながら、キャリア教育の啓発や情報公開をしていきます。各学校が、円滑に家庭や地域と連携してキャリア教育を実施するためには、日ごろの学習活動においても保護者や地域の社会人・職業人と連携をとっておくことが大切です。学校を一つの「チーム」に編成し、総合的な教育活動として行うのです。校外の諸機関との連携・協力、有効な活用は、国が取り組む「若者自立・挑戦プラン」の一環にも位置づけられます。

第4講ででてきたチーム学校の考え方は、進路指導でも用いられるんですね！

2 ガイダンス機能の方法論的特色

ここでは、ガイダンス機能による体験学習の方法論について説明していきます。体験学習には、たとえば職場体験やインターンシップなどがあげられます。また実地での体験のみならず、実際の仕事について職業人から話を聞いたり、インタビューを行ったり、観察したりすることなども体験学習といえます（図表13-2）。これらの体験学習は、アクティブ・ラーニングの積極的な活用としても位置づけることができます。体験学習をするうえで次のポイントを押さえておきましょう。

① 目標の位置づけ

事前指導において、その教育活動にどのような意義があるのか、そのねらいは何かを明らかにします。そして児童・生徒が自分なりの目標を設定します。

また体験学習の意義を理解したとしても、社会の仕組みや経済社会の構造と働きについての基本的な理解ができていないと、児童・生徒の意欲は

図表13-2　さまざまな体験学習

職場体験／インターンシップ／体験活動／企業や職場見学／社会人職業人講話／インタビュー／大学の出前授業／オープンキャンパス／図書館美術館博物館などでの体験活動／福祉介護看護施設や幼稚園、保育所での育児体験ボランティア活動体験／農業自然体験／体験入学／奉仕・勤労生産的活動／親子の共同の体験活動や交流活動（スポーツ活動や芸術鑑賞、工作教室、昔遊び教室）／伝統芸術／国際交流／地域の年中行事や祭り

高まりません。今日の経済社会が社会的な分業によって成り立っており、人が職に就き働くことをとおして、その一端を担っていること、また、そのような社会的な分業のもとで、相互に支え合っていることを理解させるのです。体験学習をとおして、このような社会の仕組みを理解することは、働く意義や目的を理解させ、積極的に社会参加しようとする意欲・態度を養ううえで欠くことができません。

同時に、働くうえでの労働者の権利や義務、雇用契約の法的意味、人権侵害への対処、相談機関などの知識を習得することも事前指導には必要です。

② 取り組みの関連づけ

体験学習を一過性の行事や単なる実施の羅列として位置づけるのではなく、一つひとつの体験活動の意義を理解しながら、それぞれの取り組みを有機的に関連づける必要があります。たとえば各教科、道徳、特別活動、総合的な学習（総合的な探求）の時間での取り組みは、彼らのキャリア発達を支援する視点に立って相互に関連づけられている必要があります。発達段階や発達課題をふまえ計画された取り組みが展開されていくのです。

③ アウトカム

事後指導の果たす役割についてみていきましょう。体験学習をとおして、何を学んだか、どんな気づきがあったかについてまとめや振り返りといった「内省」を行います。たとえば、学校での学びと社会や将来の仕事がどのように関連しているのか、学校での学びがどのように将来役に立つのかを理解するなどです。

このように学びと社会との関わりの視点をもつことはたいへん重要です。そのためにも取り組み活動を記録し、評価し、フィードバックするというPDCAを実践することが重要です。

児童・生徒は体験学習により、何を得たかや何を感じ取ったかについての意見や考えをグループで交換し、話し合い、討論会、発表会などを通じてその体験を互いに共有していくのです。このような体験学習後の活動を通じて学びはより深化し、発展し、統合していきます。この教育効果や成果はアウトカム*として、さらに児童・生徒一人ひとりに内面化されていくのです。

実際にインターンシップへの参加という体験学習から得たことを内省してみると、働くことを具体的にイメージすることができたり、自分に合った仕事や職業の理解が深まることで自らの適性を理解できたり、体験を通じて達成感を味わうことで将来の進路選択に対し自信がついたり、不安が軽減したりなどの気づきがみられます。

さらに、社会人・職業人との関わりのなかで、自分の長所や短所を発見できたり、仲間とのつながりの大切さを実感できたりすることも重要なアウトカムといえるでしょう。場合によっては、インターンシップを通じて厳しい現実に直面したことで、失敗を学ぶことができたり、自分の未熟な面が発見できたりなどのアウトカムもあります。

語句説明

アウトカム

成果や効果のこと。アウトプットとの違いについて、インプット（入力）に対しアウトプット（出力）という言葉がある。アウトプットは入力された情報を処理した結果として出力されるものを指す。それに対し、アウトカムはアウトプットされた結果をもとに獲得された成果や効果を指す。

2 キャリア発達の考え方

1 キャリア発達とその理論

ここではキャリア発達についての理解を深めていきましょう。キャリア発達とは次のように定義されます。

・自己の知的、身体的、情緒的、社会的な特徴を一人ひとりの生き方として統合していく過程
・過去・現在・将来の自分を考えて、社会のなかで自分の役割を果たしながら、自分らしい生き方を実現していく過程

キャリア発達には、自己理解、進路への関心・意欲、勤労観、職業観、職業や進路先についての知識や情報、進路選択や意思決定能力、職業生活に必要な技術・技能などといった側面が含まれます。

キャリア発達の詳しい説明に入る前に、人間の成長・発達の過程には、いくつかの段階と各段階で取り組まなければならない発達課題があることを押さえておきましょう。人の発達について心理学者ハヴィカースト*は人生の発達段階ごとに達成すべき発達課題を提唱しています（図表13-3）。

さらに心理学者エリクソンは心理社会的発達理論を提唱しています。この理論では、人生を８つの段階に分類し、それぞれの発達段階において発達すべき課題と危機を想定しています。これを、キャリア発達の視点からみた理論としてスーパーの理論があります。キャリア教育の父ともいえるスーパーは、キャリア発達について単に青年期のみに選択されて決定されるのではないこと、生涯にわたり発達し変化し続けるものと主張し、職業選択が発達段階の各期間にわたって可能とした生涯キャリア発達の理論を展開しました。

スーパーはキャリア発達を「成長・探索・確立・維持・下降」の一連のサイクルでとらえています（図表13-4）。特に17～21歳を「現実的選択の時期」と位置づけ、思春期はキャリア発達の中心的なプロセスが成熟する時期で、職業選択のレディネス*が増加する時期としています。

図表13-3　ハヴィカーストが提唱した人生の発達課題

①乳児期・児童初期：排泄・話すこと・良し悪しについて
②児童中期：良心の発達、道徳観・価値観、性役割
③青年期：問題解決や概念に必要な技能・スキルの発達
④成人初期：幸福な生活を配偶者と営む
⑤成人中期：職業的に満足できる遂行レベルを維持
⑥高齢期：退職と収入の変化への適応

ロバート・ハヴィカースト
1900-1991
アメリカの教育心理学者。人間の発達課題や教育についての研究に従事。

重要語句
レディネス
準備が整った状態のこと。

ドナルド・スーパーについては第12講を参考にしましょう。

スーパーの理論のなかで３つのキーワードを紹介します。

①「自己概念」

自分自身をどのようにとらえているのかということである（たとえば、「自分とは何者か」など)。「自身に関する主観的・客観的な概念」のこと。職業的自己概念ともいう。

②「ライフステージ」

人生を５つの段階に分け、それぞれの段階で人としての課題があり、その課題に取り組むことで人間的な成長を遂げていくという考え方。

③「ライフロール」

人は、人生の中でさまざまな役割（ロール）をもつ。たとえば、労働

図表13-4　スーパーが提唱した職業的発達課題

段階	時期	職業的発達課題
成長段階	0～15歳	自分がどのような人間であるかということを知る。職業的世界に対する積極的な態度を養い、また働くことの意味を深める
探索段階	16～25歳	職業についての希望を形成し、実践を始める。その実践から、現在の職業が自分の生涯にわたるものになるかどうかを考える
確立段階	26～45歳	職業への方向づけを決定し、その職業での自立を図る
維持段階	46～65歳	達成した地位やその有利性を維持する
下降段階	60歳以降	諸活動の減退、退職、セカンドライフを楽しむ

ディスカッションしてみよう!

スーパーの考え方をもとに自己概念（「自分とは何者か」)、今自分はどのようなライフステージにいて、どんなライフロールをもっているのかを考え、今後の自らのキャリアについて考えを話し合ってみましょう。

たとえば・・・

者、家庭人、市民、余暇人など、複数の役割をあわせもちながら生活している。自分は、今どのようなライフステージにおり、またどんなライフロールをもっているのかを考えることは、今後のキャリアを形成するにあたり大変役に立つとの考え方。

2 キャリア発達に関わる諸能力

児童・生徒が将来自立した社会人・職業人として生きていくために必要な基礎的能力を育成することは、キャリア教育の重要な目的です。そのために、キャリア教育で身につけさせる８つの能力が４つの領域ごとに示されています。

その後、キャリア教育をとおして育成すべき能力として、これら４領域８能力と共通の要素を含めたうえで、４つの能力から構成される「基礎的・汎用的能力」が打ち出されました。社会人・職業人として生涯を通じて育成される能力の観点を強め、さらに社会人として実際に求められる能力や、現実に即して社会的・職業的に自立するために必要な能力の育成を重視し、「課題対応能力」と「自己管理」（ストレスマネジメントや忍耐力）が加味されています。

4領域8能力は第12講で学習しました。復習しておきましょう！

基礎的・汎用的能力として以下のものがあります。

① 人間関係形成・社会形成能力

多様な他者の考えや立場を理解し、相手の意見を聞いて自分の考えを正確に伝えることができるとともに、自分の置かれている状況を受け止め、役割を果たしつつ他者と協力・共同して社会に参画し、今後の社会を積極的に形成することができる力。

② 自己理解・自己管理能力

自分が「できること」「意義を感じること」「したいこと」について、社会との相互理解を保ちつつ、今後の自分自身の可能性を含めた肯定的な理解に基づき主体的に行動すると同時に、自らの思考や感情を律し、かつ今後の成長のためにすすんで学ぼうとする力。

③ 課題対応能力

仕事をするうえでのさまざまな課題を発見・分析し、適切な計画を立てて、その課題を処理し、解決することができる力。

④ キャリアプランニング能力

「働くこと」の意義を理解し、自らが果たすべきさまざまな立場役割との関連をふまえて、「働くこと」を位置づけ、多様な生き方に関するさまざまな情報を適切に取捨選択・活用しながら、自ら主体的に判断してキャリアを形成していく力。

キャリア発達に関わる諸能力（４領域８能力）と、基礎的・汎用的能力を比較すると、図表13-5のようになります。

図13-5　キャリア発達に関わる能力の関係

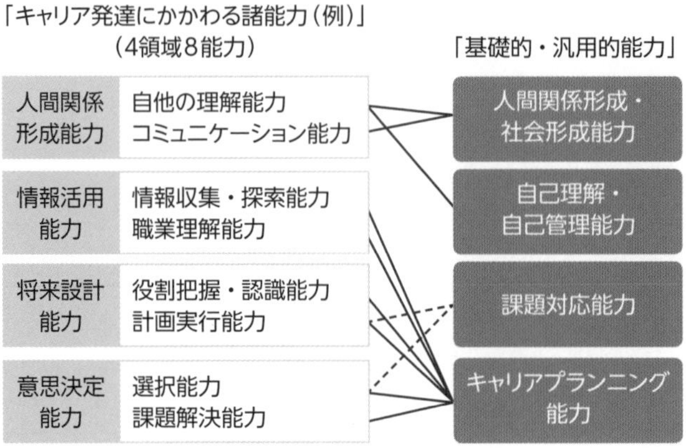

文部科学省「高等学校キャリア教育の手引き」2011年、23頁

3 発達段階に応じたキャリア教育

キャリア教育を学校教育全体の活動を通じて体系的に実施していくためには、幼児教育から高等教育まで計画的・継続的にキャリア教育をすすめること、小中高等学校を通じた組織的かつ系統的な推進が必要です。

キャリア発達に応じた指導の継続性を重視しながら、児童・生徒一人ひとりのキャリア発達を支援する視点に立ち、各学校段階で取り組むべき発達課題を設定します。そして、キャリアは段階を追って発達することをふまえながら、キャリア教育の目標を定め、教育課程を編成していくのです。ここではそれぞれの学校段階に応じたキャリア教育の意義やねらいを理解していきましょう。

1 小学校段階

キャリア発達段階：進路の探索・選択に関わる基盤形成の時期
発達課題：社会性・自主性・自立性・関心・意欲などを養う

小学校段階でのキャリア教育の目標は、自己および他者への積極的関心の形成、身の回りの仕事や環境への関心・意欲の向上、夢や希望、憧れる自己イメージの獲得、勤労を重んじ目標に向かい努力する態度の形成です。身近な人や他者、集団へと、人との関わりを広げ関心をもつこと、そして社会での「自己の立場」や期待される役割を認識し、自分の役割を主体的に果たし、自分の特徴に気づき、長所を伸ばそうとする態度を育むことにあります。それは同時に、皆のために働くことの意義を理解することにもつながります。日常生活や学習に対しても明確な目標を立て、目標を達成しようと努力することが大切です。

しかしこれはあくまで参考で、児童・生徒や地域の実態に応じて各学校で設定することが必要です。また、次の点にも留意し努めましょう。

①学校段階間の接続について考える（「小１プロブレム」や「中１ギャップ」への対応など）。

②学年のキャリア発達のみを視野に収めるのではなく、前後の学年の関係を理解する。

③中学校のキャリア発達との関連をとらえながら、時系列的な関連性を示し系統的な指導を行うこと。

小1プロブレムや中1ギャップは、キャリア教育においても課題になるのですね！

次に、岐阜県安八町立名森小学校での事例をみていきましょう。

事例１　養蚕の体験学習

名森小学校のある安八町は、戦前、地域で養蚕が重要な産業として盛んに行われていました。そこで、学校では地域の文化であり大事な産業であった養蚕を「ふるさと学習」として位置づけ、児童・先生・PTAが協力して「蚕」をテーマとした体験学習を授業に取り入れています（伝統文化体験活動の一つ）。

ポイントは次の２つです。

①蚕の飼育から糸紡ぎ、染め織り、作品づくりまでの一貫した工程を、体験させる

②４年生が一年間をかけて、総合的な学習の時間で行う

さらに、もう一つ大切なポイントがあります。それは、地域の人々にボランティアとして参加してもらうということです。これにより、地域の人々との交流につながることはもちろん、地域との連帯感をはじめ、他人を思いやる心や他人と協力して活動を行うといった社会性の育成につながります。

また生き物を育てるという経験を通じて、生き物、人に対してやさしく接するようになったり、上級生が下級生に飼育法などについて一生懸命教えたり、児童が校外で高齢者にすすんで声をかけたりすることなどにつながります。

2 中学校段階

キャリア発達段階：現実的探索と暫定的選択の時期

発達課題：社会における自らの役割や将来の生き方・働き方などを考えさせ、目標を立てて計画的に取り組む態度を育成し、進路の選択・決定に導く

中学校段階でのキャリア教育の目標は、肯定的自己理解と自己有用感の獲得、興味・関心に基づく職業観・勤労観の形成です。この段階では、進路計画を立案したり暫定的な選択をしたりするなど、生き方や進路を少し現実的に探索する時期でもあります。

留意点として、小学校のキャリア教育の取り組みを把握し、その実践をふまえて、系統的な指導を行うように努める必要があります。また人間関係が拡大し、社会の一員としての役割や責任の自覚が芽生える時期でもあります。自分を模索し、夢や理想をもちながら現実的な進路について自己選択・自己決定する時期ですが、発達的に個人差が大きいことにも配慮しましょう。

次に公立中学生を対象とした社会・職場体験プログラムの事例を紹介します。

「トライやる・ウィーク」という取り組みの経緯は、184頁のコラムを参照してください。

事例２　「トライやる・ウィーク」

兵庫県教育委員会が1998年度から実施している、公立中学校の２年生を対象とした社会・職場体験プログラムに「トライやる・ウィーク」があります。地域の中学生が、学校を離れて地域の企業や施設で社会体験をする、地域に学ぶ活動です。

ここでは、兵庫県西宮市にある大手前大学の図書館スタッフとしてさまざまな体験をした西宮市立大社中学校の２年生５人を紹介します。

毎年５月下旬、２週に分けてそれぞれ２日間、図書館スタッフとしてさまざまな業務を体験します。

①図書の装備や雑誌のデータ入力などの資料整理
②図書館カウンターで貸出や返却の手続き
③書架の整理や本の配架などの閲覧業務

図書館では、マイクロフィルム・リーダーを操作しながら図書館の機能や資料について多くを学ぶことができます。また大学図書館ならではの経験ができることも、貴重な社会体験といえます。生徒たちは、朝は少し緊張した様子でしたが、終了時には全員が「楽しかった！」と元気な笑顔をみせてくれたようです。「大学図書館は行ったことがないので興味があった」という大社中学校の２年生たち。一日図書館スタッフとして、納得のいく働きができたようでした。

3 高等学校段階

キャリア発達段階：現実的探索・試行と社会的移行準備の時期

発達課題：生涯にわたる多様なキャリア形成に共通して必要な能力や態度を育成し、これを通じて勤労観・職業観などの価値観を自ら形成・確立する

高等学校段階でのキャリア教育の目標は、自己理解の深化と自己受容、勤労観、職業観の確立です。また、将来設計を立案したり、現実的な社会的移行・社会参加を意識したりしながら、進路を現実的に吟味していく時期です。高等学校では、入学から卒業までを見通し、学校・学科の特質や、生徒の実態に即した目標設定が必要です。高等学校には、普通教育の一般校と職業教育を中心とする専門校があります。また普通科に加えて、専攻科、類型やコースもさまざまです。そのため、各学校の実態や進路のニーズに応じて、学科や科目を選択しながら、それぞれの将来を見据えたガイダンスの場や機会を与えるなどの、多様なキャリア教育が展開されています。将来就きたい仕事や目指す職業や分野に関する知識技能の習得、そのために必要な資質・能力を深く自覚し、専門的な知識技能を高める意欲や姿勢をもとに、生き方の探求をしていきます。

生徒の社会的・職業的自立に向けて、一人ひとり異なるキャリア発達を遂げる生徒たちを、個別にていねいに指導・支援していく系統的なキャリア教育が求められます。

復習や発展的な理解のために

知っておくと役立つ話

「トライやる・ウィーク」

「トライやる・ウィーク」(略称：トライやる)

この言葉を聞いたことがある人は多いのではないでしょうか。これを経験したことのある人も多いかもしれません。これは中学生を対象とし、地域にあるさまざまな職場で職業体験や体験活動を行う取り組みのことで、2～3日間、長い場合は5日間、毎年6月、11月を中心に、各中学校の2年生を対象に実施されます。

こうした職場体験活動、ボランティア・福祉体験、勤労生産活動、文化・芸術創作活動など (実際は職場体験活動が8割を占めます)、地域でのさまざまな体験活動を通じて、働くことの意義、楽しさを実感したり、社会の一員としての自覚を高めたりすることで、生徒一人ひとりが自分の生き方を見つけられるよう支援することがねらいで、「生きる力」を育むことを目的としています。

この「トライやる・ウィーク」は、いつ、どこで始まったのでしょうか。始まりは1998年、最初の取り組みは兵庫県で行われました。きっかけとなったのは1995年の阪神淡路大震災と1997年の神戸連続児童殺傷事件です。いずれも当時は大きくニュースで取り上げられ、97年の神戸市で起きた事件は全国的にも衝撃的な事件として、子どもたちの心にもさまざまな影響を与えました。同年には子どもたちの置かれている状況を多面的に把握し、取り巻く環境や心の動きについて話し合う「心の教育緊急会議」が設置されました。

学校教育において生命の大切さや思いやり、助け合いの精神を教訓として問い直しながら、兵庫県では中学生が地域について学び、その地域で働くことを体験し学習するという趣旨で、1998年6月に県内の各中学校において「トライやる・ウィーク」が先行実施されました。その後全国的に実施され、現在も継続して実施されています。

一部の学校では、期間が短縮されたり、実施されていないところもありますが、約1週間、中学2年生が職場体験などをとおして地域について学ぶこの取り組みは、「地域の子どもは地域で育てる」という考えのもと、高等学校などにおいても、同様の行事がさまざまな名称で行われています。

また「トライやる・ウィーク」を通じて学校・家庭・地域社会の連携を深め、社会全体で子どもたちの人間形成や社会的自立の支援を行うことで、子どもたちを中心とした地域コミュニティの構築に寄与することも期待されます。

ちゃんとわかったかな?

復習問題にチャレンジ

類題(千葉県/千葉市　2019年)

次の文章は、「幼稚園、小学校、中学校、高等学校及び特別支援学校の学習指導要領等の改善及び必要な方策等について(答申)(平成28年12月21日　中央教育審議会)の「第1部　第8章　キャリア教育(進路指導を含む)」に関するものである。文章中の(　A　)～(　C　)にあてはまる語句を答えなさい。

○ キャリア教育については、中央教育審議会が平成23年1月にまとめた答申「今後の学校におけるキャリア教育・職業教育の在り方について」を踏まえ、その理念が浸透してきている一方で、例えば、(　A　)のみをもってキャリア教育を行ったものとしているのではないか、社会への接続を考慮せず、次の学校段階への進学のみを見据えた指導を行っているのではないか、(　B　)を通じて未来の社会を創り上げていくという視点に乏しく、特定の既存組織のこれまでの在り方を前提に指導が行われているのではないか、といった課題も指摘されている。また、将来の夢を描くことばかりに力点が置かれ、「(　C　)」の現実や必要な資質・能力の育成につなげていく指導が軽視されていたりするのではないか、といった指摘もある。

A(　　　　　　)　B(　　　　　　)　C(　　　　　　)

理解できたことをまとめておこう!

ノートテイキングページ

学習のヒント:ガイダンス機能を生かしたキャリア教育推進の意義や方法、留意点について、キャリア発達の考え方を用いてまとめてみましょう。また小学校・中学校・高等学校の各発達段階に応じたキャリア教育についてまとめてみましょう。

第14講

個に応じたキャリア・カウンセリングの考え方と実践

理解のポイント

本講では、キャリア・カウンセリングの考え方とその実践について、基礎を学んでいきます。キャリア・カウンセリングをそのまま教育現場での実践に用いることは難しいかもしれませんが、そのエッセンスには児童や生徒の個性を理解し、進路選択を支援するなかで活用できる部分がたくさんあるでしょう。

1 キャリア・カウンセリングとは何か

1 キャリア・カウンセリングの定義

キャリア・カウンセリングとは何でしょうか。『キャリアカウンセリング入門――人と仕事の橋渡し』（渡辺三枝子・E.L. ハー、ナカニシヤ出版、2001年）によると、「キャリア・カウンセリングとは、（1）大部分が言語をとおして行われるプロセスであり、（2）カウンセラーとカウンセリィ（たち）は、ダイナミックな協力関係のなかで、カウンセリィの目標をともに明確化し、それに向かって行動していくことに焦点を当て、（3）自分自身の行為と変容に責任をもつカウンセリィが、自己理解を深め、選択可能な行動について把握していき、自分でキャリアを計画し、マネージメントするのに必要なスキルを習得し、情報を駆使して意思決定していけるように援助することを目指して、（4）カウンセラーがさまざまな援助行動をとるプロセスである」とされています。

この定義は少々長いのですが、次のようなポイントが指摘できます。

第一に、キャリア・カウンセリングは、言語あるいは対話をとおして行われる援助行動だということです。当たり前のことかもしれませんが、キャリア・カウンセリングでは投薬や医学的治療は行いませんし、金銭や商品等のやりとりも行いません。「言語」という人間の基本的な道具のみを用いて行われる援助行動なのです。言い換えれば、言葉のもつ力の重要性を認識し、それを有効に活用するものと考えられます。

第二に、キャリア・カウンセリングは、カウンセラーと相談者が協力し合ってすすめるプロセスであるということです。これは医療に代表される援助行動とは対照的です。一般に医療の世界では、医師は患者よりも圧倒的に専門知識を有しており、その治療のイニシアティブは医師にあります。

プラスワン

カウンセリィ
日本では一般に「クライエント」という語を用いるが、アメリカではカウンセラーに対してはカウンセリィを用いて、ほかの援助過程での相談者と区別する傾向がある。なお、本講では引用を除き「クライエント」を「相談者」とする。

一方、キャリア・カウンセリングでは、カウンセラーと相談者は対等な関係にあり、両者がともに力を出し合って問題の解決に向けて歩んでいきます。

第三は、第二の点と強く関連していますが、キャリア・カウンセリングでは、相談者が自己のキャリアに関する自律的意思決定を行うことと、カウンセラーは相談者とともにあることで、その能力を向上させることを支援します。すなわち、キャリア・カウンセリングにおける何らかの意思決定の主体は常に相談者にあり、カウンセラーはそれを手伝うパートナーのような存在だということです。キャリア・カウンセリングの教育的側面は、相談者自身が自律的意思決定の能力を高めることを目指すところにあります。したがって、究極的には相談者がカウンセラーを頼りにせずに自力で意思決定ができるような能力を身につけられるようなプロセスをたどります。

加えて、上記の定義には明確に示されてはいませんが、キャリア・カウンセリングは「個人のもつ職業問題」自体ではなく、「職業問題をもつ個人」に焦点を当てるという特徴もあります。私たちのキャリアは、家庭や余暇などといった職業以外の生活と緊密な関係があります。たとえば、就職や転職といった職業上の問題に当面しているときにも、その選択が今後の個人の生活や人生全体にどのように関連づけられるのかを、あわせて考える必要があるのです。したがってキャリア・カウンセラーは、相談者のキャリア上の意思決定が、その個人がよりよい生活や人生を創造できるように支援を行う必要があるのです。

2 キャリア・カウンセラーが行う支援

それでは具体的にキャリア・カウンセラーは、どのような支援を行うのでしょうか。大きくいえば、次の３つに整理されます。

第一に、相談者自身の今までの職業経験ないし学生生活の振り返りや適性検査等を通じて、相談者の自己理解を促進することです。第二に、労働市場や企業情報（会社概要や職務内容・雇用条件などの求人情報、キャリア支援制度等を含む）に関する情報提供等を通じて、相談者の職業理解を促すことです。第三に、職業体験を通じた仕事に対する動機づけを行ったうえで、相談者自身が職業生活、職業能力に関する目標設定を行い、職業選択や能力開発のための主体的活動につなげていくことです。

さらに近年では、上記３つの支援を個人に行うと同時に、組織・集団へ働きかけることも求められています。

3 キャリア・カウンセラーに求められる能力

キャリア・カウンセラーがこのような支援を行うためには、どのような知識や技能が必要となるのでしょうか。アメリカのキャリア・カウンセラーの協会であるNCDA（National Career Development Association）では、12の能力を身につけることが必要とされています（図表14-1）。

これらはプロとしてのキャリア・カウンセラーに求められる能力ですが、それ以外の場（たとえば教育やビジネスの現場）にある人にも求められる要素が多いといえます。なかでも、「支援するスキル」つまりカウンセリ

プラスワン

組織・集団への働きかけ

個別のキャリアカウンセリングで明らかとなった組織の問題に対して、キャリア・カウンセラーが組織への介入を行うことが求められている。たとえば、上司への支援、経営者への情報提供、キャリア開発研修や人事処遇制度の整備、人事・産業医との連携などが考えられる。

ングのスキルや、「キャリア・デベロップメントのモデルの理解と活用」は、最も基盤となる能力であり、教育の場で個々の生徒や学生のキャリア形成を支援するうえでも重要です。

以下ではカウンセリングのスキルについて、詳しくみていくこととしましょう。

図表14-1　キャリア・カウンセラーが修得すべき12の能力

1	支援するスキル クライエントとの間に有効な関係を築き上げるための基本スキルを利用して、“望ましいキャリア”を支援することができる。
2	固有なニーズをもつ人々への対応スキル 高齢者、女性、障がい者など特定のニーズをもつ人々が必要とするサービスを提供することができる。
3	倫理基準・法律の理解と遵守 守るべき倫理基準を知るとともに、現行の法的規制を把握し、それらを守ることができる。
4	継続的な学習 キャリアカウンセリング分野におけるスキルや知識をさらに伸ばしてくれるスーパーバイザー＊やそのほかの専門家と良好な人間関係を築き、アドバイスを受け、新しいことを教わることができる。
5	キャリア・デベロップメントのモデルの理解と活用 米国などで使われているキャリア・デベロップメントの理論やモデルを知り、日本で活用することができる。
6	アセスメント（評価）ツールの活用 キャリアの選択やプランニングを支援する目的でフォーマル／インフォーマルなアセスメントを実施し、それを解釈、利用することができる。
7	ITスキルの活用 ウェブサイトなどコンピューターを利用したアセスメントなどのサービスやデータベースについて理解し、これをクライエントとともに効果的に利用することができる。
8	労働市場の理解および資源（リソース）の活用 キャリア情報や労働市場情報を自ら理解するとともに、クライエントがこれを理解したり見つけ出したりすることを助けることができる。
9	求職活動に対する支援 求職や就職の効果的な方策を知り、それをクライエントに教えることができる。
10	グループに対する支援 クライエントがグループである場合の指導方法やファシリテーションのスキルを駆使し、サービスを提供することができる。
11	プログラムの管理と実施 特定されたクライエントやグループに対してサービスを提供するためのプログラムを立案し、その実行や実行後の振り返りを支援することができる。
12	普及とPR活動 キャリアカウンセリングの普及とPR活動を行うことができる。

立野了嗣ほか『キャリアコンサルタント養成講座テキスト1　キャリアコンサルティングの社会的意義』日本マンパワー、2016年

語句説明

スーパーバイザー

適切なトレーニングと経験豊かな専門家。

プラスワン

フォーマル／インフォーマルなアセスメント

フォーマル・アセスメントは、尺度が標準化されており、信頼性、妥当性が確保されている。また、マニュアルに従うことで誰でも検査を実施でき、結果は数値に基づいているので、実施者の主観が入りにくいという特徴がある。一方のインフォーマル・アセスメントは、キャリア・カウンセラーが目的に応じて独自に考案し利用できる。標準化されていないため、信頼性と妥当性は保証されていないが、反面、柔軟な解釈が可能。コストがかからないという利点もある。

2 キャリア・カウンセリングに必要な基本的スキル

1 カウンセラーの基本的態度

現代のカウンセリング心理学の基礎を築いた人物の一人であるロジャーズは、カウンセラーに必要な基本的条件として次の３つの態度を示しました。ただし、これらの条件を実際に体得するのは容易ではなく、カウンセラーとして常に目指すべき理想や究極のあり方ともいえます。

① 無条件の肯定的尊重（受容）

カウンセラーが、相談者から表現された内容を、無条件にきちんと大切にしていく態度です。つまり、「相談者が○○といった場合だけ認める」とか「相談者のこの部分は、カウンセラーの価値基準と合っているので受け入れる」などといった取捨選択は行いません。

② 共感的理解

相談者が伝えようとしていることを、あたかもその人自身になったような姿勢で感じ取ることです。

③ 自己一致

カウンセラーが、自分自身の内面にも誠実に向き合いながら、あるがままの自分を受け入れることです。

2 キャリア・カウンセラー資格の基本的スキル

わが国におけるキャリア・カウンセラーの資格取得において、重要な審査項目は以下の６つのスキルです。

① かかわり行動

文化的に適した視線の合わせ方を行う、話題を誘導したり飛躍させたりせずに相談者の話に集中する、身体の姿勢や動作から十分に傾聴していることを伝える、相手の気持ちに合わせて話すスピードや大きさや調子を変えることです。

② 相談者観察技法

相談者の非言語的な表現（表情、姿勢、動作など）を敏感に観察することです。

③ 開かれた質問と閉ざされた質問

「はい」「いいえ」や数語で返答できる閉ざされた質問は、事実や事柄の確認が強調されますが、「あなたはなぜこの仕事に興味をもったのですか」といった開かれた質問では、相談者の自己探求を促すことができます。前者だけでなく、後者の質問を効果的に活用することが重要です。

④ 励まし、言い換え、要約

「はい」「ええ」といった短い応答やうなずき、あるいは「それから？」「たとえば？」といった質問によって、相談者が語ることを促す（励ます）ことができます。また、相談者が話した内容を短く繰り返したり簡潔に言い換えたりして、カウンセラーが正確に理解していることを相談者に伝えま

プラスワン

キャリア・カウンセラーの資格

キャリア・カウンセラーの資格として、国家資格「キャリアコンサルタント」がある。また、国の技能検定制度の一種として、「キャリアコンサルティング技能士」という資格もある。

す。さらに、相談者の長い話をまとめる（要約する）ことで、相談者自身が考えを整理するのを支援します。

⑤ 感情の反映

相談者が感じている感情を把握し、言葉でフィードバックします。「感情の要約」ともいわれます。

⑥ 意味の反映

相談者が自分の感情、考え、行為に隠された意味を見出すのを支援します。これによって、相談者が自分の内面と目標を探求することができるようになります。

3 キャリア・カウンセリングの実践

1 キャリア・カウンセリングのプロセス

最初に述べたとおり、キャリア・カウンセリングとはプロセスであり、意図的に体系化された一連の流れがあります。このプロセスにおいて、カウンセラーは相談者にどのように関わるのか、あるいは相談者の心理状態はどのように変化するのかということもありますが、ここでは相談者自身が何を行うのかという視点から整理されたプロセスを紹介します。

図表14-2は、日本キャリア開発協会がまとめた「キャリア・プランニング・プロセス」です。キャリア・プランニング・プロセスは、相談者との個別面談と各種のデータベース（個人の特性や職業に関する情報）を活用して、相談者の問題解決を支援し、キャリアの方向性を決定するために必要なプロセスです。このキャリア・プランニング・プロセスは７つのステップからなっていますが、必ずしもステップ１から順を追って行ったり、全プロセスが必要ということはありません。相談者の状況により、最も適切な段階からスタートし、必要に応じては戻ることもあります。

プラスワン

キャリア・プランニング・プロセス
厚生労働省によると、個人のキャリア形成は、①自己理解、②仕事理解、③啓発的経験（意思決定を行う前の体験）、④キャリア選択に係る意思決定、⑤方策の実行（意思決定したことの実行）、⑥仕事への適応の6つのステップから構成されるとされている（厚生労働省「キャリア・コンサルティング技法等に関する調査研究報告書の概要」2001年、https://www.mhlw.go.jp/houdou/0105/h0517-3.html 2020年2月10日 閲覧）。

図表14-2　キャリア・プランニング・プロセス

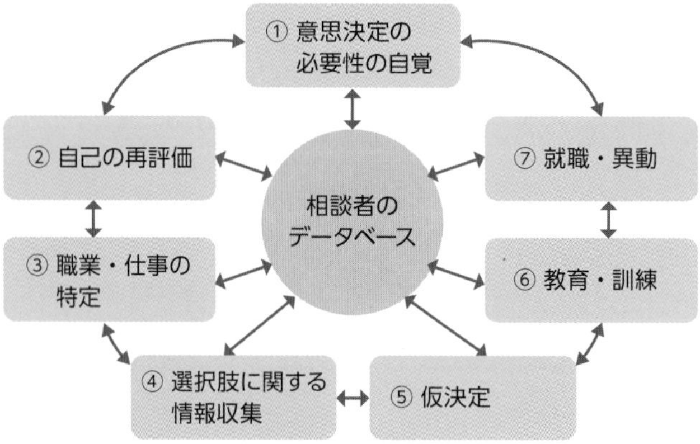

日本キャリア開発協会ウェブページ「キャリアカウンセリングルーム」
https://www.j-cda.jp/ccr.php（2020年2月10日閲覧）

2 職業的自己概念の確立を促すキャリア・カウンセリング

キャリア・カウンセリングの実質的な第一歩は、意思決定の必要性を自覚した個人が自分自身の特性をあるがままに理解すること、すなわち自己理解です。図表14-2では、「②自己の再評価」がそれにあたります。「自分はどのような特性をもった人間であるのか」、つまり自己概念をできるだけ正確かつ多角的に理解することによって、現実的な問題解決に有効な情報を得ることが可能となり、具体的な行動をとることができるようになる準備となります。さらに、後述する職業理解と合わせることによって、自己のさまざまな特性の束である自己概念を、職業世界の文脈のなかに位置づける（翻訳する）ことで、職業的な自己概念を見出すことができます。キャリア・カウンセリングとは、相談者の問題解決を支援するためだけではなく、この職業的な自己概念の確立を促進するためにあると考えられます。

ところで、職業的な自己概念の一つの表現方法である「キャリア・アンカー」の理論を提唱したシャイン博士は、①能力や才能（自分は何が得意か）、②興味や欲求（自分はいったい何をやりたいのか）、③価値観（何をやっている自分なら、意味を感じ、社会に役立っていると実感できるのか）という３つの要素が統合されることが必要であるとしています。これらの３つの要素は、ハローワークや大学のキャリア・センターといった就職や転職を支援する場においても、自己理解のために一般的に用いられている視点です。以下では、この３つの視点それぞれに応じた代表的な自己理解の方法を紹介します。また図表14-3では、筆者自身が大学の授業で用いている、自己理解のための簡便なワークシートの事例を示します。

① 能力や才能

職業に関する能力は、一般に知的能力、言語能力、数理能力、書記的知覚、空間判断力、形態知覚、運動共応、指先の器用さ、手腕の器用さの９つから成り立っているといわれます。これらの能力の組み合わせと、職業で求められる特性とを比較することにより、職業への適応度を把握して、職業選択のための情報を得ることができます。

たとえば、厚生労働省編の一般職業適性検査（GATB：General Aptitude Test Battery）は、それを測定する代表的なテストで、ハローワークなど各地の公的相談機関や学校で受検することができます。

② 興味や欲求

ホランドの職業選択理論では、人間のパーソナリティを６つのタイプの職業分野のいずれに興味をもっているかで分類します。この６つのタイプとは、現実的（R: Realistic）、研究的（I: Investigative）、芸術的（A: Artistic）、社会的（S: Social）、企業的（E: Enterprising）、慣習的（C: Conventional）です。VPI 職業興味検査によって、自分がどのタイプであるかを知ることができます。そのほかに、職業レディネステストでも、６タイプの職業に対する興味の度合いを知ることができます。

なお、VPI職業興味検査では160個の「職業名」を見て、それぞれどれくらい興味をもつかを回答するのに対して、職業レディネステストでは、54個の職業を説明する平易な文章を読んで興味の度合いを回答するので、

プラスワン

職業的な自己概念
一般的には、一定期間の職業経験を積み重ね、それらを振り返って統合することで確立されると考えられる。したがって、職業経験のない生徒や学生については、職業的な自己概念の探索のために職業理解が用いられるといえる。

プラスワン

キャリア・アンカー
シャインは調査・研究の結果から、①自律・独立、②起業家的創造性、③専門・職能的コンピタンス、④保障・安定、⑤全般管理コンピタンス、⑥奉仕・社会貢献、⑦純粋な挑戦、⑧生活様式のキャリア・アンカーを見出している。

プラスワン

自己理解
自己を理解する方法は大別して、①観察法（他者による観察）、②検査法（GATBやVPI等の各種アセスメント・ツールを活用）、③面接法（カウンセラーなどが面談して聞き取る）がある。

プラスワン

職業レディネステスト
同時に6タイプの職業に対する自信度（どれくらいできそうか、つまり能力に対する自己評価）を知ることもできる。

プラスワン

自己理解のための簡易なワークシート

この質問にスラスラと答えられる学生は少ない。筆者の授業では、答えやすいところから回答するように促している。また、すぐには答えられなくても、このようなことを考える必要があるということを認識するだけでも、効果はあったといえる。さらにいえば、このワークシートを用いて個別の面談を行い、詳しく聞き取ったり、書けなかった部分を一緒に考えてみたりするという働きかけも有効である。

図表14－3　自己理解のための簡易なワークシートの事例

これまでの人生を振り返って、自己理解のための以下の問いに答えてみてください。全てに答えなくてもいいです。答えやすいものから、はじめてください。
それぞれに回答する際には、「なぜ、そう思うのか」もあわせて考えましょう。

1）　興味・欲求・願望に関する問い
・好きな授業・科目は何か。

・これまでどんなことが趣味だったか。

・子供の頃なりたかった職業は何か。

・何の制約もなければ、やってみたい職業は何か。

2）　能力・才能に関する問い
・得意な授業・科目は何か。

・人から褒められる時よく言われることはどんなことか。

・あなたをよく知る人（家族・友人・先生など）は、あなたの強みはどこにあると言っているか。

・自分自身で最も強みだと思う特徴は何か。

3）　価値観に関する問い
・いままでに最も達成感を感じたできごとは何か。

・お金を十分にもらえたとしても、やりたくないのはどんな仕事か。

・あなたにとって「働く」ことは、どのような意味を持っているか。

・仕事以外で、あなたにとって最も大切なのは何か。

・空欄を埋めるとすれば、どんな言葉を入れるか。

仕事が（　　　　　　　　　　）なら、人生は極楽だ！

仕事が（　　　　　　　　　　）なら、人生は地獄だ！

職業名だけでは回答が難しい中高生にも適しています。

③ 価値観

個人の価値観は抽象的で多様に表現することが可能であり、それだけにさまざまな方法が存在します。そのなかでカード・ソート法は、何種類かの職業やキャリアに関する価値観を１枚ずつ記されたカードを、優先順に並べたり分類したりするもので、簡便かつ楽しみながら実施できる手法です。

3 職業理解の促進

個人が自己理解を深めたとしても、職業に対する理解が不十分であれば、納得のいく選択ができないことはいうまでもありません。さらにいえば、職業の理解を行うことによって、職業的な自己概念の形成が促されるという側面があります。つまり、自己の特徴を職業についての情報と照らし合わせることによって、個人の自己概念を職業的な文脈のなかで翻訳することが可能になるのです。

ここでは、職業理解のための代表的な情報源や方法について概観します。

① 印刷物・出版物

「職業ハンドブック」(厚生労働省)、「職業レファレンスブック」(労働政策研究・研修機構) といった公的機関によるもの以外にも、「○○になるには」や「業界地図」などといったタイトルの書籍などがあります。

② 視聴覚情報

特定の職業や業種に関する映像や動画を、ハローワークや学校、公立図書館などで視聴できます。また、NHKなどのテレビ番組のなかにも、職業理解に直結するものがあります。職業理解を目的として、インターネット上に配信された動画もあります。

③ キャリア・インタビュー

実際の職場を訪問したり、あるいは逆に学校などに来訪してもらったりして職業人から直接話を聞きます。特定の職業についての職務内容や労働環境、典型的なキャリア・パスのほか、その人のキャリア形成に対する考え方や選択の基準、今後のキャリア・プランなどを聞き取ります。

④ 体験学習

高校や大学で一般化しているインターンシップがその代表格です。数日から数週間という一定の期間、企業などの職場に赴き、実際の職務の一部を体験します。また、実際の職務は行いませんが、職業人の職場を訪問し、その仕事ぶりを傍らで観察する「ジョブ・シャドウイング」という手法もあります。

⑤ その他

「職業ハンドブックCD-ROM版」「職業ハンドブックOHBY」(労働政策研究・研修機構) などコンピュータを用いるものや、カード・ソート法を用いた「OHBYカード」(同) などがあります。

> **プラスワン**
>
> **インターンシップ**
> 近年、多くの企業が採用活動の一環あるいはその事前段階として実施している短期 (半日や1日といったものも多い) の「インターンシップ」は、体験学習を主目的としたものと区別してとらえた方がよい。

4 教育現場での応用を考える

キャリア・カウンセリングは、本来、相談者から自発的にキャリア・カウンセラーを訪れることを前提としています。したがって、中等学校や高等学校で行われているような進路に関する定期的な面談は強制的であり、純粋な意味ではキャリア・カウンセリングとはいえません。実施時間も短いことが多いでしょう。

しかしながら、教師がキャリア発達の理論を理解し、カウンセリングのスキルを発揮しながら面談を行うことができれば、定期面談が自発的で継続的なカウンセリングに発展していく可能性はあります。単に進学先や就職先を決めるだけの面談から、生徒自身の個性を理解し、その人の将来キャリアや人生の展望を見据えた面談につなげることも可能でしょう。そこまでには至らないにしても、カウンセリング的な関わり方をすることで生徒との信頼関係が醸成され、キャリア発達の理論によって生徒の個性や状況を的確に理解できます。

一方で小学校においては、職業やキャリアといった視点での面談や自発的なカウンセリングを行うことは現実的に難しいでしょう。この時期に「職業」という文脈と自己概念の関連づけを深めるには尚早であり、より広い意味での自己概念を成長させることが優先されるべきと考えます。しかしながら、児童が今後の中学校生活や高校生活で、キャリアに関してどのような課題に直面するのかを知っておくことは大切ですし、カウンセリング的な関わり方は相手が小学生でも有効な場合があると考えられます。また、職業世界の理解は、小学生から始めることが有益です。

ディスカッションしてみよう!

「ペアで模擬キャリア・カウンセリング」

2人ペアになって、模擬的なキャリア・カウンセリングを行ってみましょう。まず、相手の自己理解を促すような質問を考えてみます。たとえば「なぜ、あなたは教師になりたいのですか？」といったように、職業やキャリアに関する開かれた質問が効果的でしょう。実施前に、簡単な未来予想作文や自分史年表を作成し、それをもとに詳しく質問をするのもよいでしょう。

5分か10分といった短い時間でもかまいませんので、どちらか一方が相談者、もう一方がカウンセラーとなって実際にその質問を投げかけてみます。可能なら、その返答に対して、言い換えを行ったり、さらに関連して深めるような質問を投げかけてみたりしてみましょう。終了したら、相談者役およびカウンセラー役それぞれを演じてみた感想を共有します。

たとえば・・・

復習や発展的な理解のために

知っておくと役立つ話

キャリア・カウンセラーの倫理基準

どのような対人援助職であっても、プロフェッショナルである以上、共通する大切なものの一つが「倫理の遵守」です。個々のキャリア・カウンセラーが受身的にルールを守るのではなく、積極的に同業者同士で自分たちを律することによって、専門職として社会に認められるのです。これは、教師や医師といったほかの専門的職業でも同じことでしょう。

キャリア・カウンセラーの守るべき倫理基準は、特定非営利活動法人キャリアコンサルティング協議会などが整理し、ホームページなどに提示されていますが、ここではそのなかでも特に重要な４つの点について説明します。

①自己決定の尊重

キャリア・カウンセラーは、キャリア・カウンセリングを実施するにあたり、相談者の自己決定権を尊重しなければなりません。このことは、本講のはじめに述べたとおり、相談者の自律的意思決定を支援するというキャリア・カウンセリングの本質にも関わる問題です。また、キャリア・カウンセラーは、キャリア・カウンセリングを実施するにあたり、相談者に対してキャリア・コンサルティングの目的、範囲、守秘義務、その他必要な事項について十分な説明を行い、相談者の理解を得たうえで職務を遂行しなければなりません。いわゆる「インフォームド・コンセント（informed consent)」とよばれる考え方です。

②守秘義務

キャリア・カウンセラーは、キャリア・カウンセリングを通じて、職務上知り得た事実、資料、情報について守秘義務を負います。ただし、相談者の身体・生命の危険が察知される場合、または法律に定めのある場合などはこの限りではありません。また、キャリア・カウンセラーは、キャリア・カウンセリングの事例や研究の公表に際して、プライバシー保護に最大限に留意し、相談者や関係者が特定されるなどの不利益が生じることがないように適切な措置をとらなければなりません。

③多重関係の禁止

キャリア・カウンセラーと相談者とは、キャリア・カウンセリングのみを目的とした関係であり、それ以上でもそれ以下でもありません。したがって、個人的な恋愛関係や、仕事の受発注、金銭の貸し借りなど、カウンセリング以外の関係性をもたないように注意することが必要です。

④業務の範囲

キャリア・カウンセラーは、自己の専門性の範囲を自覚し、それを超える業務を行ってはいけません。特に注意すべきは、キャリア・カウンセリングとサイコセラピー（心理治療）は大きく異なるということです。メンタルヘルスに関わる疾患を抱えた相談者を治療することなど、絶対にあってはなりません。仮にそれが必要だと思われる相談者が来談した場合は、セラピーの専門家に紹介するなどといった対応が必要です。

ちゃんとわかったかな?

復習問題にチャレンジ

類題（福井県　2019年）

次の文章を読んで、以下の（ア）（イ）に当てはまる適切な語句の組み合わせを①～⑥から選び、番号で答えなさい。

キャリア教育には、キャリア（　ア　）を促す「（　イ　）能力」を育むためのカリキュラムや学習プログラムに加えて、一人一位のキャリア（　ア　）に応じて個別対応を図るキャリア・カウンセリングが必要である。キャリア教育のキャリア・カウンセリングは、教師と子ども達との日常的な人間関係の上に成り立つ適切なコミュニケーションであり、子ども達が自らの体験に気づき、それを言葉にして表現できるように援助する活動である。

①　ア：選択　　イ：基礎的・汎用的
②　ア：学習　　イ：基本的・普遍的
③　ア：発達　　イ：基礎的・汎用的
④　ア：発達　　イ：基本的・普遍的
⑤　ア：学習　　イ：基礎的・汎用的
⑥　ア：選択　　イ：基本的・普遍的

理解できたことをまとめておこう!

ノートテイキングページ

学習のヒント：キャリア・カウンセラーに必要な基本的態度やスキルは、教室ではどのように活用できるか、整理してみましょう。

第15講

これからの社会における児童・生徒のキャリア観の育成

理解のポイント

これまで学校におけるキャリア教育の考え方や取り組みについて学んできたことをふまえ、「これからの社会」を想像しながら、児童・生徒に何を育むべきなのかを考えます。特に後半では、地球上をさまざまな人々が往来するようになり、国籍を超えて協同的に生きる時代、すなわち「グローバリゼーション」について、最新の知見をもとに詳しく説明します。

インターネットが普及し始めたのは、1990年ごろですから、近年、急速に発展してきたことがよくわかりますね。

1 未来社会とキャリアプランニング

1 これからの社会を想像する

第12講でも述べましたが、改めて、現在の私たちの身の回りにあるものとこれからの社会環境についてキャリア教育の視点から考えてみましょう。

1つ目は、「情報・通信技術の進化」です。今やインターネットによって全世界がつながったといっても過言ではありません。皆さんの周囲には、テレビやDVDはもちろんのこと、パソコンやタブレット端末、スマートフォンなど、さまざまな情報機器があふれています。これらは皆さんが生まれたころにはすでに存在していて、これまで当たり前のようにふれて、利用してきていることでしょう。皆さんのような世代を「デジタルネイティブ(Digital Native)」とよびます。ところが、これら情報通信の技術は、この20～30年くらいの間に急速に発展してきたものなので、皆さんのお父さんやお母さんの世代以前は、大人になっていくなかで突如現れたものであり、皆さんとはとらえ方が異なることもあります。

さらに、現代では、AI（人工知能）の開発と進化、そしてネットワークとものをつなぐIoT（Internet of Things）の開発がすすみ、あらゆるものがネットワークにつながり、高度に利用されるようになりました。たとえば、自動車の自動運転技術、医療機器による生体情報の管理や投薬、農業分野でもハウス栽培での温度、水量、土壌などの生育条件の管理など、あらゆるところで人が手をかけなくてもさまざまなものが情報システムによって管理できる時代になってきました（図表15-1）。

2つ目は、「地球環境の多様な変化」です。たとえば、気候の変化については、わが国でも酷暑や豪雨をはじめ、自然災害の発生が著しくなり、それに対応した生き方、さらには職場や地域のコミュニティを通じて互助

図表15-1　情報・通信技術の進化

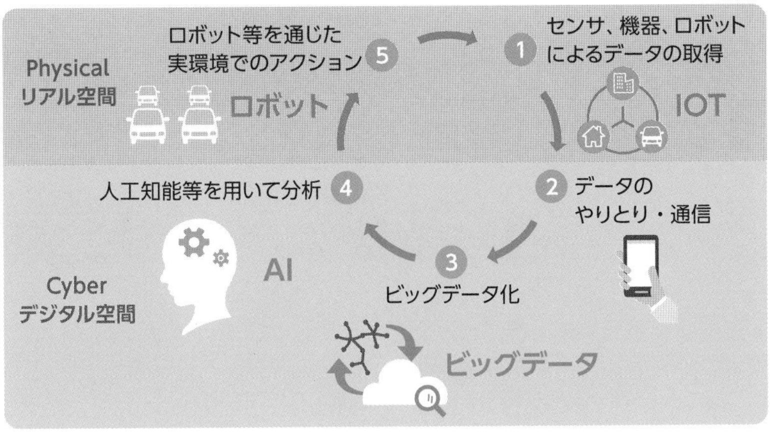

精神をもって生きることを、地球温暖化や地殻変動など、新たな知見をもとに考えていかなければなりません。

また、世界各国の人口の変動、経済の発展や交通網の整備などによって、前世代までの格差問題などとも様相は変わってきています。これまで、先進国と発展途上国という格差意識があったものが、むしろ、発展途上国の産業発展や人々の学習機会の充実と知的レベルの向上によって、かつて先進国とよばれていた国々も、彼らの大きな助力を得ながら自国の生活を守っていかなければならない時代になっているのです。

もちろん、日本も例外ではありません。医療や介護をはじめ、あらゆる産業において諸外国の人々の力を得ながら、今日の社会生活が成り立っているのです。また、一方で、日本がこれまで培ってきた技術や知的資源をもとに、他国で活躍をする日本人も数多くいます。たとえば、鉄道などの交通インフラの開発、観光をはじめとしたサービス業の質的向上など、わが国が誇るさまざまな産業が世界各国に影響を与え、貢献しています。このように、国内外を問わず、私たちは「生き方の視野」を広げるべき時代に生きているのです。

ただし、やはり各国には国境があり、その国の人々は自国の文化や習慣、宗教などを守りながら生きていることには変わりはありません。ですから、私たちは、まず自国の伝統や文化などを大切にしつつ、世界各国の考え方も理解し、尊重するという「国際理解教育」をすすめていく必要があります。

身近な例でいえば、駅や道などの交通案内板を見ると、これまで日本語に英語のみが付記されていたのに対し、現在では４か国語程度の併記がみられるようになりました（図表15-２）。さらなる例として、近年、イスラム圏の人々も多数、日本を訪れるようになりました。イスラム教では、１日５回の礼拝を行うことになっています。そのため、日本でも空港や大型ショッピングモールなどでは、礼拝室が設置されるようになってきました（図表15-３）。

プラスワン

人口の変動
日本の人口減少化は、2010年の1億2,806万人をピークにすすみ続けている。そして、2030年にはすべての都道府県で人口が減少し、2060年には日本の総人口が8,674万人になると予想されている。

図表15－2　多国語の通行案内板

図表15－3　関西国際空港の礼拝室

訪日外国人が増えるなか、このようにさまざまな国や文化の違いを互いに理解と配慮できることが重要であるといえます。そしてさらに、これらの違いを超えて、地球というフィールドであらゆる人種が互助の精神で生きていく考え方を育む必要があります。このような時代の変化のなかで、私たちは新たな生き方、あるいは職業観、社会貢献意識について考えていく必要があるのです。

2　職業の考え方とライフスタイル

上記のようなさまざまな変化のなかで、この先、実際に私たちはどのような生き方をしていくことになるのでしょうか。考えなければならないことの中心に、「職業の問題」があります。前述のとおり、AI（人工知能）の著しい進化やロボットによる自動化によって、これまで私たち人間が取り組んできた職業が、これらに取って代わられることになるのかもしれません。じつは、すでにそのような業種はいくつか現れ始めており、経済学者たちの著書にもそのような未来を予見する記述がみられます。

たとえば、マサチューセッツ工科大学の経済学者デヴィッド・オーターは、20世紀末以降、産業のオートメーション化、コンピュータの急速な発展によって、中間所得層の労働が減り、低賃金と高賃金の労働が増大する現象、すなわち、労働の「二極化」がすすんできていることを指摘しています。さらに、井上智洋（『人工知能と経済の未来』文春新書、2016年）は、この論をもとに知的労働の度合いを階層化させて考えると、事務労働層の多くはAIが代替し、「技術的失業*」者が現れる可能性があることを述べています（図表15－4）。

上記の説をふまえ、私たちの現実生活について考えてみましょう。たとえば、LCC（格安航空会社）をはじめとした空港のチェックインカウンターなどは、すでに多くの部分で無人化されています。また、大手の回転寿司店では、タッチパネルでの注文や食事代の精算はもちろんのこと、客層や客数、注文履歴から、その後に注文されやすい商品を予測してレーンに流すよう指示するシステムが導入され、効率化がすすむとともに最小限の人間で店舗を運営しています。さらには、自動車の自動運転制御の開発もかなりすすんでおり、2020年での実現をめどに計画がすすめられています。そうなると、その後、バスやタクシーの運転手も必要でなくなるかもしれません。

重要語句

技術的失業

技術の進歩によって労働生産性が上昇することにともない起こる雇用の喪失。テクノロジー失業ともいう。

図表15-4　AIの発展による労働の変化

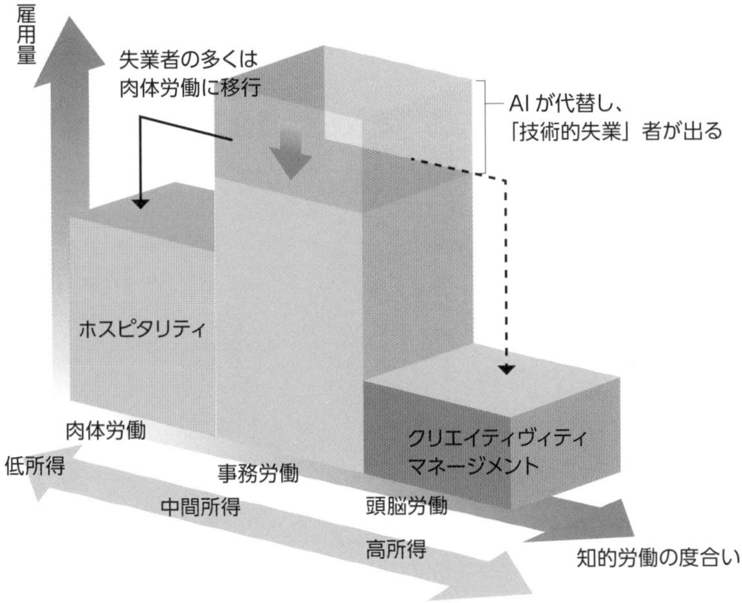

井上智洋『人工知能と経済の未来』文春新書、2016年をもとに作成

ではこの先、人工知能やロボットの発展によって、私たちの職業はなくなり、失業者であふれかえる未来が待っているのでしょうか。

この点については、さまざまな分野の学者によって見解は異なりますが、一つの考え方として、私たちの生活の利便性が向上するとともに新たな商品やサービスに対する需要が増し、そこに新たな業種が生まれ、それを支える雇用が生まれる、というとらえ方もできます。ただし、人工知能が今後、どのように発展し、どのような能力を備えることになるのかは予測不可能といわれています。

また、ヒトならではの能力が優位なものはまだあることから、すぐにすべてが人工知能に取って代わるものでない、という考え方も示されています（新井紀子『AI vs 教科書が読めない子どもたち』東洋経済新報社、2018年）。すなわち、人工知能は四則演算処理に基づく入出力を行うものであって、真に意味を理解しているわけではないということです。もっとも、私たちヒトが有する読解力やコミュニケーション能力、理解力などが低下している事実もあり、その結果、人工知能が人間の能力を超えるシンギュラリティ*（技術的特異点）が訪れる日は遠くないのかもしれません。

したがって、これからの教師は、児童・生徒に既存の具体的な職業イメージを抱かせるこれまでの進路指導のあり方から、時代の変化に応じた柔軟な発想力や、新たな需要を生み出す創造力などを育んでいく教育のあり方を考えていかなければならないのです。

3　これからの時代のキャリア教育を考える

上記のような未知の世界の教育について「考えられない」と感じた人も

重要語句

シンギュラリティ

（技術的特異点）
人工知能（AI）が人類の知能を超える転換点をいう。または、それがもたらす世界の変化のことをいう。国や企業においても部分的なシンギュラリティの到来を前提とした未来像などについて議論されている。『知恵蔵』朝日新聞出版https://kotobank.jp/ より一部改変

図表15-5　小学生の将来なりたい職業ランキング（2018年度）

男子児童		
順位（前回）	職業	票数
1（2）	野球選手・監督など	112
2（1）	サッカー選手・監督など	106
3（3）	医師	77
4（4）	ゲーム制作関連	54
5（12）	会社員・事務員	38
6（6）	ユーチューバー	35
7（5）	建築士	29
7（11）	教師	29
9（7）	バスケットボール選手・コーチ	24
10（10）	科学者・研究者	23

女子児童		
順位（前回）	職業	票数
1（2）	パティシエール	85
2（1）	看護師	82
3（3）	医師	80
4（3）	保育士	75
5（9）	教師	53
6（7）	薬剤師	50
7（6）	獣医	46
8（5）	ファッションデザイナー	39
9（8）	美容師	32
10（35）	助産師	27

日本FP協会「将来なりたい職業」ランキング

私たちが子どものころと、あこがれの職業は少し変わってきているようですね。

いるのではないでしょうか。このあたりについては、すでに今の子どもたちの方が発想は柔軟なのかもしれません。

図表15-5は、2018年に小学生を対象にした「将来なりたい職業ランキング」の調査結果です。

これをみると多くは既存の職種で、昔から人気の職業もありますが、男子児童の第6位に「ユーチューバー」があがっています。これは、インターネットの動画投稿サイト「YouTube」に、多くの人が興味をもちそうな動画を作成して投稿し、その動画に広告画像を付加して、このアクセス数に応じて対価が支払われるという仕組みのものです。投稿動画は多岐にわたり、コンピュータゲームの解説や、新商品の試用、食事や娯楽などさまざまです。これによって、多くの収入を得ている人もすでに存在しています。

さて、現在の大人世代の多くは、これが職業になり得るものと想像できたでしょうか？　また、このような投稿動画をもとに、外国人観光客が訪日して、パックツアーではなく自らが投稿動画の場所を探訪するという新たなインバウンドにもつながっているのです。まさに、ネットワークによるグローバル化に対応した労働やライフスタイルの典型といえるでしょう。

また、女子児童では、第7位に「獣医」が入っています。この職種自体は既存のもので、とりわけ珍しいとはいえないと思います。しかし、少子高齢化がすすむなかで、ペット動物の需要はますます多くなっていくことを想像すると、獣医とさらにその周辺産業は今後、発展性のある業種とも考えられます。

このように、これからの時代のライフスタイルは、「品行方正」「勤勉努力」が崇高とされていたかつてのわが国の価値観から、たとえば「いかに生きることを充実・快適化させ、仕事を楽しみにできるか」といった考え方に変わっていくのかもしれません。そして、前述のように、私たちの生きるステージも、もはや地球全体であるという発想に転換していかなければばなりません。そのため、「グローバリゼーション」というあり方を、誰もが意識できるようになることが求められているのです。

ディスカッションしてみよう!

これから人工知能やロボットの開発がすすむなか、ヒトの手で行われるべきだと思われる職業は、どんなものが考えられるでしょうか？　また、その理由も考えてみましょう。

たとえば・・・

2 グローバリゼーションとこれからのわが国の教育

1 グローバリゼーション

グローバリゼーション（globalization）とは、「地球規模的に拡大する」現象が継続して起こり続けている様子やその過程を指します。「何が」地球規模的に拡大しているのかは、人やお金といった目に見える「もの」から、情報などの目に見えない「もの」まで多岐にわたっています。

たとえば、日本にも多様な国からの外国人労働者が増加し続けています。「『外国人雇用状況』の届出状況まとめ（平成28年10月末現在）」（厚生労働省、2017）によると、外国人労働者の数が108万人を超え、「過去最高を更新」したということです。こうした国境を越えた移動は今に始まったことではありませんが、始まったときと比べてその移動の範囲、頻度、そして密度がこれまでに経験したことがないほどの速度ですすんでいる点で異なっています。

さらに、グローバリゼーションという言葉は、人やお金や情報などの

プラスワン

外国人労働者の増加
外国人労働者の増加は、同時に外国籍の子どもの増加を促し、そのような子どもへの日本語を含めた教育がますます必要となっている。

国境を越えた移動によって引き起こされる現象も含まれることがあります。その現象とは地球上のどこに住んでいても、いろいろな点で世界のほかの地域とお互いに依存している関係である地球的相互依存関係が強くなってきていることと、急激な人口増加、各地で起こるテロ行為、また歯止めの効かない地球温暖化などの国境を越えた問題、つまりグローバルな問題が深刻な状況となってきていることの２つです。

2 グローバリゼーションとわが国の教育

グローバリゼーションは、人・物・情報などの国境を越える移動と、それにともなって生じる地球的相互依存関係やグローバルな問題といった現象を指しています。この地球を宇宙から眺めると、国境もなく、すべての人が同じ時間を共有しているように感じることでしょう。つまり、私たちは、「宇宙船地球号*」の船に乗っている運命共同体のような存在なのです。しかし、グローバルな問題が加速度的にその深刻度を増すと、手遅れになりその船は沈没する恐れがあるのです。

グローバルな問題解決に取り組んでいる世界最大の機関といえば「国際連合」ですが、2015年９月の国連サミットで全17項目にわたる持続可能な開発目標（Sustainable Development Goals）を採択し、その取り組みが始まっています。これは、その前身であるミレニアム開発目標（Millennium Development Goals）の取り組みの結果として、各問題に対して一定の達成度はあったものの、未達成の目標や新たな課題が生まれてきたことを受けて策定されたものです。このことから、グローバルな問題解決は、いまだ道半ばの状態であることがわかります。

したがって、日本を含めすべての国でグローバルな問題を解決するために、より一層の取り組みが必要となっています。じつは、グローバルな問題の解決を図ることができる人材を育成する必要性は、すでに文部科学省が提唱しています。文部科学省の策定する「教育振興基本計画」は、日本国内外の変わりゆく状況に適切に対応するための教育を促進することを目的としていますが、その第三期教育振興基本計画（対象期間：平成30年度～平成34年度）では、2030年以降も地球規模の課題が日本を取り巻く危機的状況の一つであると予想していて、そのような課題を解決する力を育む教育の重要性を唱えています。

語句説明

宇宙船地球号

バックミンスター・フラー（Buckminster Fuller）が1968年に出版した書籍の表題『宇宙船地球号操縦マニュアル』（Operating manual for Spaceship Earth）から引用した。

プラスワン

地球規模の課題

教育振興基本計画関連文書では「地球規模の課題」と表記されているが、「グローバルな問題」と同義語である。

3 グローバル社会におけるキャリア観の形成と地球市民

1 グローバル社会におけるキャリア観

グローバリゼーションが急激にすすむ社会のことをグローバル社会といいますが、このグローバル社会で生きていくためにキャリアをどのようにとらえる必要があるでしょうか。前講までで学んだとおり、職業、職位、経歴、昇級といったようなビジネスの場面を思い起こす人も多いと思いますが、さらに広くとらえて人生そのものを指し、「生き方」ととらえる向きもあります。

前述のとおり、このグローバル社会では、グローバルな問題がますます深刻になっていくことが予想されており、その問題を食い止めたり解決を図ったりするためには、さらに長い年月を要する可能性があります。この状況を鑑みると、国際連合や国の取り組みに依存することなく、私たち一人ひとりが「地球市民」として生涯にわたってこれらのグローバルな問題に取り組む必要性がますます求められてくるでしょう。

さらに、キャリアを「生き方」を含む広義としてとらえた際にもう一つふまえておきたい概念があります。それがキャリアの多様性です。つまり、一人ひとりが異なる生き方をしていて、そのような多様な生き方を認識し認め合う態度をもつ必要があります。

ドナルド・スーパー（1980）は、人の一生のなかには、子ども、学生、余暇を楽しむ人、市民、職業人、配偶者、家庭人などの複数の役割が存在していて、年齢ごとに担っている役割が変化していくことを明らかにしています。それを虹になぞらえて「ライフキャリアレインボー」（図表15-6）とよんでいます。このライフキャリアレインボーは、人それぞれが生涯で異なる役割を担いながら生活していることを示すものです。その担ってい

ドナルド・スーパーは、第12講、第13講でも出てきましたね！

図表15-6　ライフキャリアレインボー

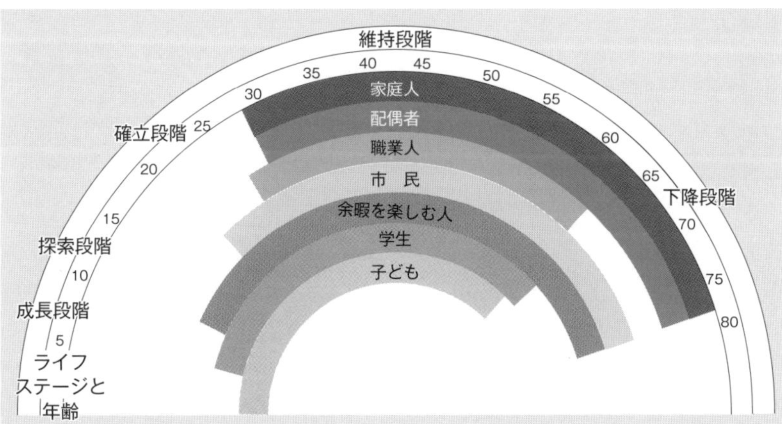

松尾順「スーパー理論でキャリアの全体像を考えよう」「atmarkIT」2008年
https://www.atmarkit.co.jp/ait/articles/0803/27/news149_2.html（2020年2月10日閲覧）

る役割について、どのようにどのくらい果たすかは人それぞれ異なっています。

このように担った役割の果たし方や果たす程度は、その人がどのように生きるか、生きたいのかという価値観に大きく左右されます。つまり、グローバル社会においては、人それぞれが、それぞれの「生き方」をとおして多様な価値観を認識し、認め合う必要があるのです。グローバルな問題を解決するためには、このような異なる価値観をもった人同士が協働で解決に向かって取り組まなくてはなりません。そのような協働作業を可能とするには、何よりも、互いが生きるうえで大切にしている多様な価値観を尊重し合うことが前提となるのです。

2 地球市民育成のための教育：グローバル教育

これまでにグローバル社会で生きるためには、一人ひとりの異なる生き方を認め合い、そして深刻になりつつあるグローバルな問題を生涯にわたって、時に協働して取り組む必要があることを述べてきました。このような学習機会を確保する方法の一つに、グローバルな問題を解決する力を育む教育を公教育で実施することがあげられます。まさに「グローバル教育」がその一役を担えるものといえます。

グローバル教育は、1960年代にアメリカで誕生した教育手法で、グローバリゼーションがすすむ地球に住む市民として、必要な知識・技能・態度を育成することを目的としています。その当時、アメリカの教育者や教育分野の研究者は、グローバリゼーションの進展によって、第二次世界大戦後から謳歌してきた世界ナンバーワンのアメリカという地位が危うくなってくるのではないかという危惧を抱きました。そのため、これまで行ってきたアメリカ人としての視点や考えを世に広めるのではなく、他国の人々の視点や考えを取り入れながら協力し合わなければ、アメリカは衰退していくと考えるようになりました。

また、この時期には、石油危機、環境問題、そして核問題といったアメリカのような超大国でさえも解決できないようなグローバルな問題が深刻になってきたことも認識され始めました。こうしたアメリカ内外の状況をふまえて、これからの教育は、アメリカの若者を他国や異なる文化背景をもった人と協働でき、グローバルな問題に責任をもって行動を起こすことができる地球市民に育てる必要があると考えました。これが「グローバル教育」誕生の背景です。

さて、グローバル教育の研究者や実践者が、地球市民として必要な知識、技能、態度をいろいろと提唱していますが、それらは、①「(世界の) 見方」の認識、②異文化学習と異文化間コミュニケーションスキル、③地球的相互依存関係、④グローバル史、⑤グローバルな問題、⑥グローバル社会への参加の６つの中心要素にまとめることができます。

そこで、各中心要素の定義と、それらを育成するために、愛知県知立市立知立小学校で、小学校３年生の社会科と総合的な学習の時間で取り組んだ「知立 in the World」の学習活動を例にあげて説明します（大橋直樹「グ

> **プラスワン**
> **多様な代替教育**
> 日本では、1970年代に国際化に対応するためグローバル教育をはじめとして環境教育、平和教育、多文化教育、開発教育などが導入された。

ローバルな人権意識と相互依存認識を育成する授業構想――小学校３年生における社会科および総合的な学習の時間（「知立in the world」）の場合」『グローバル教育』（４）2001年、48-61頁）。

3 小学校3年生におけるグローバル教育の実践事例

この「知立 in the World」の事例は、生徒や生徒の住む知立市が世界の国や地域とどのようにつながっているのかといった「グローカルなつながり」への認識や理解を高め、その地域学習から知立市だけでなく世界中で直面している地球規模の問題を解決するために適切に行動を起こすことができる力を育むことを目的としています。その内容をみてみましょう。

① 「見方」の認識（Perspective Consciousness）

「見方」とは、一人ひとりがもつ世界を見る視点・視野を指しています。その視点・視野は一人ひとりユニークで、この「視点」は常に他者の影響を受けて変化する可能性があります。この人がもつ多様な視点の気づきを促すために、「知立 in the World」では多くの生徒が参加していた「知立祭り」について「これからも続けるべきかどうか」、また知立市には日系ブラジル人が多く住んでいることから「外国の人が増えることは知立市にとってどうなのか」というテーマでディベートを行って、賛成・反対や利点・欠点というさまざまな視点からテーマを考察する機会を得ていました。

② 異文化学習と異文化間コミュニケーションスキル

異文化学習（Cross-cultural Learning）は、異なる国や文化の人々を理解することを指しています。自文化と世界の文化とを比較し、文化的類似点と相違点を学ぶことで異文化理解を促します。しかし、これまでの異文化理解を促す授業では、主に異なる文化の３F（Food：食べ物、Fashion：衣服、Festival：祭り）が紹介されて、いかに日本と異なっているのかという表面的な違いに焦点を当てる「異」文化理解学習でした。グローバル教育では、そのような違いは当たり前に存在していて、なぜそのような違いが生じているのかを探求させて、学習対象文化に属する人々の心の深層に潜んでいる考えや価値観を深く掘り下げる異文化「理解」学習を行っています。

コミュニケーションは、図表15-7のとおり２人またはそれ以上で情報や意思を共有し合う活動のことを指します。また「見方」の認識で学んだように、一人ひとり固有の「視点」をもっていることから、自分自身の伝えたい情報や意思を異なる視点をもった相手に正確に伝えたり、相手から受け取ったりする必要があるのです。

「知立 in the World」では、異文化学習として、知立祭りと知立以外で開催されている祭りと比較して、それぞれの祭りの相違点や類似点を学習していました。特に類似点として、世界中のどの祭りも「幸せに生きていきたい」と願う気持ちが込められていることを学んでいたことは、特筆

プラスワン

固定観念

文化の異なりに焦点を当てた学習では固定観念を強めることがある。

プラスワン

誤解

コミュニケーションで「誤解」はいつでも起こる可能性がある。「誤解」を避ける力や起こった際に確認する力をコミュニケーション力という。

図表15-7　異文化間コミュニケーションの仕組み

すべき点です。また、さまざまな人との交流をとおして、異文化間コミュニケーションスキル（Cross-cultural Communication Skills）を高める機会を得ていました。たとえば、知立市の人から知立祭りについて、そして他地域や海外から知立市に来た人からはその人たちの地元や母国の祭りについてインタビューをして、情報を収集しました。また、このインタビュー活動はグループで行われていましたので、メンバー間と意思疎通を図りながら情報収集という目的完遂のために取り組んでいました。

③ 地球的相互依存関係

地球的相互依存関係（Global Interdependence）とは、いろいろな点で世界中が一つのシステムとしてつながり合っていて、地球規模で影響を与えあっている状態を指します。特に、世界政治（例：国際連合やグリーンピースなどの世界規模の政府・非政府組織の誕生と増加）、経済（例：各国間の貿易）、文化（例：日本の「アニメ」文化の海外展開や日本での海外映画の封切り）、環境（例：地球温暖化などの環境問題）、そしてテクノロジー（例：図表15-8のようにインターネットの出現による世界規模での情報共有）の点で、相互依存状態にあります。また、私たち一人ひとりも世界とつながっていることを表す「グローカル」なつながりも学びます。

「知立 in the World」では、知立市がオーストラリアの都市と姉妹関係にあり、文化交流が行われていることや、知立市にはトヨタ自動車と関連の深い自動車部品工場が多数あることから、知立市が世界の経済システムに入っている状況を自動車製造の視点から考えたりするなど、生徒の住む知立市が世界といろいろな点でつながっていることを学んでいました。

図表15-8　インターネットによる世界規模の情報共有のイメージ

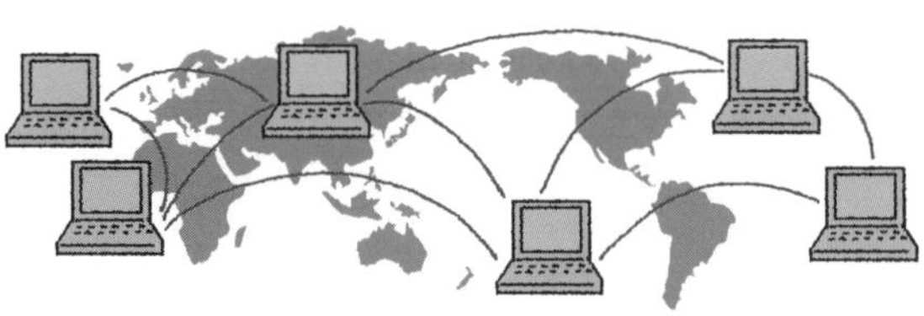

④ グローバル史

地球的相互依存関係が、国境を越えた空間的な結びつきの学びであるのに対して、グローバル史（Global History）は時代を超えた時間的な結びつきの学びを指します。つまり、世界の事象を年単位でほかの時代区分と分けて学ぶのではなく、それらの事象の歴史的過程や発達などを、過去から未来に向かう時間の連続性のなかで理解することを示しています。加えて、過去から現在までの世界の状況をふまえて、世界の将来について考察することも含みます。

「知立 in the World」では、江戸時代から続いている知立祭りのこれまでと現在の開催状況について学び、その学びによってあがってきた課題（例：女性の祭りへの限定的な参加）をふまえて、21世紀の知立祭りがどうあるべきかを考えていました。

⑤ グローバルな問題

国や地域単位での問題であったものが、グローバリゼーションにより地球全体にも広がってくるようになりました。それを「グローバルな問題」といいます。グローバルな問題（Global Issues）は５つの特徴を含んでいます。その５つとは国を越えた（transnational）、複雑で（complex）、多様で（diverse）、長く続いたり繰り返し起こったりして（persistent）、互いにつながりあっている（interconnected）問題のことです。

これら５つの特徴を含むグローバルな問題を、政治、文化・社会、開発、経済、環境の５つのカテゴリーに分類して、それぞれの関連問題をまとめたものが図表15-９です。この図表の一番下に「グローバルな問題間の相互関係」と書かれていたり、開発の問題を中心にそれぞれの問題が重なり合っていたりしているのは、まさにグローバルな問題の最後の特徴であるそれぞれがつながりあっていることを表しています。

「知立 in the World」では、さまざまな人にインタビューをしています。

プラスワン

3つの未来像

PikeとSelby（1988）は、こうなるであろう未来（probable future）、こうなることが可能である未来（possible future）、こうなることが望ましい未来（preferable future）を世界の将来の考察に提唱している。

図表15-９　グローバルな問題の分類表

政治の問題
平和や安全に関する問題、人権、民族自決権、平和維持問題、政治安定、軍の派遣、武器売買、宇宙開発、武器抑制、軍隊支援、拷問、テロリズム

文化・社会の問題
民族紛争、国際結婚、民族、文化的伝播、言語政策、宗教問題、教育・識字率問題、健康問題、人口問題、人口流動問題、難民・移民問題

開発の問題
貧困、持続可能な農業、資産投資、人口、食べ物と飢餓、途上国の女性、テクノロジー転換、依存に関する問題

経済の問題
労働機関、世界の組立て工場、非関税障壁、自由貿易、分配に関する債務問題（例：富、テクノロジーや情報、食料、資源、武器）、都市化問題、交通や情報伝達問題

環境の問題
汚染、天然資源の使用、土地利用、種の絶滅／生物多様性、有害物質の廃棄、エネルギー問題、自然保護、再生可能対再生不可能対エネルギー、人の流動、難民、移民

グローバルな問題間の相互関係

M. M. Merryfield & C. S. White（1996）

インタビューを通じて、知立祭りに参加している人からは、女性が祭りの役割を担うことが少ないといった性差の問題、また、知立市に住んでいて困ったこととして、日系ブラジル人から外国籍の子どもの教育問題があることを学びました。同時に、知立祭りが年齢や立場を超えた地域のつながりに貢献していることも学んでいました。

⑥ グローバル社会への参加

グローバルな問題を解決することを学ぶグローバル社会への参加(Participation in a Global Society)は、6つの中心要素のなかで最も重要であり最終目標でもあります。これは、グローバルな問題に対して生徒の住む地域との関係性などを学び、地域からの行動によってそのグローバルな問題を抑制または解決する方法を探求したり、実際それを実行したりする活動を含みます。

この考えは「地球規模で考え、地域で行動する」(Think Globally, Act Locally)とよばれています。「知立 in the World」では、知立市や知立祭りの学びを深めた後、その学んだことを情報として学芸会や児童会の行事で発表していました。また、知立祭りが知立市の人たちを結びつけたり、多様な人びとの参加を促している点から、多文化共生のきっかけになると考えて、知立祭り存続のために生徒は積極的に太鼓を練習したり、ゲストティーチャーを招いて指導を受けたりして、知立祭り参加のための行動を起こしていました。

プラスワン

当事者意識

グローバル社会への参加には、グローバルな問題に自身も関わっていることを認識して一人ひとりが当事者意識をもって行動を起こすことが重要である。

これら6つの中心要素を育成するためのグローバル教育は、日本にも1970年代初頭に紹介されました。それ以来、小学校から大学まで幅広く実践されてきました。しかし、知立小学校のグローバル教育のように6つの中心要素すべてを扱っている実践は非常に少なく、有志の教師が限られた授業時間や機会で部分的に実践していることが多いのも事実です。

グローバリゼーションの加速度的な進行に比べると、それに対応する人材育成教育の一つであるグローバル教育の普及は、質的にも量的にも残念ながら満足にすすんでいないのが現状です。

こうした課題に対応するためには、グローバル教育を適切に実践できる教師を養成するプログラムの開発、そして幼稚園から大学までの一貫したグローバル教育のカリキュラム構築と実施が急務となっています。

以上、これからの時代に各校種を通じて、私たちは進路指導あるいはキャリア教育において、地球規模の考え方で「生き方」について学び、個々への指導から共同体意識の指導へ展開する必要があります。これからの時代を生きる子どもたちの教師となるために、ぜひ、未来を見据えた指導について考えられるようになってください。

図表15-10　知立祭り

復習や発展的な理解のために
知っておくと役立つ話

データで見る「宇宙船地球号」

皆さんは自分たちが暮らしている地球の社会事情について、どれだけ知っているでしょうか？もしかすると、意外なことやビックリするような話があるかもしれません。以下に、いくつかのテーマについてデータを掲載しておきますので、改めて私たちの「宇宙船地球号」について、正しい理解をしておきましょう。

①「英語」は世界共通語？

いいえ、世界では世界共通語というものは存在しません。また、この地球上で最も多く使用されている言語も英語ではないのです。世界のほとんどの国が加盟している「国際連合（UN）」においても、国連憲章が規定する国連公用語は全部で6つ、英語、フランス語、スペイン語、中国語、ロシア語、アラビア語とされています。ただし、国連事務局の作業言語は、英語とフランス語の2つです。そして、世界で最も多く使用されている言語は、母国語人口で言えば「中国語」になるのです（図表15-11）。

図表15-11　世界で使用されている言語と使用者数

1位	中国語	11億9,700万人	13位	韓国語	7,720万人
2位	スペイン語	3億9,900万人	14位	フランス語	7,590万人
3位	英語	3億3,500万人	15位	テルグ語	7,400万人
4位	ヒンディー語	2億6,000万人	16位	マラーティー語	7,180万人
5位	アラビア語	2億4,000万人	17位	トルコ語	7,090万人
6位	ポルトガル語	2億300万人	18位	タミル語	6,880万人
7位	ベンガル語	1億8,900万人	19位	ベトナム語	6,780万人
8位	ロシア語	1億6,600万人	20位	ウルドゥー語	6,400万人
9位	日本語	1億2,800万人	21位	イタリア語	6,380万人
10位	ラフンダー語	8,870万人	22位	マレー語	6,050万人
11位	ジャワ語	8,430万人	23位	ペルシャ語	5,700万人
12位	ドイツ語	7,810万人			

SOURCENEXTホームページ
http://www.sourcenext.com/product/rosettastone/contents/（2020年2月10日閲覧）

②世界で裕福な国は、人口や面積が大きな国？

国際通貨基金（IMF）が2018年4月に公表したデータによると、世界のなかで裕福な国は、面積や人口の大きさに比例するとは限らないようです。

IMFは年に2度、世界各国の経済力に関するデータをもとに、1人当たりの購買力平価と国内総生産（GDP）から、ランクづけしています。その結果は図表15-12のとおりです。

ちなみに、日本は30位、アメリカは13位、そして経済発展が著しいと思われる中国もトップ30には入っていません。これは貧富の差がまだ大きいことが要因かもしれません。

このように、データを比較してみると、私たちが想像している各国の姿とは違うことが多いかもしれません。いろいろな観点から、地球の姿を調べてみることで、「国際理解教育」や「グローバル教育」の実践につながっていくことも考えられます。

図表15-12　国民一人当たりのGDPが多い国

順位	国　名	国民一人当たりのGDP
1位	カタール	129,726ドル
2位	ルクセンブルク	101,936ドル
3位	マカオ	96,147ドル
4位	シンガポール	87,802ドル
5位	ブルネイ	79,710ドル
6位	クウェート	71,263ドル
7位	アイルランド	69,374ドル
8位	ノルウェー	69,296ドル
9位	アラブ首長国連邦	67,696ドル
10位	サンマリノ	64,443ドル

IMFホームページhttps://www.imf.org/external/datamapper/PPPPC@WEO/OEMDC/ADVEC/WEOWORLD
（2020年2月12日閲覧）

＜グローバル教育入門のためのe-ラーニング教材＞
本節で紹介した地球市民としての６つの中心要素を余すことなく効率的に学ぶことができるように、各中心要素について学んでほしい内容をまとめたテキストとe-ラーニング教材「地球に住む仲間として」を作成しました。オープンアクセスの教材ですので、皆さん、ぜひチャレンジしてみてください（https://kasaiglobaleducation.com/）。

＜e-ラーニング教材利用手順＞
①上記サイトにアクセスして、「グローバル教育入門」をクリックします。
②「ゲストとしてログインする」をクリックします。
③e-ラーニング教材トップ画面（右の画面）に移動して教材が活用できます。

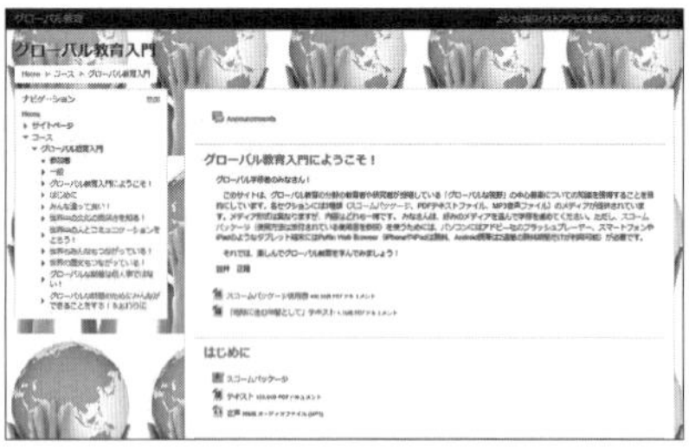

ちゃんとわかったかな?

復習問題にチャレンジ

類題（大阪府　2017年）

次の各文は、学校教育法第二十一条に記されている義務教育の目標の一部である。空欄A～Dに、下のア～ケのいずれかの語句を入れてこの条文の一部を完成させなさい。

・学校内外における（　A　）を促進し、生命及び自然を尊重する精神並びに環境の保全に寄与する態度を養うこと。
・我が国と郷土の現状と歴史について、正しい理解に導き、（　B　）を尊重し、それらをはぐくんできた（　C　）を養うとともに、進んで外国の文化の理解を通じて、他国を尊重し、国際社会の平和と発展に寄与する態度を養うこと。
・（　D　）の役割、生活に必要な衣、食、住、情報、産業その他の事項について基礎的な理解と技能を養うこと。

ア　家族と家庭	イ　ボランティア活動	ウ　自然体験活動
エ　伝統と文化	オ　自他の権利	カ　国土と歴史を学ぶ態度
キ　我が国と郷土を愛する態度	ク　社会と個人	ケ　社会的活動

第15講　これからの社会における児童・生徒のキャリア観の育成

理解できたことをまとめておこう!

ノートテイキングページ

学習のヒント：グローバリゼーションのすすむ社会をふまえて、これからの時代のキャリア教育についてまとめてみよう。

・復習問題の解答・

第1講（→20ページ）

解答　①

道徳科に関する評価の詳細は、「小学校学習指導要領解説　特別の教科　道徳編」の「第５章　道徳科の評価」に示されている。

第2講（→32ページ）

解答　ア　⑤　　イ　③

出題の文章は生徒指導提要の「第１章　生徒指導の意義と原理　第１節　生徒指導の意義と課題」の冒頭部分である。ここに、生徒指導の定義や目的等が示されている。

第3講（→44ページ）

解答　⑤

生徒指導提要では、生徒指導について「一人一人の児童生徒の人格を尊重し、個性の伸長を図りながら、社会的資質や行動力を高めることを目指して行われる教育活動」（第１章　生徒指導の意義と原理）とされている。

第4講（→60ページ）

解答　⑤

答申では、「チームとしての学校」が求められている背景として「多様な背景を有する人材が各々の専門性に応じて、学校運営に参画することにより、学校の教育力・組織力を、より効果的に高めていくことが不可欠」であることや、「学校という場において子供が成長していく上で、教員に加えて、多様な価値観や経験を持った大人と接したり、議論したりすることは、より厚みのある経験を積むことができ、本当の意味での『生きる力』を定着させることにつながる」ことが挙げられている。

第5講（→76ページ）

解答　5

出題の文章は、いじめ防止対策推進法の第２条（定義）、第３条（基本理念）、第15条（学校におけるいじめの防止）より。

第6講（→89ページ）

解答　①

９歳以降の小学校高学年の時期は、ピアジェの発達段階における「具体的操作期」から「形式的操作期」にあたる。また、この時期に見られるギャングエイジとは、同性・同年齢を中心とした仲間集団であり、社会性の発達に影響を及ぼす。

第7講（→102ページ）

①

解答　4

出題の文章は、通知の「第１障害のある児童生徒等の就学先の決定　３小学校、中学校又は中等教育学校の前期課程への就学　(2) 通級による指導」より。このなかで、学習障害（LD）とは「全般的な知的発達に遅れはないが、聞く、話す、読む、書く、計算する又は推論する能力のうち特定のものの習得と使用に著しい困難を示すもので、一部特別な指導を必要とする程度のもの」、注意欠陥（欠如）多動性障害（ADHD）とは「年齢又は発達に不釣り合いな注意力、又は衝動性・多動性が認められ、社会的な活動や学業の機能に支障をきたすもので、一部特別な指導を必要とする程度のもの」とされている。

②

解答　3

「意図・目的・方法及び成果にとらわれることなく」が誤り。当該資料では、家庭訪問について「常にその意図・目的、方法及び成果を検証し適切な家庭訪問を行う必要がある」とされている。

第8講（→114ページ）

解答　2

説明にある「心の専門家」はスクールソーシャルワーカーではなくスクールカウンセラーである。

第9講（→129ページ）

解答　オ

①は家庭裁判所、②は教育委員会の説明。

第10講（→143ページ）

解答　4

平成23年の中央教育審議会答申「今後の学校におけるキャリア教育・職業教育の在り方について」ではキャリア教育で育成するべき力として「基礎的・汎用的能力」が提唱された。これは「人間関係形成・社会形成能力」「自己理解・自己管理能力」「課題対応能力」「キャリアプランニング能力」の４つの能力によって構成される。

第11講（→157ページ）

解答　A ア　B ウ　C オ　D キ

いずれも、中学校学習指導要領「総則」編のうち、第４節「生徒の発達の支援」について詳述されている内容である。このうち、キャリア教育については、「特別活動を要としつつ」と述べられており、さらに「各教科の特質に応じて」とも述べられていることから、様々な教育内容をキャリア意識に関連づけることが重視されている点に注目してほしい。

第12講（→172ページ）

解答　A ○　B ×　C ×　D ○　E ×

Bは「キャリア発達」、Cは「特別活動」、Eは「教育活動全体」である。

第13講 (→185ページ)

解答　A　職場体験活動　　B　職業　　C　働くこと

平成23年の中央教育審議会答申「今後の学校におけるキャリア教育・職業教育の在り方について」では、キャリア教育は「一人一人の社会的・職業的自立に向け、必要な基盤となる能力や態度を育てることを通して、キャリア発達を促す教育」、職業教育は「一定又は特定の職業に従事するために必要な知識、技能、能力や態度を育てる教育」と、それぞれ定義されている。

第14講 (→197ページ)

解答　③

平成23年の中央教育審議会答申「今後の学校におけるキャリア教育・職業教育の在り方について」では、キャリア教育は「一人一人の社会的・職業的自立に向け、必要な基盤となる能力や態度を育てることを通して、キャリア発達を促す教育」と定義され、その教育を通じた「基礎的・汎用的能力」の育成が重視されている。

第15講 (→213ページ)

解答　A　ウ　　B　エ　　C　キ　　D　ア

学校教育法は、日本の学校教育制度の根幹をなすものであり、1947年に公布されて以降、約30回以上改正されてきている。全13章で構成されており、このうち第21条は、「第2章　義務教育」に含まれる。中でも、「外国の文化を理解」「他国を尊重」「国際社会の平和と発展に寄与する態度」などは、これからのグローバル時代におけるキャリア観に通じるものである。

索引

和文

欧文

参考・引用文献

第1講

尾崎米厚ほか 「飲酒や喫煙等の実態調査と生活習慣病予防のための減酒の効果的な介入方法の開発に関する研究」 2018年
大阪府教育庁 「帰国・渡日児童生徒学校生活サポート」 2019年
　http://www.pref.osaka.lg.jp/shochugakko/kikoku/（2020年2月10日閲覧）
広島県 「広島県子供の生活に関する実態調整結果【概要版】」 2017年
文部科学省 「『日本語指導が必要な児童生徒の受入状況等に関する調査（平成28年度）』 の結果」 2016年
文部科学省 「平成29年度児童生徒の問題行動・不登校等生徒指導上の諸課題に関する調査結果について」 2018年
吉田甲子太郎著・こさかしげる画 『星野くんの二塁打』 大日本図書　1988年

第2講

飯田芳郎ほか編 『新生徒指導事典』 第一法規出版　1980年
江川玟成編著 『生徒指導の理論と方法』 学芸図書　2007年
文部科学省 『生徒指導提要』 教育図書　2010年
文部科学省 「幼稚園教育要領」 2017年
文部科学省 「中学校学習指導要領」 2017年
文部科学省 「高等学校学習指導要領」 2018年

第3講

岩手県総合教育センター「平成19年度中学校初任者研修講座 『センター研修Ⅰ』 授業における生徒指導」 2007年
　http://www1.iwate-ed.jp/kensyu/siryou/h19/h19_105sts.pdf（2020年2月10日閲覧）
国立教育政策研究所 「非認知的（社会情緒的）能力の発達と科学的検討手法についての研究に関する調査報告書」 2017年
国立教育政策研究所教育課程研究センター「学級・学校文化を創る特別活動【中学校編】」 2016年
坂本昇一 『生徒指導の機能と方法』 文教書院　1996年
田村学編著 『平成29年版　中学校新学習指導要領の展開　総合的な学習編』 明治図書　2017年
中根千枝 『タテ社会の人間関係』 講談社現代新書　1967年
中村豊 『子どもの基礎的人間力養成のための積極的生徒指導』 学事出版　2013年
中村豊・原清治編著 『新しい教職教育講座　教職教育編⑨　特別活動』 ミネルヴァ書房　2018年
奈須正裕 『小学校新学習指導要領ポイント総整理　総則〈平成29年版〉』 東洋館出版　2017年
文部科学省 『生徒指導提要』 教育図書　2010年
文部科学省 「幼稚園教育要領」 2017年
文部科学省 「小学校学習指導要領」 2017年
文部科学省 「小学校学習指導要領解説総則編」 2017年
文部科学省 「中学校学習指導要領」 2017年
文部科学省 「高等学校学習指導要領」 2018年

第4講

文部科学省 『生徒指導提要』 教育図書　2010年
文部科学省 「平成29年度の教育委員会における学校の業務改善のための取組状況調査結果」 2017年

第5講

解説教育六法編修委員会編 『解説教育六法』 三省堂　2019年
春日井敏之・山岡雅博編著 『新しい教職教育講座　教職教育編⑪　生徒指導・進路指導』 ミネルヴァ書房　2019年
裁判所ホームページ 「裁判手続 少年事件Q&A」
　http://www.courts.go.jp/saiban/qa_syonen/qa_syonen_22/index.html（2020年2月10日閲覧）
中央教育審議会 「今後の学校におけるキャリア教育・職業教育の在り方について」 2011年
法務省 「平成30年版 犯罪白書」 第3編第2章 「非行少年の処遇」 第2節2 「家庭裁判所」 2018年
文部科学省 『生徒指導提要』 教育図書　2010年
文部科学省 「学校教育法第11条に規定する児童生徒の懲戒・体罰等に関する参考事例」 2013年

文部科学省 「平成29年度　児童生徒の問題行動・不登校等生徒指導上の諸課題に関する調査結果について」 2018年
若井彌一・坂田仰・梅野正信編 『必携 教職六法 2020年度版』 協同出版　2019年
和田孝・有村久春編著 『新しい時代の生徒指導・キャリア教育』 ミネルヴァ書房　2019年

第6講
相良順子 「児童期の性役割態度の発達――柔軟性の観点から」『教育心理学研究』48　2000年
中塚幹也 「性同一性障害と思春期」『小児保健研究』75　2016年
永野重史編 『道徳性の発達と教育――コールバーグ理論の展開』 新潮社　1985年
西村多久磨・櫻井茂男 「小中学生における学習動機づけの構造的変化」『心理学研究』83　2013年
文部科学省 「性同一性障害に係る児童生徒に対するきめ細かな対応の実施等について」 2015年

第7講
トマス・ゴードン／奥沢良雄・市川千秋・近藤千恵共訳 『T．E．T.教師学――効果的な教師＝生徒関係の確立』 小学館　1985年
西口利文 『問題対処の教師行動』 学文社　2007年
文部科学省 「共生社会の形成に向けたインクルーシブ教育システム構築のための特別支援教育の推進（報告）」 2012年
文部科学省 『生徒指導提要』 教育図書　2010年
文部科学省 「通常の学級に在籍する発達障害の可能性のある特別な教育的支援を必要とする児童生徒に関する調査結果について」 2012年
文部科学省 「平成29年度 『児童生徒の問題行動・不登校等生徒指導上の諸課題に関する調査』(速報値) について」 2018年
文部科学省ホームページ 「主な発達障害の定義について」
http://www.mext.go.jp/a_menu/shotou/tokubetu/004/008/001.htm（2020年2月10日閲覧）
文部科学省ホームページ 「児童生徒の問題行動・不登校等生徒指導上の諸課題に関する調査-用語の解説」
https://www.mext.go.jp/b_menu/toukei/chousa01/shidou/yougo/1267642.htm（2020年2月10日閲覧）

第8講
文部科学省 『生徒指導提要』 教育図書　2010年
文部科学省 「児童生徒の教育相談の充実について（報告）」 2017年
文部科学省 「小学校学習指導要領」 2017年
文部科学省 「中学校学習指導要領」 2017年
文部科学省 「高等学校学習指導要領」 2018年
八並光俊・國分康孝編 『新生徒指導ガイド――開発・予防・解決的な教育モデルによる発達援助』 図書文化社　2008年

第9講
厚生労働省 「児童相談所全国共通ダイヤルについて」 2019年
https://www.mhlw.go.jp/bunya/koyoukintou/gyakutai/（2019年12月20日閲覧）
中央教育審議会 「新しい時代の教育に向けた持続可能な学校指導・運営体 制の構築のための学校における働き方改革に関する総合的な方策について」 2019年
https://www.mext.go.jp/b_menu/shingi/chukyo/chukyo3/079/sonota/1412985.htm（2019年12月20日閲覧）
中央教育審議会 「チームとしての学校の在り方と今後の改善方策について」 2015年
https://www.mext.go.jp/b_menu/shingi/chukyo/chukyo0/toushin/1365657.htm（2019年12月20日閲覧）
文部科学省 『生徒指導提要』 教育図書　2010年
文部科学省 「地域と学校の連携・協働に向けた参考事例集」 2016年
https://manabi-mirai.mext.go.jp/jirei/jireishu/chiki-gakko.html（2019年12月20日閲覧）
文部科学省ホームページ 「コミュニティ・スクール（学校運営協議会制度）」
https://manabi-mirai.mext.go.jp/torikumi/chiiki-gakko/cs.html（2020年2月10日閲覧）

第10講
入澤宗寿 『現今の教育』 弘道館　1915年
春日井敏之・山岡雅博編著 『新しい教職教育講座　教職教育編⑪　生徒指導・進路指導』 ミネルヴァ書房　2019年
国立教育政策研究所生徒指導研究センター「児童生徒の職業観・勤労観を育む教育の推進について（調査研究報告書）」 2002年

中央教育審議会答申 「今後の学校におけるキャリア教育・職業教育の在り方について」 2011年
藤田晃之編著 『キャリア教育』 ミネルヴァ書房　2018年
文部科学省 「学校基本調査」 2019年
文部科学省 『生徒指導提要』 教育図書　2010年
文部科学省 「小学校学習指導要領」 2017年
文部科学省 「中学校学習指導要領」 2017年
文部科学省 「高等学校学習指導要領」 2018年
文部科学省 「小学校・中学校・高等学校キャリア教育推進の手引き」 2006年
文部科学省 「中学校キャリア教育の手引き」 2011年
文部科学省 「高等学校キャリア教育の手引き」 2011年
文部省 「日本の成長と教育（昭和37年度）」 1962年
文部省 「中学校学習指導要領」 1958年
文部省 「高等学校学習指導要領」 1960年
和田孝・有村久春編著 『新しい時代の生徒指導・キャリア教育』 ミネルヴァ書房　2019年

第11講

13歳のハローワーク公式サイト　https://13hw.com/jobapps/ranking.html（2020年2月10日閲覧）
石隈利紀 『学校心理学――教師・スクールカウンセラー・保護者のチームによる心理教育的援助サービス』 誠信書房　1999年
厚生労働省 「厚生労働白書」 2017年
国立教育政策研究所生徒指導・進路指導研究センター「キャリア教育って結局何なんだ?――自分と社会をつなぎ、未来を拓くキャリア教育：中学校におけるキャリア教育推進のために」 2009年
国立教育政策研究所生徒指導・進路指導研究センター「自分に気付き、未来を築くキャリア教育――小学校におけるキャリア教育推進のために」 2009年
国立教育政策研究所生徒指導・進路指導研究センター 「キャリア教育は生徒に何ができるのだろう?――自分を社会に生かし、自立を目指すキャリア教育：高等学校におけるキャリア教育推進のために」 2010年
国立教育政策研究所生徒指導・進路指導研究センター「変わる！　キャリア教育――小・中・高等学校までの一貫した推進のために」 ミネルヴァ書房　2016年
国立教育政策研究所生徒指導・進路指導研究センター「キャリア教育・進路指導に関する総合的実態調査」 2016年
国立教育政策研究所生徒指導・進路指導研究センター「高校生の頃にしてほしかったキャリア教育って何？――卒業後に振り返って思うキャリア教育の意義　キャリア教育リーフレットシリーズ1」 2017年
国立教育政策研究所生徒指導・進路指導研究センター「キャリア・パスポートって何だろう？　キャリア・パスポート特別編1」 2018年
国立教育政策研究所生徒指導・進路指導研究センター「生徒が直面する将来のリスクに対して学校にできることって何だろう？　キャリア教育リーフレットシリーズ2」 2018年
小杉礼子 『フリーターという生き方』 勁草書房　2003年
小杉礼子編 『フリーターとニート』 勁草書房　2005年
日本労働研究機構 「フリーターの意識と実態――97人へのヒアリング結果より」 2000年
藤岡秀樹 「キャリア・カウンセリングとキャリア発達理論――現状と課題」『京都教育大学紀要』 132　2018年　47-61頁
藤岡秀樹 「障害のある生徒のキャリア教育と進路保障」 相澤雅文・牛山道雄・田中道治・藤岡秀樹・丸山啓史編／京都教育大学附属特別支援教育臨床実践センター監修 『教員志望学生のための特別支援教育ハンドブック』 クリエイツかもがわ　2012年　94-98頁
藤田晃之 「教育課程と進路指導」 仙﨑武・野々村新・渡辺三枝子・菊池武剋編 『入門進路指導・相談』 福村書店　2000年　53-64頁
村上龍 『新　13歳からのハローワーク』 幻冬舎　2010年
文部科学省 「学校基本調査」 2019年
文部科学省 「高等学校卒業程度認定試験パンフレット（一般用）」 2019年
文部科学省 『生徒指導提要』 教育図書　2010年
文部科学省 「特別支援教育資料（平成29年度）」 2018年

第12講

Super, D. E. (1957) *The psychology of careers*, Joanna Cotler Books.
辰巳哲子 「キャリア教育の推進に影響を与えるカリキュラム・マネジメント要素の検討――全国の中学校に対する調査分析結果から」『キャリア教育研究』 31(2) 2013年

寺田未来 「インターンシップへの参加がキャリア成熟と問題解決能力の変化に及ぼす影響」『大手前大学論集』 16 2016年 125-138頁
新見直子・前田健一 「小中高校生を対象にしたキャリア意識尺度の作成」『キャリア教育研究』 27(2) 2009年
文部科学省 「キャリア教育推進の手引き」 2006年

第13講

文部科学省 「キャリア教育推進の手引き」 2006年
文部科学省 「高等学校キャリア教育の手引き」 2011年

第14講

エドガー H.シャイン／金井壽宏訳 『キャリア・アンカー――自分のほんとうの価値を発見しよう』 白桃書房 2003年
木村周 『キャリアコンサルティング理論と実際』 雇用問題研究会 2010年
立野了嗣ほか 『キャリアコンサルタント養成講座テキスト1 キャリアコンサルティングの社会的意義』 日本マンパワー 2016年
日本キャリア開発協会 「キャリアカウンセリングルーム」
https://www.j-cda.jp/ccr.php（2020年2月10日閲覧）
渡辺三枝子・E. L. ハー『キャリアカウンセリング入門――人と仕事の橋渡し』 ナカニシヤ出版 2001年

第15講

Super, D. E.（1980）“A life-span, life-space approach to career development,” *Journal of Vocational Behavior* 16.
Gaudelli, W. (2003) *World class: Teaching and learning in global times*, Lawrence Erlbaum Associates, Publishers.
Gaudelli, W. (2016) *Global citizenship education: Everyday transcendence*, Routledge.
Hanvey, R. G. (1976) *An attainable global perspective*, Center for Teaching International Relations.
IMFホームページ
https://www.imf.org/external/datamapper/PPPPC@WEO/OEMDC/ADVEC/WEOWORLD（2020年2月12日閲覧）
Merryfield, M. M., Jarchow, E., & Pickert, S. (Eds.) (1997) *Preparing teachers to teach global perspectives: A handbook for teacher educators*, Corwin Press.
Merryfield, M. M., & White, C. S. (1996) “Issues centered global education” In R. W. Evans & D. W. Saxe (Eds.), *Handbook on teaching social studies: NCSS bulletin 93*, Washington, DC: National Council for the Social Studies, pp. 177-187.
Merryfield, M. M., & Wilson, A. (2005) *Social studies and the world. Silver Spring*, The National Council for the Social Studies.
Pike, G., & Selby, D. (1988) *Global teacher, global learner*, Hodder & Stoughton.
SOURCENEXTホームページ
http://www.sourcenext.com/product/rosettastone/contents/（2020年2月10日閲覧）
Tye, K. A. (Ed.) (1990) *Global education from thought to action. Alexandria*, Association for Supervision and Curriculum Development.
Tye, K. A. (1999) *Global education: A worldwide movement*, The Interdependence Press.
新井紀子 『AI vs 教科書が読めない子どもたち』 東洋経済新報社 2018年
石森広美 『生徒の生き方が変わる――グローバル教育の実践』 メディア総合研究所 2015年
井上智洋 『人工知能と経済の未来――2030年雇用大崩壊』 文春新書 2016年
魚住忠久 『グローバル教育――地球人・地球市民を育てる』 黎明書房 1995年
大橋直樹 「グローバルな人権意識と相互依存認識を育成する授業構想――小学校３年生における社会科および総合的な学習の時間（「知立in the world」）の場合」『グローバル教育』（4）2001年 48-61頁
厚生労働省 「『外国人雇用状況』 の届出状況まとめ（平成28年10月末現在）」 2017年
多田孝志 「地球時代」 の教育とは？』 岩波書店 2000年
日本グローバル教育学会編 『グローバル教育の理論と実践』 教育開発研究所 2007年
藤原孝章 『グローバル教育の内容編成に関する研究――グローバル・シティズンシップの育成をめざして』 風間書房 2016年
松尾順 「スーパー理論でキャリアの全体像を考えよう」「atmarkIT」 2008年
https://www.atmarkit.co.jp/ait/articles/0803/27/news149_2.html（2020年2月10日閲覧）
渡部淳 『国際感覚ってなんだろう』 岩波ジュニア新書 1995年

監修者、執筆者紹介

●監修者

森田健宏（もりた たけひろ）
関西外国語大学　英語キャリア学部　教授
博士（人間科学）大阪大学

田爪宏二（たづめ ひろつぐ）
京都教育大学　教育学部　准教授
博士（心理学）広島大学

●編著者

安達未来（あだち みき）
第1講、第4講、第12～13講を執筆
大阪電気通信大学　人間科学教育研究センター　講師
博士（学術）広島大学

森田健宏（もりた たけひろ）
第9講を執筆、第15講を共同執筆
関西外国語大学　英語キャリア学部　教授
博士（人間科学）大阪大学
『保育の心理学』（共著・あいり出版・2016年）
『教育心理学入門』（共著・小林出版・2009年）

●執筆者（50音順）

五百住満（いおずみ みつる）
第2講を執筆
梅花女子大学　心理子ども学部　教授
『教師のための教育法規・教育行政入門』（共著・ミネルヴァ書房・2018年）
『生徒指導・進路指導――理論と方法』（共著・学文社・2016年）

笠井正隆（かさい まさたか）
第15講を共同執筆
関西外国語大学短期大学部　英米語学科　教授
博士（教育学）オハイオ州立大学

川口厚（かわぐち あつし）
第3講を執筆
桃山学院大学　経済学部　准教授
博士（教育学）関西学院大学

坂本理郎（さかもと まさお）
第14講を執筆
大手前大学　現代社会学部　教授
博士（社会学）関西大学
『キャリア・プランニング――大学初年次からのキャリアワークブック』（分担執筆・ナカニシヤ出版・2016年）

西口利文（にしぐち としふみ）
第7～8講を執筆
大阪産業大学　全学教育機構教職教育センター　教授
博士（心理学）名古屋大学
『教職のための課題探究によるアクティブラーニング』（共編著・ナカニシヤ出版・2018年）
『グループディスカッションのためのコミュニケーション演習』（単著・ナカニシヤ出版・2015年）

藤岡秀樹（ふじおか ひでき）
第11講を執筆
京都教育大学 教育学部　教授
『学校心理学ハンドブック　第2版』（分担執筆・教育出版・2016年）
『はじめて学ぶ生徒指導・教育相談』（分担執筆・金子書房・2016年）

藤田敏和（ふじた としかず）
第5講、第10講を執筆
神戸学院大学法学部　非常勤講師
『教師のための教育法規・教育行政入門』（分担執筆・ミネルヴァ書房・2018年）

三和秀平（みわ しゅうへい）
第6講を執筆
信州大学学術研究院教育学系　助教
博士（心理学）筑波大学
『新版保育用語辞典』（分担執筆・一藝社・2016年）

編集協力：株式会社桂樹社グループ
イラスト：植木美江
本文フォーマットデザイン：中田聡美

よくわかる！教職エクササイズ[4]
生徒指導・進路指導

2020年4月30日　初版第1刷発行　〈検印省略〉

定価はカバーに
表示しています

監修者　森田健宏
　　　　田爪宏二
編著者　安達未来
　　　　森田健宏
発行者　杉田啓三
印刷者　藤森英夫

発行所　株式会社　ミネルヴァ書房
607-8494　京都市山科区日ノ岡堤谷町1
電話代表（075）581-5191
振替口座　01020-0-8076

亜細亜印刷

ISBN978-4-623-08179-0

Printed in Japan